W0260029

W. Bräutigam (Hrsg.)

Kooperationsformen somatischer und psychosomatischer Medizin

Aufgabe – Erfahrungen – Konflikte

Mit Beiträgen von
S. Becker, W. Blankenburg, W. Bräutigam, H. Friedrich, U. Koch,
G. Martz, F. Meerwein, D. Petzoldt, W. Pontzen und H. Theml

Springer-Verlag
Berlin Heidelberg New York
London Paris Tokyo

Prof. Dr. Walter Bräutigam
Direktor der psychosomatischen Klinik
der Universität Heidelberg
Thibautstraße 2, D-6900 Heidelberg 1

ISBN-13: 978-3-540-50223-4 e-ISBN-13: 978-3-642-74015-2
DOI: 10.1007/978-3-642-74015-2

Inhaltsverzeichnis

4. Berichte aus den Arbeitsgruppen

5. Panel- und Plenumdiskussion zu den Arbeitsgruppen

Autorenverzeichnis

BECKER, Sophinette, Dipl.-Psych.
Psychosomatische Klinik, Thibautstr. 2, D-6900 Heidelberg 1

BLANKENBURG, Wolfgang, Prof. Dr.
Klinik für Psychiatrie, Rudolf-Bultmann-Str. 8, D-3550 Marburg

BRÄUTIGAM, Walter, Prof. Dr.
Psychosomatische Klinik, Thibautstr. 2, D-6900 Heidelberg

FRIEDRICH, Hannes, Prof. Dr.
Abteilung für Medizinische
Soziologie, Humboldtallee 3, D-3400 Göttingen

KOCH, Uwe, Prof. Dr. med. Dr. phil.
Psychologisches Institut, Belfortstr. 16, D-7800 Freiburg i. Br.

MARTZ, G., Prof. Dr.
Universitätsspital Zürich, Abteilung für Onkologie, Rämistr. 100, CH-8091 Zürich

MEERWEIN, Fritz, Prof. Dr.
Universitätsspital Zürich, Abteilung für Onkologie, Rämistr. 100, CH-8091 Zürich

PETZOLDT, Detlef, Prof. Dr.
Universitäts-Hautklinik, Voßstr. 2, D-6900 Heidelberg 1

PONTZEN, Walter, Prof. Dr.
Klinikum Nürnberg, Flutstr. 17, D-8500 Nürnberg 90

SIEGRIST, Barbara, Dipl.-Psych.
Psychologisches Institut, Belfortstr. 16, D-7800 Freiburg i. Br.

Einführung: Ausgangssituation der Psychosomatik und Entwicklungen in 40 Jahren

W. BRÄUTIGAM

Anstoß zu dem Unternehmen, die Kooperation zwischen der somatischen und psychosomatischen Medizin zum Thema einer wissenschaftlichen Tagung zu machen, gab eine Zusammenarbeit, die sich über viele Jahre mit der Hautklinik unserer Universität entwickelt hatte. Der Konsiliardienst war getragen von der Robert-Bosch-Stiftung im Rahmen eines Förderungsschwerpunktes, der der Verbesserung der Struktur des Gesundheitswesens und seiner Ökonomie gewidmet ist. Wir werden von somatischer Seite durch Herrn Petzoldt und aus psychosomatischer Sicht durch Frau Becker darüber ausführlich hören. Von mir ist jetzt hier darüber nur folgendes zu sagen: Als die Drittmittel für die Konsiliarstelle ausgelaufen waren, es zum Schwure kam und sich die Frage stellte, wer diesen Konsildienst finanziell weiter tragen soll, kamen die Klinikleitungen bei einer Besprechung zur Feststellung: Wir hatten bei dem Konsildienst beide viel profitiert, fanden ihn für die Patienten sehr nützlich, für das Pflegepersonal und für die Ärzte oft eine Erleichterung, nicht selten vielleicht auch eine Komplikation. Er erwies sich aber für eine Universitätsklinik im Hinblick auf ihre vielfältigen Aufgaben in Forschung, Lehre und Krankenversorgung als nicht so wichtig, weder für die Hautklinik, noch für die Psychosomatik, daß aus dem eigenen knappen Stellenetat auf die Dauer eine ganze Stelle dafür freigemacht werden konnte.

Dieser Ausgang ist meines Wissens nicht einmalig. Es gibt viele vergleichbare Unternehmungen, die nach Ende von Drittmittelförderung oder mit Auslaufen eines Forschungsunternehmens nicht weitergeführt wurden. Es wäre deshalb sicher kurzschlüssig, sie allein auf Persönlichkeitsfaktoren zurückzuführen – so wichtig die jeweils beteiligten Personen und deren „compliance" bei der Realisierung eines solchen Unternehmens sind. Davon wird hier noch zu sprechen sein. Wir alle wissen von ähnlichen Versuchen, die mehr oder weniger geglückt und effizient waren, mehr oder weniger lang durch bestimmte Personen und auch von den Institutionen zunächst mitgetragen wurden – ohne auf Dauer in die Routine der Versorgung der Kranken übernommen zu werden. Der Weggang eines die Initiative tragenden Mitarbeiters auf der somatischen oder auf der psychosomatischen Seite, in Universitätskliniken noch häufiger, wenn die Leitung der Institution wechselt, können das, was in vielen Jahren aufgebaut wurde, wieder zum Verschwinden bringen. Lipowski, der amerikanische Pionier der psychosomatischen Konsiliartätigkeit, spricht in einem Rückblick im Jahre 1975 von „einem 40jährigen Kampf um die Integration in die klinische Medizin", den er geführt habe.

Dabei gibt es viele Konsiliardienste zwischen medizinischen Fächern, die glatt und reibungslos funktionieren, etwa zwischen Chirurgie und innerer Medizin, Neurologie und Orthopädie, Augen- und Hals-Nasen-Ohrenkliniken etc. –, ohne daß es offenbar zu den Schwierigkeiten kommt, die mit der Psychosomatik verbunden sind. Wenn der Patient psychisch auffällig wird, ruft man den Psychiater, der nur in Glücksfällen auch psychosomatische Kenntnisse mitbringt.

Das schien mir schon Grund genug, der Frage nachzugehen, unter welchen Voraussetzungen solche Konsultationsdienste auf die Dauer zu verankern sind. Zugleich sollten wir diese Gelegenheit benützen, im Jahre 1988 das Verhältnis von Psychosomatik und Somatik zu reflektieren. Liegen die Schwierigkeiten vielleicht weniger in den konkreten Gegebenheiten, in den Fragen von knapper Zeit und zu geringen Kräften, von Räumen und von Geldmitteln? Liegen sie vielleicht mehr in den unterschiedlichen theoretischen Ebenen des Denkens und des Handelns der Beteiligten? Wirken sich hier die unterschiedlichen Krankheitsmodelle aus, die zu verschiedenen Prioritäten des Handelns und unvereinbaren Zielsetzungen in der Therapie führen? Ist der klinische Alltag der somatischen Fächer, besonders an den Universitäten, nicht so fachspezifisch geprägt und durch Handlungszwänge ausgefüllt, daß das, was der Psychosomatiker an Perspektivität und damit verbundenem Zeitaufwand mitbringt, auf jeden Fall fremd und störend wirken muß?

Es kann nicht geleugnet werden: auch wenn eine persönliche Arzt-Patient-Beziehung unausgesprochen und meist unreflektiert jede Behandlung trägt, schließen Krankheitskonzept und Behandlungsziele des somatischen Mediziners die Psyche des Patienten zunächst einmal nicht ein. Hat es nicht seine guten Gründe, wenn das Seelenleben des Patienten, seine innere Beziehung zur Welt und seine Konflikte, seine persönliche Geschichte, soweit sie nicht Krankheitsvorgeschichte ist, in der Medizin nicht ausdrücklich thematisiert wird? Hat der behandelnde Arzt vielleicht nicht nur keine Zeit, sondern in vielen Behandlungssituationen auch kein Recht, danach zu fragen? Steht hinter dem Diktum Viktor von Weizsäckers, für ihn gebe es nur psychosomatische Fälle, nicht ein zu weitreichender Anspruch?

Viele Fragen tauchen hier auf. Der nach der Lebensgeschichte fragende, psychosoziale Probleme aufwerfende Arzt bedarf der Berechtigung dazu. Er muß vom Patienten beauftragt und er muß kompetent sein. Diese Berechtigung ist vor allem dann gegeben, wenn das Seelische des Patienten, sein Befinden, sein Erleben und Verhalten relevant für den weiteren Krankheitsverlauf sind, wenn Kranksein und Krankheit in irgendeiner Weise miteinander zusammenhängen.

Fritz Meerwein hat in der Onkologie die psychosomatische Aktivität einmal als einen Versuch definiert, das wieder zu vereinigen und wieder zusammenzubinden, was durch den Ausbruch der Krankheit abbrach und getrennt wurde – abgebrochen beim Kranken im Verständnis seiner selbst, zwischen seinem körperlichen und seinem emotionalen Leben, zwischen Vergangenheit und Gegenwart, zwischen dem Patienten und seiner Familie. Schließlich muß er auch bereit sein, das wieder zu verbinden, was den Arzt von seinem Patienten in der Auffassung über die Ursachen und Behandlung der Krankheit abtrennen kann. Der Psychosomatiker ist Kommunikationsspezialist, sagt Meerwein dazu. Es wird schon deutlich, daß wer so etwas unternehmen will, diese getrennten Seiten, das Körperliche und das Seelische des Patienten, gut kennen muß.

Psychosomatiker stellen sich selbst, das wird hier auch schon deutlich, große Aufgaben. Daß in der modernen, technisch und naturwissenschaftlich bestimmten Medizin außerordentliche Aufgaben der Kommunikation existieren, zwischen Körper- und Krankheitsmodell des Arztes einerseits und subjektiven Krankheitstheorien sowie äußerer und innerer Lebensgeschichte des Patienten andererseits, kann nicht geleugnet werden. Auf der somatischen Seite sind die Ärzte von ihrem immer differenzierteren Wissen und ihren immer komplexeren diagnostischen und therapeutischen Aufgaben zu fasziniert und ausgefüllt, um im Psychologischen viel investieren zu können.

Der psychologischen Medizin stehen zur Bewältigung ihrer Kommunikationsaufgabe 2 theoretische Konzepte zur Verfügung, die einander gegenüberstehen oder – um es verbindlicher zu beschreiben – die sich aufeinander zubewegen: das der psychoanalytisch inspirierten psychosomatischen Medizin und das der meist von Psychologen getragenen Verhaltensmedizin.

Als die Psychosomatik jetzt vor 40 Jahren hier an der Heidelberger Universität mit Hilfe Viktor von Weizsäckers durch Alexander Mitscherlich als selbständige Universitätsabteilung institutionalisiert wurde, hatte sie 2 Ziele: Einerseits ging es Mitscherlich um die Einführung der Psychoanalyse in die deutschen Universitäten. Daneben aber hatte er ebenso ausdrücklich das Ziel, „dem organisch Kranken durch Gespräche therapeutisch beizustehen, sprachlos vermittelte unbewußte Mitteilungen zur Sprache zu bringen". Von Weizsäcker hat es 1949 auf dem Internistenkongreß noch umfassender formuliert: Die Psychosomatik soll in alle Zweige der Heilkunde integriert werden.

War das nicht ein zu weit reichender Anspruch? Sind es wirklich nur Fragen der Ökonomie menschlicher Kräfte, die diese Erwartung enttäuscht haben? Entspricht dem nicht ein missionarisches Sendungsbewußtsein?

Die Entwicklung verlief jedenfalls anders: Psychosomatik hat sich seitdem an allen deutschen Universitäten als ein eigenes Fach im Unterricht, in einer eigenen Krankenversorgung und mit eigenen wissenschaftlichen Fragestellungen konstituiert. Sie ist mit den anderen Fachgebieten mehr oder weniger locker verbunden. Sicher konnte sie sich im Kampf ums Dasein in den Fakultäten kontinuierlich nur als selbständige Abteilung behaupten. Psychologen oder auch psychosomatische Mediziner, als Einzelkämpfer allein in einer organischen Klinik, sind, selbst wenn sie in der Krankenversorgung eine nützliche Funktion haben, immer in Gefahr, eines Tages als überflüssig angesehen zu werden. Beim Wechsel der Klinikleitung, wenn eine neue diagnostische Technik, ein Superkernspin, Personal benötigt wird oder wenn ein bestimmtes Speziallabor als Forschungsinteresse auftaucht, werden diese doch leicht als dringlicher angesehen.

Die selbständigen psychosomatischen Universitätsabteilungen haben sich in den letzten Jahrzehnten vor allem mit Theorie und Praxis der Psychoanalyse, mit psychoanalytischen Therapiemethoden, mit Neurosenpsychologie und mit bestimmten funktionellen Krankheitsbildern wie Anorexia nervosa, Herzphobie etc. beschäftigt. Bestimmte organische Krankheiten wie Neurodermitis, Asthma bronchiale, Colitis etc. waren auch Gegenstand psychosomatischer Theorien und Therapien. Dabei standen seit den 50er Jahren bestimmte psychogenetische Konzepte im Vordergrund. Aber auch die sogenannten psychosomatischen Krankheiten blieben, soweit sie internistische Krankheiten sind oder Hautkrankheiten, die Domäne des Organmediziners und seiner Therapieverfahren.

Es ist nun meine Überzeugung, daß es die Entwicklung der psychoanalytischen Psychosomatik eher behindert hat, daß sie versuchte, bestimmte ätiologische Ansprüche möglichst weit in die einzelnen Fächer hineinzutragen. Der ausgeweitete Psychogeneseanspruch, wobei meist spezifische oder unspezifische Grundstörungen des 1. Lebensjahrs und daraus resultierende psychodynamische Konfliktsituationen als ursächliches Prinzip verfolgt werden, scheint mir bis heute ein erheblicher Ballast. Immer weiter in die Vergangenheit zurückverlagerte ätiologische Behauptungen – von der Neurodermitis über M. Crohn bis zum Krebs etc. reichend – sind wenig überzeugend begründet. So wie sie oft formuliert sind, können sie auch kaum bewiesen und nicht wiederlegt werden. Prägende Einflüsse der frühen Kindheit und der

Gegenwart auf die Persönlichkeitsentwicklung werden bei Neurosen wie bei Psychosen und auch bei körperlichen Erkrankungen zu hoch eingeschätzt. Wechselwirkungen von Persönlichkeit und Lebenssituation spielen bei vielen Erkrankungen insofern eine Rolle, als sie die Disposition zu einer bestimmten Erkrankung über die Manifestationsschwelle heben. Aber die Frage nach dem „Warum jetzt" ist von der Frage des „Warum so" abzugrenzen. Psychodynamisches Verstehen des Auftretens einer Erkrankung ist von der ätiologischen Frage nach der Erkrankungsform zu trennen.

Damit wird auch die diagnostische und therapeutische Aufgabe deutlicher: die gegenwärtige Situation des Kranken zu verstehen und ihm zu helfen, sie zu bewältigen. Das hat sich immer mehr als die neue Aufgabe der Psychosomatik in der Konsiliartätigkeit der letzten Jahre herauskristallisiert. Also nicht das „Warum so" ist von der Psychosomatik zu beantworten, Anlage und individuelle Disposition sind hier entscheidend. Aber das „Warum jetzt" der Erkrankung, die äußere und innere Lebenssituation, ist verstehend möglichst weit zu vertiefen. Die therapeutische Aufgabe liegt darin, die in dem einzelnen Kranken liegende Erkrankungsbereitschaft wieder in die Latenz zurückzubringen oder, wenn er mit Folgen, Einengungen und Narben einer schicksalhaften Erkrankung leben muß, ihm helfen zu lernen, sich damit einzurichten.

Um nicht mißverstanden zu werden, möchte ich gleich betonen, daß es zur Kommunikation mit einem Patienten notwendig sein kann, auch seine Vergangenheit und seinen ganzen Lebensgang zur Sprache zu bringen. Therapeutisch ist es aber mindestens ebenso wichtig und oft wichtiger, die gegenwärtigen und zukünftigen Möglichkeiten seines Lebens durchzuarbeiten. Er kann so mit dem Therapeuten durch gemeinsames phantasierendes und denkendes Probehandeln mit seiner Erkrankung fertig werden. Es ist einfach ein großer Unterschied, ob man die äußere und die innere Lebensgeschichte eines Patienten als Manifestation seiner Persönlichkeit nimmt, seiner selektiven Wahrnehmung und Verarbeitung oder ob man ihn als Opfer der äußeren Lebensbedingungen sieht, ob man die letztlich alltäglichen Versagungen und Traumata als Erklärung für das Auftreten gerade dieser besonderen Störung nimmt.

Verhaltenstherapeuten, meist Psychologen, die heute als Einzelkämpfer oder im Team in Kliniken arbeiten, tun sich hier zunächst einmal leichter. Sie haben gelernt, querschnitthaft die aktuellen Bedingungen bei der Manifestation einer Störung anzuvisieren. Sie sind auf die gegenwärtige Lage und auf deren Veränderung, auf ein Erlernen neuer Einstellungen und Verhaltensweisen ausgerichtet, und sie orientieren sich am unmittelbar greifbaren Erfolg. Diese Konzentration auf das Beobachtbare und ihr Versuch, Verhalten aus quasi experimentellen Bedingungen abzuleiten, macht ihnen die Kommunikation mit den in ähnlichen Zusammenhängen und Ursachen denkenden Somatikern leichter. Das gleicht ihre oft fehlende klinische Erfahrung aus. Dagegen sind die komplexen Figuren, in denen Psychoanalytiker denken, nicht so leicht vereinbar mit einer naturwissenschaftlichen Ausrichtung. Die auf Kindheitserfahrungen, affektive Ambivalenzen und auf unbewußte Mitteilungen ausgerichteten Gespräche der analytischen Psychosomatiker bleiben dem Organmediziner fremd – soweit es nicht gelingt, an eigene Erfahrungen bei ihm anzuknüpfen. Immerhin gehen die verhaltenstherapeutischen und analytischen Richtungen heute aufeinander zu: Es gibt seit einigen Jahren biographische Verhaltensinventare, und von analytischer Seite wächst die Einsicht, daß auch in psychoanalytischen Behandlungen Lernen ein bedeutsamer Wirkfaktor ist. An einer konkreten Aufgabe gemeinsam zu lernen und sich gegenseitig zu korrigieren ist eine Chance von interdisziplinären Arbeitstagungen, wie wir sie hier haben.

Wenn ich als Psychotherapeut in eine organmedizinische Klinik komme, so beeindruckt mich – und ich meine, es geht vielen meiner Zunft ähnlich – was ich die Macht der körperlichen Krankheit nennen möchte. Das Primat des Körperlichen, die darauf ausgerichtete Diagnostik und Therapie in unserem Versorgungssystem schaffen eine Hierarchie des Notwendigen, in der Kranksein zunächst allein als Funktion der Krankheit erscheint. Das Auftreten der Organkrankheit schafft in einer Lebensgeschichte neue Kausalitäten, die das Befinden, die lebensgeschichtlichen und familiären Bedingungen in ihren Dienst nehmen, die Aufmerksamkeit für das Seelische beim Patienten wie beim Arzt zurücktreten lassen. Und es ist für einen Psychosomatiker in einer somatischen Klinik schwer, unter diesen Bedingungen, all die Umwelteinflüsse, die bei der Manifestation bedeutsam waren und im weiteren Verlauf es wieder werden, in den Blick zu bekommen. Diese Ausblendung des Psychosozialen, der lebensweltlichen und geschichtlichen Situation des Patienten, reicht allerdings häufig nur bis zum Zeitpunkt der Entlassung. Psychosomatiker kennen alle die Überweisungsform, daß uns Patienten am Vormittag des Tages geschickt werden, an dem sie nachmittags entlassen werden und in ihre beruflichen und familiären Bezüge zurückkehren sollen.

Die Macht der jeweiligen organischen Krankheit auf Kranksein und auf die Helfer zeigt sich u. a. schon darin, daß sich hier bei unserer Tagung wie von selbst krankheitszentrierte Arbeitsgruppen gebildet haben. Die Aufgaben der psychologischen Medizin sind im Rahmen onkologischer Erkrankungen sicher anders als bei Problemen um die Fertilität, bei AIDS wieder anders als bei Neurodermitis und in einer genetischen Beratungsstelle ganz anders als in einem Allgemeinkrankenhaus. Sicher ist es kein Zufall, daß gerade an Brennpunkten der modernen Medizin, da wo sie immer mehr von diagnostischen und therapeutischen Techniken bestimmt wird und Organmediziner selbst gefährdet sind, in den Dienst und den Sog dieser Technik zu geraten, der Bedarf nach psychologischen Hilfen sich meldet, sowohl von seiten der Ärzte wie der Patienten.

Das ärztliche Ideal – wir wissen es alle – ist das des alten Hausarztes, der Seelisches und Körperliches in gleicher Weise bei einem Patienten sieht und beherrscht, der beide Sichtweisen in einer Brust zu vereinigen weiß. Wir wissen aber auch, daß das zu schön ist, um immer wahr zu sein, so notwendig es gerade in der ersten Linie ärztlicher Versorgung nach wie vor bleibt. In vielen Bereichen der Medizin ist eine Spezialisierung einfach unausweichlich, weder können wir als Psychosomatiker das differenzierte Wissen der einzelnen Fachgebiete haben, auch wenn wir nach Kräften zur Kenntnis nehmen sollten, noch verfügt der Organmediziner über das differenzierte psychologische Wissen und die notwendigen psychotherapeutischen Umgangsformen. Er ist in Gefahr, die psychologische Seite mit gesundem Menschenverstand zu erledigen – der sicher weiterhin grundlegend wichtig, häufig aber eben nicht ausreichend ist.

So führt – letztlich im Interesse des Kranken – Kooperation unausweichlich, zur Auseinandersetzung mit dem Arbeitsgebiet des anderen, in der das komplexe Wissen über körperliche Krankheit und über seelisches Kranksein wieder zusammenkommen muß.

Kooperation von Somatik und Psychosomatik, was immer sie noch sein mag, ist *Dialog,* und der besteht zunächst einmal nicht darin, auf jeden Fall die eigene Meinung zum Gegenstand durchzusetzen, sondern die Meinung des anderen kennenzulernen und sie sich zu vergegenwärtigen. Daß der Dialog zwischen Somatik und Psychosomatik kein herrschaftsfreier Diskurs ist, sondern Fragen der Macht und des Ansehens ihn mitbestimmen, bekommen wir alle täglich zu spüren. Am stärksten zu spüren bekommt es aber der Patient, wenn ihm die notwendigen seelischen oder körperlichen Hilfen nicht gegeben werden.

Der körperlich Kranke knüpft hohe Erwartungen an den unmittelbar behandelnden Arzt, Erwartungen, die in erster Linie seinen körperlichen Zustand betreffen. Je schwerer und bedrohlicher die körperliche Erkrankung, um so stärker und entschiedener diese „Übertragung" auf den körperlich behandelnden Arzt, um so größer seine Valenz, aber auch die Bedeutung des behandelnden Arztes als Person und um so stärker der Wunsch des Patienten, auch als Person vom Arzt gesehen und anerkannt zu werden. Diese Erwartungen lassen sich nicht beliebig auf andere Personen, auf psychosomatische Konsiliarärzte oder Psychologen, die nicht zum Stationsteam gehören, übertragen. Aber der behandelnde Arzt ist oft auf Hilfe angewiesen, den Patienten und sich selbst in seiner Aufgabe und Wirkung besser zu verstehen, er bedarf der Distanz, der Reflexion und des Gesprächs mit Dritten. Die Vermittlung dieser Hilfe ist eines der großen Probleme der Konsiliartätigkeit. Ein häufiger Fehler ist, daß psychosomatische Konsiliarärzte versuchen, den körperlich behandelnden Ärzten möglichst viele Patienten „abzunehmen". Besser scheint es, wenn sie modellhaft Formen der Gesprächsführung in Dreiersituationen oder vor dem Team demonstrieren. Die reine Supervision von außen scheint Gefahren mit sich zu bringen, die behandelnden Ärzte werden verunsichert, fühlen sich kontrolliert und häufig – soweit sie nicht selbst psychosomatisch motiviert und natürlich begabt sind – überfordert. Ein Psychosomatiker, der von außen kommt und außen bleibt, die Realität der Erkrankung, der Behandlungsmaßnahmen und des gesamten Teams in der Institution nicht kennt, kann leicht an den faktischen Gegebenheiten vorbeireden. Der nur Supervision anbietende Psychosomatiker, der „sich die Hände nicht schmutzig macht", der sich also nicht selbst mit schweren körperlichen Krankheitsbildern, Notfällen oder Sterbenden konfrontiert, hat kein hohes Prestige auf einer Krankenabteilung. Es ist offensichtlich nicht leicht für den psychosomatischen Konsildienst, das Optimum von Einsatzbereitschaft und Präsenz einerseits und von beobachtender Distanz zu finden, die den Stationsärzten zugleich Hilfe und Freiheit im Rahmen ihrer ärztlichen Aufgabe gibt. Die Sichtweisen und Funktionen von Somatikern und Psychosomatikern beim Kranken sind verschieden, haben eine unterschiedliche Wertigkeit, woraus viele Konflikte entstehen können. Eine Sichtweise ist nicht humaner als die andere, beide sind in einer komplexen Weise komplementär, so wie Körperliches und Seelisches überhaupt komplementär zueinander sind. In welcher Weise sie das jeweils sind, wollen wir im Laufe dieser Tagung herausfinden. Dazu bedürfen wir der gegenseitigen Information und des Gespräches miteinander.

1. Kooperation am Beispiel der Onkologie

Liaisonpsychiatrie auf einer Abteilung für Onkologie

F. MEERWEIN

Kooperation von somatischer und psychosomatischer Medizin bzw. medizinischer Psychologie wird im gesamten Bereich der Onkologie eine stets wachsende Bedeutung beigemessen. Das war nicht immer so und ist heute eine Folge der besonders „malignen“ Verstrickung, in welche der Krebspatient und seine Helfer unter dem Einfluß der immer komplizierter und aufwendiger werdenden Behandlungen mit „Stahl, Strahl und Gift“ zueinander geraten können. Man weiß ja ganz allgemein, daß seelisches Wohlbefinden in der Regel an die Fähigkeit zur Aufrechterhaltung triadischer Situationen – d. h. Dreiersituationen – gebunden ist und daß diadische Situationen – d. h. Zweiersituationen –, wo und wie auch immer sie auftreten, den Keim zu quälenden malignen Regressionen in sich tragen können. Gerade der chronische Krebspatient ist aber in besonderer Gefahr, in eine ungünstige Arzt-Patienten-Diade zu regredieren und, wenn deren Wesen nicht erkannt und besprochen werden kann, darin fixiert zu bleiben.

In der unbelasteten, guten Arzt-Patient-Beziehung wird die Dreiersituation meist durch eine gemeinsame Partizipation von Arzt und Patient an der sie verbindenden Vorstellung der Heilbarkeit der Krankheit erreicht. Die Inhalte dieser Vorstellung werden durch die Zuversicht des Arztes, durch das Wissen um die Potenz der ärztlichen Maßnahmen sowie durch die Bereitschaft zu guter „Compliance“ seitens des Patienten gebildet. Dadurch wird die Arzt-Patient-Beziehung zum Hoffnungsträger für die Gesundung des Kranken. Der gemeinsame Glaube an die Heilung ist das die beiden verbindende „Dritte“. Wo kurative Methoden aber nicht mehr oder nur in beschränktem Ausmaß zur Verfügung stehen, wie das bei Krebskranken ja häufig der Fall sein kann, schwindet oft die Hoffnung bei Arzt und Patient, und es droht der Rückfall in eine „hoffnungslose“, aber auch unlösbare und darum ambivalente, durch kein gemeinsames „Drittes“ verbundene Zweiersituation (Meerwein et al. 1976). In dieser Lage können beide, Arzt und Patient, ihre Hoffnungslosigkeit und ihre Abwehr- und Rückzugswünsche in den anderen hineinverlegen bzw. projizieren, um sie dann im anderen, z. B. durch ein gegenseitiges Sich-Hoffnung-machen-Wollen zu bekämpfen versuchen. Es entsteht dadurch die schwierige Situation der sog. projektiven Identifikation. Das gegenseitige Sich-Hoffnung-machen-Wollen muß dabei aber scheitern, da es leicht als unecht erkannt und darum abgelehnt wird. Beide, Arzt und Patient, können deshalb durch geheime oder offene Widerstände oder latent aggressive Haltungen eine Befreiung aus derartigen Kollusionen suchen. Eine vollständige Befreiung im Sinne einer Auflösung der Arzt-Patient-Beziehung muß aber in Anbetracht der Hilfsbedürftigkeit und Abhängigkeit des Patienten einerseits sowie des Helferwillens des Arztes und seiner ethischen Verpflichtung, wenn nicht auch seiner eigenen Omnipotenzvorstellungen andererseits, immer wieder mißlingen. Hoffnung muß dann auf andere Weise als durch kurative Verfahren vermittelt werden, wenn der Arzt-Patient-

Beziehung wieder hoffnungsvoll, gut und tragend werden soll. Eine andere Qualität von Hoffnung als die bloße Hoffnung auf Überleben ist dann aber gefordert. Das Wort, das Gespräch, d. h. der adäquate Umgang des ganzen Helferteams mit den Phantasien und Vorstellungen von Zerstörung, von drohender Trennung, von Angst, Schuld, Schmerz, Verlust und Trauer gewinnt in diesem Stadium des Krankheitsverlaufes als hoffnungspendendes „Drittes", als Weg zum Heil, wenn auch nicht als Weg zur Heilung, eine überragende Bedeutung. Hier beginnt die Kooperation von somatischer und psychologischer Medizin, zu einem integralen Bestandteil jeder angemessenen Behandlung von Krebskranken zu werden. Ihren Ausgangspunkt nimmt sie somit in einem Klima oft unüberwindbar scheinender Ambivalenz, in welchem die Behandlung Krebskranker häufig stattfinden muß.

Es ist hier nicht Raum genug, das Wesen dieser Ambivalenzen, welche sowohl vom Patienten, wie von seiner Familie oder dem Behandlungsteam gesteuert werden und welche die gesamte innere oder äußere Welt des Krebskranken krisenhaft zu verändern und zu bestimmen vermögen, nach allen Richtungen auszuloten und darzustellen. Darüber ist in den letzten Jahren eine bereits unübersehbare Literatur entstanden. Es geht hier vielmehr darum, als Kooperationsform somatischer und psychosomatischer Medizin das liaisonpsychiatrische Modell zu vertreten, welches, wie die Erfahrung zeigt, das einzige Modell ist, welches geeignet ist, den Ambivalenzen, welche jeder Krebsbehandlung immanent sind, Rechnung zu tragen und zu verhindern, daß diese Ambivalenzen zum Schaden aller Angehörigen von „Krebsstationen" zu Turbulenzen entarten können.

Das liaisonpsychiatrische Modell unterscheidet sich vom Konsultationsmodell dadurch, daß der Psychiater oder der medizinische Psychologe erstens ganztägig und nicht nur auf Aufforderung auf der Abteilung für Onkologie tätig ist und daß er zweitens nicht nur eine Funktion für den Patienten, sondern eine ebensolche für das ganze Behandlungsteam mitübernimmt. Durch die Tatsache, daß er als Nichtonkologe ein Fremder ist, als Teamangehöriger aber ein Vertrauter bleibt, der jederzeit in allen Räumen der onkologischen Station angetroffen und angesprochen werden kann, wird die Hemmschwelle für seinen Beizug zur Beratung des Patienten sowohl wie auch des Teams erheblich herabgesetzt. Gegenüber dem Konsultationspsychiater, welcher von einer psychiatrischen Station gerufen werden muß und welcher auch dort arbeitet, ist er gegenüber dem häufig gehörten Vorwurf, „nie da zu sein, wenn man ihn braucht", weitgehend gefeit. Sein Beizug ist außerdem für den Kranken nicht mit dem Odium des „Abgeschobenwerdens an die Psychiatrie" belastet. Es bewährt sich, Kranke bereits bei der Aufnahme auf die onkologische Station auf die Verfügbarkeit des Liaisonpsychiaters als Teamangehörigen (z. B. auf einem orientierenden Merkblatt) aufmerksam zu machen. Dennoch ist die Zuweisung von Patienten vom Onkologen an den Liaisonpsychiater häufig ein nicht leicht zu vollziehender Akt, welcher mit Vorteil vom Onkologen mit dem Liaisonpsychiater in zwanglosem Gespräch vorbesprochen wird, bevor die entsprechende Aufforderung an den Patienten ergeht. Nicht selten erweist sich darauf eine solche Zuweisung nämlich als überflüssig, da die beratende Vorbesprechung u.U. das Krisengefühl des Onkologen bereits hat beheben können. Schließlich muß Klarheit darüber bestehen, daß sich eine fruchtbare Integration des Liaisonpsychiaters in eine onkologische Station über ländere Zeiträume, oftmals über Jahre erstreckt. Die Zugehörigkeit des Liaisonpsychiaters zum Helferteam soll den Wechsel von Stationsärzten, Krankenschwestern oder Sozialarbeitern um große Zeiträume überdauern, damit er zum festen „Besitz" der Station werden und zur Qualität des Ansehens der „Krebsstation" in der öffentlichen Meinung seinen Beitrag leisten kann.

Die Funktion des Liaisonpsychiatern ist am besten mit dem Bion-Begriff des „Containers", d. h. also eines „Behälters" zu bezeichnen und zu verstehen. Damit ist gesagt, daß es seine Aufgabe ist, diejenigen Erfahrungs-, Erlebnis- oder Gefühlselemente, welche dem Kranken oder seinem Behandlungsteam als ganz unerträglich, als Ich-dyston, erscheine, in Einzel- oder Teambesprechungen in sich aufzunehmen und sie den Betroffenen in gute, Ich-syntone Erlebniselemente verwandelt, d. h. durch das Wort, die Deutung verändert, wieder zurückzugeben. Durch diese Verwandlung soll eine bessere Integrierbarkeit dieser Ich-dystonen Erlebniselemente erreicht und die durch die Erkrankung nötig gewordene Trauerarbeit erleichtert werden (s. dazu auch Zagermann 1988). Dazu 2 kurze klinische Beispiele:

Nicht selten kommt es vor, daß junge Hodenteratomkranke ihrem ebenso jungen, aber gesunden behandelnden Arzt ihre chemotherapeutische Nachbehandlung verweigern und z. B. Zuflucht zu alternativen Behandlungsmethoden nehmen wollen, wodurch ein aggressionsgeladener Clinch zwischen Arzt und Patient entstehen kann, bei welchem jedes vernünftige Gespräch zu Stillstand kommen kann. Es ist dann Aufgabe des Liaisonpsychiaters, das diesem Clinch zugrundeliegende, unbewußte Kain-und-Abel-Drama aufzudecken und beiden verstehbar werden zu lassen, damit die Behandlung wieder in Gang kommen kann.

Oder ein anderes Beispiel: Eine junge, an einem rezidivierenden malignen Lymphom leidende Frau verwirrt ihre Ärzte durch ein stets heiteres Gemüt und weckt die Frage, ob der Arzt sich ihrem fröhlichen Optimismus anschließen oder diesen durch entsprechende Informationen dämpfen soll. Erst die Intervention des Liaisonpsychiaters deckt diese Fröhlichkeit als Abwehr einer deprimierenden Identifikation dieser Frau mit ihrem an einer Leukämie verstorbenen ersten Kind auf, eine Identifikation, welche sie als Schuld und Strafe erlebt, daß es ihr nicht gelungen ist, dieses Kind vor dem Tode zu bewahren. So wurde die Depression dieser Frau überhaupt erst wahrgenommen und damit dann auch behandelbar.

Schlechte Erfahrung soll auf diese Weise also für alle an der Arbeit mit Krebskranken Beteiligten transformiert, ihrer oft katastrophalen Aspekte entledigt, verstehbar und damit zu einem integralen Teil der betroffenen Person werden. Durch diese Übersetzungsarbeit wird der Liaisonpsychiater auch zu einem Lehrer des Helfers, dessen psychosomatisches Denken durch langsame Internalisierung der liaisonpsychiatrischen Funktion gefestigt wird und der dadurch in die Lage versetzt wird, seinerseits immer besser für die Patienten die Funktion des „Containers" übernehmen zu können.

„Ich möchte vor allem gehalten werden", sagte kürzlich ein präterminaler Krebspatient in einem Gespräch über seine Motive, eine zytostatischen Behandlungsversuch seiner metastasierenden Krankheit abzulehnen. Er spielte dabei genau auf diese „Containerfunktion" seines Arztes an. „Gehaltenwerden" („holdingfunction", Winnicott 1965) vermittelt sich freilich nicht nur durch passive Anwesenheit des Arztes, sondern muß vom Arzt durch entsprechende Zeichen immer wieder vermittelt werden. Diese Vermittlung signalisiert die Präsenz einer „gut genugen" („good enough") Mutterfigur (Winnicott 1965), welche in der Lage ist, die Beziehung zu ihrem Kind auch dann noch mit Wohlwollen aufrecht zu erhalten, wenn Haß, Neid oder Ablehnung seitens des Kindes diese Beziehung gefährden. Begriffe wie „Container" oder „holding function" können jedoch in manchen Ärzten Ängste auslösen, da sie auf deren oft stark abgewehrte, weibliche Persönlichkeitsanteile anspielen und sich in Widerspruch zum Bild des stets mächtigen, handelnden, mit Heilmitteln und Instrumenten in den Patienten eindringenden, wirkenden und bewirkenden Arzt stellen. Zur Umkehr, d. h. zur Öffnung des eigenen psychischen „Innenraums" und zum „Hineinlassen" des Patienten in eben diesen Raum fühlen sich manche Ärzte deshalb nicht, oder nur unter größten Ängsten, imstande, weil sie darin unbewußt eine Bedrohung ihrer Männlichkeit erblicken können. Eine allmähliche Identifikation mit eben dieser Funktion des Liaisonpsychiaters kann aber diese Angst vermindern und, wenn dieser jahrelang auf der Station anwesend ist, den „Geist" der Station verändern und diese zu einem „facilitating environment" (Winnicott 1965) für den Kranken werden lassen.

Der Liaisonpsychiater oder Liaisonpsychologe betrachtet sich somit nicht als Rivale des Onkologen und möchte auch nicht als solcher betrachtet werden (Alby 1985). Seine berufliche Kompetenz ist derjenigen des Onkologen ebenbürtig. Sie ist jedoch auf einer anderen Verständnisebene angesiedelt als diejenige der somatischen Medizin. Diese Verständnisebene beschäftigt sich nicht nur mit dem Krebs als Krankheit, sondern darüber hinaus mit dem Krebs als einer Metapher für eine totale Bedrohung des individuellen Lebens und mit deren Wirkung auf den Kranken, seine Familie und das klinische Behandlungsteam. Es ist eine weitere Aufgabe des Liaisonpsychiaters oder Liaisonpsychologen, die Verbindung zwischen diesen verschiedenen Verständnisebenen herzustellen, wo und wie auch immer diese Verbindung unterbrochen oder zusammengebrochen ist. Der Liaisonpsychiater ist ein „Spezialist der Kommunikation". Durch seine Gegenwart auf der Abteilung für Onkologie, an Fallvorstellungen, Sozialrapporten und Teamkonferenzen, stellt er sich als solcher Verbindungsmann in beratender und interpretierender Weise zur Verfügung. Auf Wunsch oder Veranlassung des Onkologen kann er sich auch mit einzelnen Kranken in psychotherapeutischen Einzelsitzungen befassen. Auf der Abteilung für Onkologie des Züricher Universitätskrankenhauses kann in einzelnen, besonders geeigneten Fällen auch Maltherapie („Art Therapy") eingesetzt werden (Dreifuss 1986; Burkhardt-Murbach 1987). Obschon also die Tätigkeit des Liaisonpsychiaters somit als eine ergänzende und nicht als eine mit dem Onkologen rivalisierende Tätigkeit konzipiert ist, sind Spannungen und Konflikte auch zwischen diesen Teamangehörigen unvermeidlich. Sie fordern eine fortgesetzte Supervision der Tätigkeit des Liaisonpsychiaters durch eine psychoanalytisch geschulten Supervisor. Es sollen nun einige dieser möglichen Konflikte kurz aufgezeigt werden.

1) Konflikte können entstehen, wenn der Onkologe befürchtet, der Liaisonpsychiater beanspruche eine höhere „menschliche" Kompetenz als der Onkologe sie besitzt, oder wenn – mit anderen Worten – ein „inhumaner" Onkologe einem „humanen" Liaisonpsychiater gegenübersteht. Daraus können Rivalisierungen im Bereiche der ärztlichen Ethik entstehen, deren Vermeidung die Fähigkeit zur gegenseitigen Identifizierung voraussetzt. Onkologe und Liaisonpsychiater müssen deshalb ihre gegenseitigen Motive zur Kooperation immer wieder klären, wenn die Zusammenarbeit nicht an gegenseitiger Unkenntnis scheitern soll.

2) Eine solche Klärung kann auf erhebliche Schwierigkeiten stoßen. So hat z. B. eine als „brain storming" konzipierte Umfrage bei schweizerischen Onkologen anläßlich der

Schaffung der „Arbeitsgruppe Psycho-Onkologie" der „Schweizerischen Arbeitsgruppe für klinische Krebsforschung" (SAKK) im Jahre 1967 ergeben, daß die Onkologen vom Liaisonpsychiater vor allem Aufdeckung ihrer Motivation, onkologische Tätigkeit auszuüben, erwarten, bzw. Beschwichtigung in bezug auf die psychologischen Folgen aggressiver Krebstherapien. Der Aufschwung der „Lebensqualitätsforschung", d. h. also der Erforschung der durch „Stahl, Strahl und Gift" verursachten Persönlichkeitsverletzung, weist in dieselbe Richtung. Der Liaisonpsychiater kann aber demgegenüber die Vertretung von Patienteninteressen in den Vordergrund stellen wollen, um diese gegenüber der „strukturalen Inhumanität des Krankenhauses" (Rohde 1975, zit. nach Ullrich 1987) zu verteidigen, was wiederum beim Onkologen, der sich als Teil dieser Institution versteht, Verlassenheitsgefühle bewirken kann. Derartige latente Konfliktherde müssen aufgedeckt und besprochen werden, wenn die liaisonpsychiatrische Arbeit auf der onkologischen Station nicht scheitern soll.

3) Spannungen zwischen Onkologen und Liaisonpsychiatern können sich auch dann ergeben, wenn der Onkologe dem Irrtum verfällt, der Psychiater wolle den Kranken „psychiatrisieren", d. h. ihn im psychischen Sinne pathologisieren und etikettieren. Dieser Irrtum kann zweierlei Quellen entspringen. Zum einen wird ihm durch einen v. a. im angelsächsischen Forschungsbereich überhandnehmenden psychometrischen Wissenschaftsstil Vorschub geleistet, welcher aufgrund behavioristischer Modelle eine sog. „psychiatric morbidity", also eine psychiatrische Erkrankungshäufigkeit bei Krebskranken festhalten will. Zum anderen entstammt er möglicherweise einer Überidentifikation der betreffenden Onkologen mit ihren Patienten, welche sich ihrer eigenen, durch Indentifikation mit dem Kranken erworbenen Depression dadurch entledigen wollen, daß sie diese innerlich abspalten, pathologisieren und dem Kranken projektiv wieder zurückgeben. Der psychoanalytisch orientierte Liaisonpsychiater ist demgegenüber nicht auf die Feststellung einer „psychiatric morbidity" als vielmehr auf Erkennen und Behandeln der mit der Krankheit verbundenen Persönlichkeitsverletzung, der sog. „narzißtischen Wunde" des Patienten, aus. Über diese „Wunde" orientiert er sich zunächst an den Krankheitsphantasien und nicht an den Krankheitssymptomen des Kranken, seien diese nun körperlicher oder psychischer Art. Auf die Heilung dieser „Wunde" und nicht auf die Heilung einer psychiatrischen Krankheit zielen auch alle seine Interventionen direkter oder indirekter Art ab.

4) Zahlreiche psychoonkologische Untersuchungen haben immer wieder ergeben, daß Karzinomkranke über eine ausgesprochene Tendenz zur sog. Harmonisierung, d. h. zur Verleugnung von Konflikten neigen und einen „High Social Desirability Score" (Schmale et al. 1977) aufweisen. Damit ist gemeint, daß sie eine starke Tendenz haben, sich reibungslos an gegebene Situationen anzupassen und sich gefällig zu zeigen. Dies kann dazu führen, daß ihr inneres Leiden verborgen bleibt und sie sich aber durch dessen Verleugnung energetisch und emotional überfordern. Diese Überforderung ist für den Liaisonpsychiater oft leichter zu erkennen als für den Onkologen, so daß über Art und Ausmaß der anzubietenden Hilfestellung zwischen dem Onkologen und dem Liaisonpsychiater Meinungsverschiedenheiten auftreten können. Solche Meinungsverschiedenheiten können für den Patienten v. a. dann folgenschwer sein, wenn es um die Feststellung der Heilung geht. Auf somatische Heilung ausgehende Onkologen haben oft Widerstände gegen die Annahme, daß die Heilung der Persönlichkeit lange hinter der Heilung des Körpers zurückbleiben kann. So ist z. B. die Vermittlung der Tatsache, daß ein semikastrierter, jedoch geheilter, in seiner Potentia coeundi et generandi wiederhergestellter Hodenkarzinomkranker dennoch aus Kastrationsgefühlen in seiner Arbeitsfähigkeit beeinträchtigt bleiben kann, oftmals an ein schwieriges, konfliktuöses Gespräch zwischen Liaisonpsychiater und Onkologen gebunden. Ein regressives Verharren an neurotisierten Verhaltensmustern seitens der Kranken, wie es im Verlaufe der Rehabilitation Krebskranker häufig ist, kann wahrscheinlich oft für das Selbstgefühl des erfolgreichen Onkologen zu einer Bedrohung werden, welcher der Liaisonpsychiater Rechnung zu tragen hat.

5) Karzinomkranke haben wie viele stark regredierte Kranke oft die Tendenz, ihre „Objekte", d. h. die ihnen nahestehenden Umgebungspersonen, zu denen auch Ärzte und Behandlungsteam gehören, in „nur gute" oder „nur böse" Objekte aufzuteilen und sich emotional an die „nur guten" anzuklammern, die „nur bösen" aber abzulehnen (Meerwein 1987). Dadurch können in der klinischen Umgebung oft beträchtliche Eifersuchtsprobleme entstehen. So kann der Onkologe zum „nur bösen", der Liaisonpsychiater aber zum „nur guten" werden. Aber auch die umgekehrte Aufteilung dieser Qualifikationen ist denkbar. Es ist dann Aufgabe des Liaisonpsychiaters, die Mechanismen und die Entstehung solcher Spaltungsvorgänge rechtzeitig zu erkennen und ihnen durch geeignete Interventionen, am besten an Fall- und Teamkonferenzen, vorzubeugen.

6) Haben sich solche Spaltungsvorgänge einmal etabliert, können sie Anlaß zu paranoiden Entwicklungen seitens des Onkologen abgeben. Beim Onkologen kann die Befürchtung auftauchen, Patient und Liaisonpsychiater konspirierten in seiner Abwesenheit gegen ihn, und er kann den Wunsch verspüren, in diese Konspiration, aus welcher er sich ausgeschlossen fühlt, einzudringen und diese zu stören. Auch hier ist es Aufgabe des Liaisonpsychiaters, durch geeignete Aufklärung aller Beteiligten derartige ungünstige Entwicklungen, an denen letztlich der Patient Schaden nimmt, zu verhindern. Die Arbeit des Liaisonpsychiaters mit dem Kranken ist nämlich wie jede psychotherapeutische Tätigkeit an ein gewisses Ausmaß von Diskretion gegen außen gebunden. Fehlt sie, nimmt die Arbeit meist einen ungünstigen Verlauf zum Schaden des Kranken.

7) Krebskrankheiten kann häufig im Erleben der Kranken eine symbolische Bedeutung zukommen, d. h. der Tumor kann symbolisch Verfolgung, Destruktion oder Strafe u. ä. bedeuten und den Einbruch und die Wirkung derartiger lebensgeschichtlicher Faktoren symbolisch repräsentieren. Eine derartige Symbolisierung geschieht meist unbewußt, ausnahmsweise auch bewußt. Die Wirkung unbewußter Faktoren im Krankheitsablauf ruft aber im Bereich positivistischen, naturwissenschaftlichen Denkens oft Befremden und Abwehr hervor. Dies hat zur Folge, daß der Liaisonpsychiater im Gespräch mit dem Onkologen den Hinweis auf unbewußte Motivationen des Kranken besser vermeidet, wenn er nicht riskieren will, als „Märchenerzähler" verlacht und verspottet zu werden. Dem heutigen medizinischen Weltbild ist leider die unbewußte Dimension fast überall immer noch unzugänglich. Dieser Tatsache Rechnung zu tragen, stellt an den Liaisonpsychiater erhebliche Anforderungen.

8) Somatische Medizin ist im wesentlichen eine manipulatorische, auf Handlung ausgerichtete Disziplin. Psychologie verläßt sich hingegen auf die Wirkung des Wortes. Dessen Wirkungsweise ist für den Somatiker oft rätselhaft und unverständlich. Dieses Unverständnis kann dazu führen, daß das Wort in seiner Vorstellung deshalb entweder mit magischer Allmacht ausgestattet und gefürchtet oder völlig entwertet wird, was zu Konflikten mit dem Liaisonpsychiater und Liaisonpsychologen führen kann. Liaisonpsychiater, welche übende Verfahren wie z. B. autogenes Training, Verhaltenstherapie oder Meditationsübungen anwenden, geraten seltener in Konflikte mit Somatikern. Auch die Verordung von Psychopharmaka kann in einer konfliktfreien Zone zwischen Onkologen und Liaisonpsychiatern vorgenommen werden.

Der Liaisonpsychiater oder Liaisonpsychologe soll also Mitglied des onkologischen Teams sein. Er soll möglichst häufig auf der Abteilung anwesend und dort durch alle Teamangehörigen ansprechbar sein. Nach Möglichkeit soll er an allen Teamkonferenzen teilnehmen können. Unter den Angehörigen des Behandlungsteams entsteht das Bedürfnis nach Beizug eines Liaisonpsychiaters oder Liaisonpsychologen für den Patienten v. a. dann, wenn eigene emotionale Reaktionen den Umgang mit dem Patienten erschweren, wenn der Patient oder seine Angehörigen sich nicht gemäß der ihnen zugeschriebenen Rollenerwartung verhalten, wenn die adaptive Verleugnung oder die terminale Persönlichkeitsspaltung (Meerwein 1987) falsch eingeschätzt werden oder wenn der Patient sich innerlich zurückzieht und das Behandlungsteam darüber ratlos wird (Nehemkis et al. 1981/82; Meerwein 1985). Auf der Abteilung für Onkologie des Universitätsspitales Zürich werden jährlich ca. 400 Patienten neu registriert und ca. 400 Patienten werden von den Ärzten der Abteilung auf anderen Abteilungen konsiliarisch gesehen. 1987 konnten 59 Patienten während 470 Stunden durch die Liaisonpsychiater und Liaisonpsychologen besonders betreut werden.

Die Integration einer liaisonpsychiatrischen Vertretung in den Bereich der Onkologie ist, unter gesundheitspolitischen Gesichtspunkten gesehen, letztlich aber auch ein politisches Problem. Es gibt gute Gründe anzunehmen, daß v. a. in Universitätskliniken die Etablierung liaisonpsychiatrischer Einrichtungen umso schwieriger sind, je konservativer die das Gesundheitssystem und damit diese Kliniken gerade beherrschende Regierungsequipe eingestellt ist, denn konservative Gesundheitspolitik ist oft gleichbedeutend mit voller Identifikation mit dem gerade vorherrschenden medizinischen Wissenschaftsstil. Für diesen stellt aber Liaisonpsychiatrie eine nicht zu unterschätzende Bedrohung dar. Aus diesen Gründen wurde z. B. im Kanton Zürich die Etablierung eines liaisonpsychiatrischen Dienstes auf der Abteilung für Onkologie des Universitätskrankenhauses unter Hinweis auf den „Vormarsch arbeitsloser Psychologen“ und auf die „krankmachende Wirkung der Psychologie“ durch den entsprechenden Amtsinhaber in der Kantonsregierung radikal abgelehnt. Auf dieselbe Sache bezogene Briefe an den zuständigen Kantonsarzt blieben sogar einfach unbeantwortet. Dies nötigte zur Gründung einer privaten „Stiftung für Psychoonkologie“, dank welcher am Universitätskrankenhaus Zürich im Einvernehmen mit den entsprechenden Klinikleitern (Prof. P. Frick, Prof. G. Martz) Liaisonpsychiatrie überhaupt erst ermöglicht wurde.

Literatur

Alby N (1985) Die Zusammenarbeit von Psychologen und Onkologen. In: Bräutigam W, Meerwein F (Hrsg) Das therapeutische Gespräch mit Krebskranken. Huber, Bern Stuttgart Toronto

Bion WR (1970) Attention and interpretation. A scientific approach to insight in psycho-analysis and groups. Tavistock, London

Burkhardt-Murbach R (1987) Kunsttherapie als psychotherapeutischer Zugang bei Krebspatienten. (Zum Wesen ihrer Sprache-Indikationsprobleme). Schweiz Rundsch Med Prax 76/24:705

Dreifuss E (1986) Praxis der klinischen Kunsttherapie. Huber, Bern Stuttgart Toronto

Dreifuss E, Honsalek J, Blaschegg I, Meerwein F (1985) Angewandte Psychoanalyse in der medizinischen Klinik. In: Leuzinger-Bohleber M (Hrsg) Psychoanalytische Kurztherapien. Westdeutscher Verlag, Opladen

Honsalek I (1983) Das Behandlungsteam des Karzinom- und des Leukämie-Patienten. Schweiz Rundsch Med Prax 72:44

Meerwein F, Schneider G, Kauf S (1976) Bemerkungen zur Arzt-Patienten-Beziehung bei Krebskranken. Z Psychosom Med Psychoanal 22

Meerwein F (Hrsg) (1985) Einführung in die Psycho-Onkologie, 3.Aufl. Huber, Bern Stuttgart Toronto

Meerwein F (1986) Das ärztliche Gespräch. Grundlagen und Anwendungen, 3.Aufl. Huber, Bern Stuttgart Toronto

Meerwein F (1987) Bemerkungen zur Metapsychologie schwerer Krebserkrankungen. Bull Schweiz Ges Psychoanal 23

Nehemkis AM et al. (1981/82) Consultation issues on a cancer ward: The hidden agenda. Int J Psychiatry Med 11:353

Schmale A, Morrow G, Ader R (1977) Cancer, leukemia and related diseases. In: International encyclopedia of neurology, psychiatry, psychoanalysis and psychology. Van Nostrand, New York

Ullrich A (1987) Krebsstation: Belastung der Helfer. Eine empirische Studie an Kliniken in Bayern. Lang, Frankfurt am Main Bern New York Paris

Winnicott DW (1965) The familiy and individual development. Tavistock, London

Zagermann P (1988) Das Hexeneinmaleins. Die psychoanalytische Haltung und ihr Verhältnis zur Metapsychologie. In: Kutter P, Paramo-Ortega R, Zagermann P (Hrsg) Die psychoanalytische Haltung. Verlag Internationale Psychoanalyse, München Wien

Kooperation aus der Sicht des somatischen Onkologen

G. Martz

Entstehung

Es begann vor ca. 15 Jahren. Damals stellte ich einer Gruppe von Studenten eine unserer ersten Patientinnen vor, die nach aggressiver Chemotherapie schon während mehr als 2 Jahren von ihrer akuten myeloischen Leukämie geheilt war und ein in jeder Hinsicht normales, aktives Leben führte. Sie war eine unserer ersten geheilten Leukämiepatientinnen.

Meine Bezeichnung „geheilt" wurde von einem Studenten sofort in Frage gestellt. Er gab zu bedenken, daß die normalen hämatologischen Befunde und die wiedererlangte völlige somatische Beschwerdefreiheit möglicherweise den Zustand der Patientin nicht ganz, bzw. nicht ganzheitlich, erfasse. Könnte es nicht sein, so fragte er, daß solche Patienten im Anschluß an das Erfahren einer derart lebensbedrohenden Situation und der sehr harten Chemotherapie lange – oder für immer – anhaltende psychische Veränderungen erleiden?

Die Einwände des Studenten beeindruckten mich. Das Problem wurde mit dem Konsiliararzt für Psychologie der Medizinischen Universitätsklinik, Prof. F. Meerwein, besprochen, der eine Studie über die psychischen Auswirkungen von akuter Leukämie bei unseren Patienten konzipierte und in der Folge durchführte.

Dies war der Beginn der psychoonkologischen Aktivitäten der Abteilung für Onkologie an unserem Spital. Psychiater und Psychologen sind seither im täglichen klinischen und poliklinischen Betrieb der Abteilung integriert.

Auswirkungen

Dank diesem regelmäßigem Kontakt mit Nichtsomatikern werden heute psychische und soziale Aspekte unserer Patienten mehr beachtet als vielleicht anderswo. Bei uns wird der Lebensqualität wohl mehr Gewicht beigemessen als an einigen anderen onkologischen Zentren. Das hat z. B. auch dazu geführt, daß unsere Abteilung weniger Patienten in prospektive klinische Studien einbringt als andere vergleichbare onkologische Institute, weil wir z. B. Kranke mit unheilbaren metastasierenden soliden Tumoren (Bronchus-, Magen-, Nierenkarzinome u. a.) strikt nur dann einer – palliativen – Systemtherapie aussetzen, wenn eine eindeutige Behandlungsbedürftigkeit nachgewiesen ist und die Nebenerscheinungen der Systembehandlung in einem zumutbaren Verhältnis zu den erhofften günstigen Therapieauswirkungen stehen.

Was haben wir somatischen Onkologen von F. Meerwein und seinen Mitarbeiterinnen und Mitarbeitern gelernt?

- Auf dem Patienten mehr zu *hören*, auch auf Ungesagtes, ihn sprechen, sich aussprechen zu lassen;
- auf die oft verschlüsselt vom Patienten angedeuteten Gedanken über Sinn und Ursache seiner Krankheit einzugehen, seine Krankheit als integrierenden Teil seiner Lebensgeschichte zu verstehen. Auch den Patienten zu sehen als Teil eines familiären und sozialen Gefüges;
- die jeweilige Patient-Arzt-Beziehung zu analysieren und nach Möglichkeit therapeutisch auszunützen - etwas, das wohl heute noch vielerorts vernachlässigt wird;
- den psychischen Aspekten unserer Krebskranken die gleiche Wichtigkeit beizumessen wie den klinisch-somatischen;
- Patienten in hoffnungsloser, z. B. terminaler Situation als Arzt noch beizustehen, auch wenn es keine sinnvolle aktivtherapeutische Maßnahme mehr gibt, d. h. die in solchen Lagen oft enorm wirksame „Droge Arzt" auszunützen durch einfaches dortsein - oft mit dem Resultat, daß Schmerz- und Beruhigungsmedikamente eingespart werden können;
- eine bei gewissen Patienten zuweilen beobachtete aggressive Abwehr des Arztes richtig zu interpretieren. Der Arzt wird von manchem Krebskranken als der „personifizierte Krebs" empfunden, entsprechend abgelehnt oder aktiv bekämpft. Solche oft sehr spannungsvolle Situationen werden im Gespräch mit unseren psychologischen Beratern analysiert, erklärt und damit entschärft.

Viele Patienten - vielleicht besonders die Krebspatienten - wollen eine Heilerbeziehung, suchen einen „Heiler". Weil dieses Bedürfnis von manchen Ärzten nicht erkannt wird, wandern solche Krebskranke zu Alternativmedizinern ab, die, in psychologisch oft geschickter Art, die von der Schulmedizin gelassene Lücke ausfüllen - manchmal in für den Patienten nützlicher Weise, häufig jedoch zu seinem seelischen (und materiellen!) Schaden. Wir somatischen Ärzte sollten - durch besseres Eingehen auf die Ängste, Vorstellungen und Phantasien unseres Kranken - versuchen, auch diese Heilerfunktion in unser therapeutisches Handeln einzubringen. Eine solche Integration ist nicht nur ein Vorteil für die Patienten, sondern macht auch die Arbeit des Arztes durch den Einbezug einer psychischen Dimension in sein Handeln befriedigender.

Praktische Aspekte

Die moderne Onkologie kennt neben den Kooperationen Arzt/Patient und Hausarzt/Spezialarzt auch die wichtige Kooperation verschiedener Spezialisten. Fast für jeden Krebskranken müssen diagnostische und therapeutische Strategien interdisziplinär festgelegt werden, i. allg. von Pathologen, Chirurgen, Radiotherapeuten, Internisten und Psychosomatikern.

Heute besteht am Universitätsspital Zürich nur an der Abteilung für medizinische Onkologie eine regelmäßige Präsenz von Psychosomatikern. Eine institutionalisierte psychosomatische Mitarbeit wäre jedoch für eine optimale Betreuung von Krebspatienten geradeso notwendig (oder notwendiger) in den Kliniken für Chirurgie und Radiotherapie, wo z. Z. Patienten und Betreuerteam weitgehend ohne die psychologische Hilfe gelassen werden, die sich bei uns in den letzten Jahren so sehr bewährt hat.

Im Rahmen eines gut organisierten interdisziplinären Tumorzentrums wie es heute an jedem größeren Krankenhaus bestehen sollte, ließe sich die Liaisonpsychiatrieforderung der ständigen Anwesenheit und Verfügbarkeit eines Psychiaters/Psychologen besser realisieren als in der derzeitigen Züricher Situation, wo die Krebskranken an verschiedenen Ambulatorien oft zu sehr krankheitszentriert anstatt auch patientenzentriert betreut werden. Dem deutlich erkennbaren neuen Trend der Krebstherapie, der Lebensqualität mehr Beachtung zu schenken als bisher, hat nicht zuletzt die Psychoonkologie zum Durchbruch verholfen.

Kooperation von Onkologie und Psychosomatik am Versorgungskrankenhaus

H. THEML

Nach den Referaten von Prof. Meerwein und Prof. Martz, aus denen soviel Positives zu erfahren war, finde ich meine Ahnung voll bestätigt: ich bin als kasuistisches Beispiel aus der Provinz eingeplant!

Damit diese Versuchsanordnung zu gegenseitigem Gewinn verläuft, darf ich die Fallgeschichte ausführlich und zunächst interpretationslos darlegen:

Anamnese und Beschwerdebild

Seit der Doktorarbeit bin ich nicht mehr von der Hämatologie und internistischen Onkologie weggekommen, wobei motivanalytisch nachweisbar ist, daß ich nur über den Spaß an der „Schönheit" der Blutzellen, auch der bösartigsten, dahinein geraten bin (Theml et al. 1967, 1983).

Da seither weder andere noch ich die Leukämien, metastasierenden Tumore und Lymphome aus der Welt schaffen konnten, sehe ich noch kein Entkommen vor der „Herausforderung", die Patienten mit diesen Erkrankungen für uns darstellen – und auch kein Ausweichen vor dem suggestiven Druck, den immer neue Remissions- oder gar Heilungskonzepte ausüben. Immer aber schon, zwischen Mikroskop und blutendem Patienten, zwischen Sonogramm und Witwe: das sichere Gefühl eigentlich ein Hochstapler zu sein: kannst du das, was du tust eigentlich? Darfst du das, was du tust eigentlich?: Lebensbedrohte Menschen ohne Kenntnis ihres Lebensmusters bei der Krankheit packen und die aus ihnen auszutreiben versuchen oder (wenn das partout nicht gehen will) – sie und ihre Angehörigen zu einem möglichst lautlosen Arrangement mit ihrer Krankheit bringen – auf einem immer unebeneren abschüssigeren Weg?

Man hat eine Lizenz für innere Medizin, Hämatologie und Onkologie, aber da gibt es doch die Lizenzen für „Psywissenschaften" in diversen Schattierungen!

Wo sind ihre Träger denn, die uns den „Psyteil" unserer Tätigkeit erleichtern oder abnehmen und uns so aus dem Dilettantismus heraushelfen könnten.

Sicher hören Sie hier heraus, welche Ängste, Phantasien und Idealprojektionen dem Kooperationswunsch eines Somatikers zugrundliegen können:

Ein „Psypartner" möge mit seinen Spezialtechniken gleichsam das Organsystem „Psy" erfassen, das wie Blut und Lymphe, schwer zu orten, das Leben meines(!) Patienten durchpulst. Und nach Erfassung der Probleme und Störungen dieses Systems möge der „Psyspezialist" dem Somatiker die Ergebnisse mit praktischen Pflegeanweisungen zur Verfügung stellen.

Wenn es aber zu kompliziert wird, soll der „Psyspezialist" möglichst ständig zur Wartung dieses Systems zur Verfügung stehen – angepaßt an die Wechselfälle der Krankheit und der Therapieansätze. Natürlich sind da auch noch die Angehörigen zu betreuen und zu verstehen, natürlich ist da auch noch das Pflegeteam um den somatischen Arzt und er selbst mit seinen Sorgen. Das heißt, wir haben mehrere große Bereiche, denen es durch die Arbeit eines solch idealen „Psypartners" besser gehen sollte: Patient, Angehörige, Somatikerteam jeweils für sich und (man lernt dazu:) in der jeweiligen Beziehungsebene.

Kooperative Therapieversuche

1. Phase: Angefangen haben wir als jüngere Stationsärzte (in München) mit unseren Pfarrern. Das ist viele Patientengenerationen her, und es waren damals ältere Seelsorger. Wir fanden es unerhört, daß sie von Bett zu Bett gingen und uns gar nicht erst gefragt haben, was da alles los ist – was der Patient aus unserer Sicht für ein Problem ist.

Also wurde versucht, Fallkonferenzen mit den Pfarrern zu veranstalten, in denen wir ihnen die verwirrenden medizinischen Probleme, die uns die Patienten da aufgaben, erzählten – als Probleme der Patienten. Wir gingen aus diesen Konferenzen mit dem Gefühl: endlich wissen die Seelsorger, wie kompliziert und verschieden alles ist.

Allerdings mußten wir bald merken, daß uns die Geistlichen eher aus dem Weg gingen und lieber weiter „heimlich" an die Krankenbetten traten. Uns erstaunte, daß wir nie einen Pfarrer wütend darüber fanden, daß jemand „über den Jordan" ging. Aber wie gesagt, wir waren jung, und sie waren weise.

2. Phase: Dann ging Mitte der 70er die Krebshilfe dazu über, statt Computertomographen Psychologen zu stiften: Wir bekamen eine Psychologenstelle und eine Sozialarbeiterstelle für eine onkologische Abteilung von 150 Betten.

Ein erfahrener klinischer Psychologe versuchte eine Balint-Gruppe mit Pflegepersonen und Ärzten auf einer Schwerpunktstation einzurichten: sie zerkrümelt an dem Konflikt zwischen Pflegepersonal und Ärzten. Man versuchte sich gegenseitig die Verantwortung für die Miseren der Patienten und mit den Patienten zuzuschieben. Zeitweise nahm der Psychologe an unseren Visiten teil, und wir wollten Nachbesprechungen durchführen, aber meistens war danach eine Infusion, eine Punktion, eine Sonographie eilig nötig, und irgendwie bröckelten auch diese Nachdiskussionen auseinander, bis der Psychologe nicht mehr zu den Visiten kam.

Wir gingen zu Zuweisungen komplizierter Langzeitpatienten über. Hieraus entwickelten sich einzelne, offenbar intensive Patientenbegleitungen durch den klinischen Psychologen; dieser empfand es aber als eine Störung seines Verhältnisses zu den Patienten, hierüber Berichte an die Stationsärzte zu geben. Diese wiederum bemerkten da und dort, daß die Patienten aufmüpfig gegenüber einzelne Therapieformen wurden. Zu einem bewegenden Eklat kam es, als ein Patient sagte, der Psychologe habe ihm geraten, es mal mit Mistel statt Chemotherapie zu probieren. Nicht selten wurde versucht, die psychologische Wurzel der Tumorerkrankung zu ergründen. War man fündig geworden, merkten das die Ärzte an den Selbstvorwürfen der Patienten. Hier half uns das erst psychoonkologische Symposion in Heidelberg 1981 ein wenig zur Ernüchterung, das Prof. Bräutigam mit der Frage zusammenfaßte, ob wir es bei den psychoonkogenen Faktoren nicht v. a. mit dem „allgemeinen Elend" zu tun hätten.

Leichtere Compliance fand der Sozialarbeiter, zumal wenn er Patienten daheim besuchte; seinen Erzählungen von Familie, Hof oder Arbeitsplatz unserer Kranken hörten wir zu, als berichte ein Afrikareisender vor Zoowärtern über das Urwaldleben ihrer Schützlinge. Der klinische Psychologe entwickelte schließlich ein breitangelegtes computergestütztes Evaluationsprogramm für alle psychosozialen Daten von Tumorpatienten. Es wurde vom BMFT mit großer Stellenfülle genehmigt, von der Ärzteschaft der Abteilung (an der ich zu dem Zeitpunkt nicht mehr tätig war) jedoch als Schritt zum „gläsernen Menschen" abgelehnt. Es konnte auch anderenorts nicht realisiert werden.

3. Phase: Nach dieser Tätigkeit als Stationsarzt und Oberarzt an der Münchner Hämatologie und Onkologie übernahm ich 1983 die erste explizit hämatologisch-onkologische Abteilung in Karlsruhe. Schon nach einem halben Jahr hielt ich es schwer aus mit den verschiedenen Verantwortungen und bat Hans Becker (Psychoonkologie 1986) um einen Besuch: Aus personellen Gründen der Abteilung in Heidelberg kam es nicht zu einer Art von Konsiliarvertrag, den ich mir gewünscht hatte – aber das bis tief in die Nacht reichende Gespräch mit Herrn Becker gipfelte in dem Satz „aber Sie sind doch nicht schuld an dem Schicksal Ihrer Patienten" – das war für einige Zeit ein ganz gutes Motto.

Darüber hinaus wurde ich auf die Abteilung in Schömberg von Herrn Prof. Lamprecht verwiesen; er motivierte einen Oberarzt für internistische Psychosomatik, einmal wöchentlich zu uns ins Krankenhaus zu kommen. Hier richteten wir eine Art Konsiliarsprechstunde ein und wiesen ihm die Patienten zu, mit denen wir Schwierigkeiten hatten – und von denen wir glaubten, daß sie welche mit uns hatten.

Dies geschah mit einem Antragsschein, auf dem so kurze Fakten standen wie „Mammakarcinom im Rezidiv mit Verarbeitungsschwierigkeiten" oder „Lymphogranulomatosepatientin, die sich nicht weiter chemotherapieren lassen will (v. a. Probleme mit dem Erbrechen)!"

Nach der im Schnitt 30- bis 50minütigen Exploration diktierte der psychosomatische Kollege einen ausführlichen schriftlichen Bericht an die Stationsärzte: Darin konnte dann z. B. stehen, daß es sich bei einem bestimmten Verhalten (dem Therapieentzug) „um wenig versteckte Suizidversuche handelte". Derartige Definitionen wurden von uns sehr goutiert, und wir fühlten uns im weiteren Umgang mit der Patientin entlastet.

Manche Analysen wurden sogar gern in Arztbriefe übernommen. Als der internistische Psychosomatiker den versammelten Stationsärzten nach Anlaufen einiger Erfahrungen mit unseren Patienten das Angebot machte, eine Balint-Gruppe miteinander zu betreiben, lehnten die jungen Kollegen zwar zögernd, aber jeder für sich schließlich ab. Sie hätten schon genug Probleme und Arbeit.

4. Phase: Als dieser Oberarzt der psychosomatischen Klinik sich auswärts niederließ, erinnerten wir uns jüngst einer niedergelassenen Psychotherapeutin (Fachärztin für Psychiatrie), der wir schon ambulant onkologische Patienten geschickt hatten. Frau Krusche kam nun auf unser Bitten ebenfalls einmal wöchentlich ins Haus und bekam in vorbeschriebener Weise Patienten zugewiesen.

Nach einem Vierteljahr kam sie zu folgendem Schluß:

Ich halte eine Konsiliartätigkeit als Fachperson für Psyche aus folgenden Überlegungen heraus für problematisch:

1. Der Bereich Psychotherapie, was immer er unter den Bedingungen eines Akutkrankenhauses bedeuten mag, würde damit lege artis ausgeklammert. Zu denken gegeben hat mir in diesem Zusammenhang eine Äußerung: „... wenn nicht einmal die Psychotherapeuten trösten wollen ..." Eben das wollen sie nicht, jedenfalls nicht von den Zielsetzungen ihres Spezialgebietes her. Ob sie *auch* trösten können, ist eine Frage, die sich den Psychotherapeuten genauso wie den Physiotherapeuten stellt. Sie hängt mit dem beruflichen und persönlichen Selbstverständnis zusammen. Berufsbezogen hieße das, inwieweit sich Ärztinnen und Ärzte nur aktiv, als Handelnde, oder auch passiv, als Mitleidende, verstehen können.

2. Wenn schon nicht „Psychotherapie", dann Psychodiagnostik?
In der Psychotherapie hat die Diagnose den Stellenwert einer Arbeitshypothese und wird im Verlauf einer Therapie jeweils schrittweise verworfen oder verifiziert.
Die Grundlage für eine Therapie (die von tiefenpsychologischen Modellvorstellungen ausgeht) ist hier also weniger die Diagnose als die Motivation bzw. der Leidensdruck des Patienten und die Frage, inwieweit diese Motivation ausreicht, um den Belastungen einer Therapie standzuhalten. Eine Psychodiagnostik, die nicht wie in der Testpsychologie, eine klar abgegrenzte Fragestellung hat und damit eine sehr begrenzte Aussage macht, liefe auf eine Art Persönlichkeitsgemälde hinaus, das günstigenfalls nutzlos, schlimmstenfalls aber als Befund, als Beurteilung mißverstanden werden könnte. Diese Gefahr sehe ich als besonders naheliegend, wenn die Schilderung schriftlich und von einer Fachperson abgegeben wird. Einer Psychiatrisierung würde dadurch Vorschub geleistet.

Die Kollegen entnahmen dieser Position, daß die Psychotherapeutin Delegation von „Arbeit" und Problemen ablehne und lehnten ihrerseits eine von ihr angebotene Balint-Gruppe ab.

5. Phase: Zur Zeit spreche ich wieder mehr mit unseren Klinikpfarrern; wir beginnen mit ihnen zusammen Stationskonferenzen abzuhalten. Von unseren Schwestern und Ärzten fährt jährlich einer zu den Wochenendseminaren der psychosozialen Beratungsstelle (Dr. Schwarz und Mitarbeiter).

Katamnese und Diskussion

Auf dem dargelegten Hintergrund (ohne weiterreichenden Anspruch) lassen sich *Hindernisgründe für mehr Psychosomatik* in der Alltagsonkologie deduzieren.

Denn wenn Psychosomatik die „Einführung des Menschen als Subjekt in die Medizin" (V. von Weizsäcker) ist, dann gibt es Gründe, ihre Zunahme gerade in der Onkologie derzeit für unwahrscheinlich zu erachten; die Ursachen dafür wird man je nach Situation unterschiedlich suchen und sehen. Ich interpretiere unsere oben dargelegten Erfahrungen im Kontext der heutigen Medizinsituation (s. dazu Will 1985; Begemann u. Voswinckel 1988; Theml 1985) sicher nicht objektiv.

Mögliche Hindernisgründe für mehr Psychosomatik in der Alltagsonkologie

Der Anspruch der Psychosomatik und die Arbeitsstruktur der somatischen Onkologie

Das „Psyangebot“ scheint für den Onkologen oft in Dimensionen, Möglichkeit und Anspruch unscharf definiert, schwer faßbar und gleichzeitig umfassend bis zu Totalitätsansprüchen.

Will es die Psychodynamik des Patienten erfassen und begleiten? Will es den Patienten unterstützen, gegen die Krankheit, mit der Krankheit, gegen die Medizin, mit der Medizin?

Will es die somatischen Therapeuten unterstützen in der Auseinandersetzung mit den Problemen des Patienten, der Krankheit, mit sich selbst? Zum Teil gehen diese Unsicherheiten im Verständnis nicht nur auf die mangelnde Ausbildung der Somatiker zurück, sondern reflektieren wohl die naturgemäß unscharfe Definition psychosomatischen Anspruches und Selbstverständnisses selbst.

An der Universität Köln begann vor 2 Jahren seit langem wieder einmal ein Ansatz integrierter Psychosomatik in der Onkologie. Er stand unter der Prämisse: „Eine Integration der psychosomatischen Medizin setzt einer Erweiterung der Theorie der Heilkunde voraus: Der bisher aus der medizinischen Theorie ausgeschlossene psychosoziale Bereich soll systematisch in das medizinische Betrachtungssystem einbezogen werden“ (Köhle 1987).

Jetzt resümiert der erfahrene psychosomatische Projektleiter K. Köhle das Ergebnis des Versuches folgendermaßen:

> Das Grundprinzip, die systematische Erweiterung der Heilkunde, war den Beteiligten nicht genügend bewußt...
> Die Mitarbeiter erwarteten entgegen der getroffenen Vereinbarung eher unmittelbaren Einsatz der Psychosomatiker beim Patienten parallel zur körperlichen Versorgung, z.T. auch eher eine seelsorgerische Tätigkeit oder alternative Ansätze zur Schulmedizin. Unsere Vorschläge zur Veränderng der Organisation der klinischen Arbeit wurden so teilweise aus dem theoretischen Zusammenhang gerissen wahrgenommen und dann als mehr oder weniger willkürlich konzipiert und autoritär verordnet angesehen. Insgesamt stellte sich heraus, daß das Wissen und die Kompetenz der Mitarbeiter der medizinischen Klinik hinsichtlich des psychosomatischen Arbeitsbereiches in einem groben Mißverhältnis zu den gewählten Zielvorstellungen standen. Die Diskrepanzen zwischen den getroffenen Vereinbarungen und den tatsächlichen Erwartungen in der Praxis führte nicht selten zu unlösbaren Konflikten, die sich vielleicht durch eine Analogie veranschaulichen lassen: Während wir etwa ein Schachspiel für vereinbart hielten und die Kenntnis der Grundregeln voraussetzten, forderten die Partner uns entweder auf, Skat zu spielen oder die Unterschiede der Regeln beider Spiele zu diskutieren (Köhle 1987).

Das ist wohl eine sehr treffende Schilderung für die Situation, die ein gewisses Verständnis für die Somatiker nicht vermissen läßt, wenn sie auch zum Schach nicht taugen. Aber offenbar sind Jahrzehnte Skatklopfen nicht so rasch durch die Schachpläne zweier Ordinarien vergessen zu machen. Schach steht hier für die „Erweiterung der Theorie der Heilkunde“, in der sich der Psychopartner dem unspezifischen Krank*sein* der Patienten und dieses Medizinsystems (für das aber v.a. die Somatiker verantwortlich gemacht zu werden scheinen) widmen will.

Demgegenüber bedeutet „Skat“ konkreten Bezug auf Krankheit des Patienten; die Regeln dieses somatischen Spiels lassen sich nur in einer Fülle von Delegationen,

Delegationswegen und Delegationsvorschriften beschreiben. Dies Spiel kommt nur ans Ziel, wenn jeder zur rechten Zeit (Röntgenologe, Sonograph, Pathologe, Labordiagnostiker, Chemotherapeut, Radiotherapeut) eine definierte Teilverantwortung in der Bewältigung des diagnostischen und therapeutischen Auftrages einer Krankheitssituation übernimmt.

Hier kann sich allenfalls der Stationsarzt, bei dem der Patient liegt und der ihn hoffentlich täglich spricht, mit so etwas wie dem „Kranksein" beschäftigen, auch dies aber ist hier die ihm delegierte Teilaufgabe im Kreis der Mitspieler.

Der im oben vorgestellten Projekt vor Ort betroffene Internist bilanziert entsprechend in einer Stimmung, als habe ihn der dritte Mann beim Skat sitzenlassen (mit dem Patienten):

> In meinen Augen war die Hauptschwierigkeit dieser Kooperation, daß die „Psychos", wie sie von uns liebevoll genannt werden, zu den Besprechungen immer von außen kamen und auch anschließend wieder nach außen verschwanden. Wenn es um die unmittelbare Arbeit mit den Patienten ging, waren wir allein gelassen. Sicherlich haben wir bei den Besprechungen viele kluge Ratschläge bekommen, aber aus unserer internistischen Sicht hat es uns immer gestört, daß die „Psychos" die Patienten, über die sie gesprochen haben, nur aus unseren Berichten kannten. Die einmalige wöchentliche Visitenbegleitung durch eine Psychologin erschien uns zu wenig. Als sehr problematisch hat sich auch die Belegung der Station mit überwiegend schwerstkranken Patienten gezeigt. An Tröstung und Sterbebegleitung waren die „Psychos" nicht interessiert (Schaadt 1987).

Diese kontroverse Sicht und Erwartung von Somatiker und Psychopartner ist keineswegs ein persönliches Problem, vielmehr stoßen eben hier unterschiedliche Medizintraditionen aufeinander, wobei die psychosomatische die organisatorisch jüngere, aber strukturell archaischere, ist; das erleichtert ihre Einordnung in den „Medizinbetrieb" nicht.

Der Versuch der Somatiker, die Psychosomatik als eine Teildisziplin medizinischer Spezialisierung zu begreifen und zu begrenzen, ist das ihr mögliche Verständnis- und Kooperationsangebot. Dies ist ja in der Hermeneutik des gültigen Medizinverständnisses nicht unerwartet, denn wenn sich Psychosomatik eben als übergreifende „Einführung des Menschen als Subjekt in die Medizin" versteht, dann muß sie eine alltägliche Provokation für alle lang gewachsenen Tendenzen der sich naturwissenschaftlich definierenden und organisierenden Medizin bleiben (Begemann 1985; Will 1985).

Die systemimmanenten „Alexithymien" in der somatischen Onkologie

Gerade aus den „Sachzwängen und der Bedarfslage der somatischen Onkologie heraus kann einen die Auseinandersetzung mit dem Anspruch der Psychosomatik betroffen innehalten lassen: Kultiviert nicht wohlmeinend meine objektivierende, auf höchstprozentigen Erfolg abzielende Onkologie notwendigerweise eine Art von „Alexithymie" bei mir und meinen Patienten in besonders konsequenter Weise innerhalb der Medizin?

Abspaltung des Individualschicksals durch Setzung des Kollektivs als Erfolgsmaßstab

In der Onkologie scheint es entsprechend der geballten Projektion aller Todesängste auf den „Krebs", in unserer Gesellschaft immer gleich um Leben und Tod zu gehen. So wurde hier mehr als in anderen Bereichen von der Medizin die laufende statistische Erfassung des Überlebensverhaltens von Patientenkollektiven zur Folie, auf deren Hintergrund das Individualschicksal prognostiziert oder katamnestiziert wird. Nach Erstellung der geweblichen Diagnose und apparativ intensiver, standardisierender Ausdehnungsdefinition der Erkrankung ist der Therapeut gehalten, unter den verfügbaren Statistiken das „Therapieschema" auszuwählen, das den höchsten Mittelwert an Remissionen, Heilungen oder Langzeitüberleben bietet.

Es ist natürlich bekannt und reflektiert (z. B. Theml 1985), daß diese Mittelwerte nichts über das individuelle Schicksal unseres jeweiligen Patienten aussagen. Dennoch ist die Suggestionskraft eines Kollektivs, in dem z. B. nach Schema A 50% ein Fünfjahresüberleben gegenüber Schema B 30% erreichen, nicht zu unterschätzen, auch wenn ich das „Fingerspitzengefühl" onkologischer Ärzte bei der Wahl zwischen den Schemata und ihr Bemühen, „Therapie nach Maß" zu betreiben, nicht gering achten möchte. Der Vorteil für den Patienten bei einer Entscheidung über seine Therapie auf dem Hintergrund statistisch gesammelter Erfahrungen aus analogen Situationen liegt sicher darin, daß er nicht der schwer kontrollierbaren Inspiration seines Onkologen allein ausgeliefert ist; der Vorteil für den Arzt liegt daran, daß er glauben kann, die Verantwortung für Therapie und Verlauf nicht allein zu tragen, da es ja in dem statistischen Vorbildkollektiv eine vorgezeichnete Amplitude von Möglichkeiten gibt. Ob dies gleichzeitig eine Abspaltung des „Individualschicksals" und einen Nachteil für den Patienten bedeutet, sei einer empathischen psychosomatischen Beobachtung zur Entscheidung anempfohlen. Das Problem wurde hier nur skizziert, um den Sachzwang anzudeuten, der mir systemimmanent am sperrigsten gegenüber Bestrebungen nach mehr psychosomatischen Umgang mit dem Patienten zu sein scheint. Die Vorstellung von einem „objektiven Schicksal" des Patienten unter medizinischen Einwirkungen und sein Anrecht darauf bestimmt und belastet uns alle nicht wenig. Dabei erleben wir es nicht, daß uns die um Rat befragten „Psydisziplinen" von einem unserer Objektivierungszwänge in Diagnostik und Therapie befreien könnten. Natürlich möchten sie uns wohl zu Freiheit verhelfen; nach unserem Muster der Übernahme und Delegation von Verantwortungen kann aber Psychosomatik offenbar nicht explizit und konkret genug Mitverantwortung für konkrete Maßnahmen bzw. ihre Unterlassung tragen. Ich habe keinen Analytiker getroffen, der nicht auch lieber auf dem Hintergrund eines negativen CT- oder Liquorbefundes die chronischen Kopfschmerzen weiter hinterfragt hätte, denn statistisch gesehen steckt eben mit gewisser Wahrscheinlichkeit im Kollektiv auch einer mit Hirntumor. Wenn also der Analytiker den Somatiker zur Übernahme derartiger Unterlassungsverantwortung befreien und ermutigen möchte, so bedeutet dies für den Somatiker in der Regel nur eine Verantwortung, vor der er bereits genug zu haben meint.

Der somatische Arzt zwischen Patient und Krankheit

Wenn in einer idealisierten Vorstellung psychosomatische Medizin bedeuten könnte, dem Patienten partnerschaftlich zum Wissen zu verhelfen, was er *mit und in* seiner Krankheit will, so fühlt sich somatische Medizin (zumal in der Onkologie) zunächst und in erster Linie berufen, den Patienten von seiner Krankheit zu befreien. Dieser Handlungsauftrag wird in der Regel undiskutiert vorausgesetzt.

Als Gegner der Krankheit, die er am liebsten ausradieren würde, glaubt sich der Arzt in der Regel im Einklang mit dem Patienten; die Krankheit wird als das Dritte im triangulären Umgang vorausgesetzt. Bei derartigem Feinbild und taktischem Entwurf ist es natürlich, daß Tiefpunkte, Niederlagen und Pyrrhussiege auf dem Schlachtfeld Patient vom Arzt ertragen werden müssen: Durch die Abspaltung des Gefühls für augenblickliche Zustände im Hinblick auf ein erhofftes und entschädigendes Endergebnis. Die oben dargelegten statistischen Perspektiven erleichtern zudem das Überstehen der vorfindlichen jeweiligen Miseren.

„Wir müssen hier durch, ob mit oder ohne Haare", kann man sich oder den Kollegen schon mal sagen hören, wenn die junge Patientin um ihre Haare „feilscht". Wir vergessen leicht, warum sie ihr jetzt wichtiger sein könnten als die später mal ausbleibenden Metastasen (in einer adjuvanten Therapiesituation), denn wir haben statistisch bedrohlich vor Augen, was ihr blühen könnte, wenn wir nicht haarraubend weitertherapieren.

Spätestens, wenn sich aber die Krankheit als die Stärkere erweist, geschieht wohl so etwas wie ein unmerklicher Frontwechsel, denn der Arzt ist ja auch etwas wie Mitwisser der Krankheit. Immer ist doch die Asymmetrie des Arzt-Patienten-Verhältnisses dadurch gewichtet, daß der Arzt viele ähnliche Begegnungen überlebt hat und wohl überleben will und soll. Die vielen Menschen mit ähnlicher Krankheit konstituieren in ihm – ungeachtet seiner Gegenwehr – ein „Krankheitsbild", das sich über den jeweiligen Patienten ihm gegenüber mehr oder weniger schattengebend projizieren wird.

Die „Krankheit" selbst als nächste Stufe der Abstraktion mit ihrer immanenten Logik zu leugnen ist schwer, denn die Hilfsfähigkeit des Arztes leitet sich ja – von beiden Seiten anerkannt – nicht nur aus dem Akzeptieren und Kennenlernen dieses einen kranken Individuums ab, sondern auch aus der Kenntnis seiner „Krankheit" – als einer, den nicht nur er hat und hatte.

Dieses Vorwissen macht den Arzt zum Mitwisser der Krankheit *und* des Patienten, zum Teilhaber an möglicher Todeslogik und Rettungshoffnung zugleich. Diese Ambivalenz ist im Zusammenspiel von Patient und Arzt unausgesprochen und also ungeleugnet präsent.

Am Arzt in dieser Janusrolle als Mitwisser der Krankheit und ihrer Überwindung gewinnt der Patient einen Begriff von sich als Exempel und Individuum; am Patienten als Individuum und Exempel gewinnt der Arzt seine Definition.

Die dargelegten Objektivierungstendenzen als Grenzen für die „Einführung des Menschen als Subjekt in die Medizin" dürfen getrost als alltägliche Überlebenshilfen für die Funktionstüchtigkeit des somatischen Onkologen gelten (Theml 1988). Solche Krücken kann man dann und so lange wegnehmen, wie man ihrem Träger unter die Arme greift. Bei entsprechender Bereitschaft muß man aber sicher einkalkulieren, daß jeder Therapieversuch des „automatisch-mechanistischen Lebens" (frz. „vie opératoire") auch im Therapeuten Ängste vor der eigenen Erschöpfung und Leere weckt (Fain 1966).

Literatur

Becker H (1986) Psychoonkologie. Springer, Berlin Heidelberg New York Tokyo

Begemann H (1985) Entwurf einer ökologischen Medizin. Familientherapie 10:50

Begemann H, Voswinckel P (Hrsg) (1988) Identifikationen. Urban & Schwarzenberg, München

Bress L (Hrsg) (1987) Medizin und Gesellschaft. Springer, Berlin Heidelberg New York Tokyo

Fain M (1966) Regression et psychosomatique. Rev Fr Psych 30:456

Köhle K (1987) Integrative psychosomatische Medizin in der inneren Klinik: Ein gescheiterter Versuch in Köln. In: Klußmann R (Hrsg) Psychosomatische Medizin im interdisziplinären Gespräch. Springer, Berlin Heidelberg New York Tokyo

Krusche G (1987) Offener Brief an die Ärzte der Vincentius-Krankenhäuser. (Persönliche Mitteilung)

Schaadt M (1987) Versuch einer Integration des psychosomatischen Arbeitsansatzes in der stationär-internistischen Krankenversorgung: Anmerkungen aus der Sicht des internistischen Oberarztes. In: Klußmann R (Hrsg) Psychosomatische Medizin im interdisziplinären Gespräch. Springer, Berlin Heidelberg New York Tokyo

Theml H (1985) Die Entwicklungstendenzen der Medizin und ihre Konsequenzen für Arzt und Patient. Evangelische Akademie Baden, Herrenalb (Herrenalber Texte)

Theml H (1988,[1]1985) Über das Überleben. In: Begemann u. Voswinckel (1988)

Theml H ([2]1986a, [1]1983) Taschenatlas der Hämatologie, 2. Aufl. Thieme, Stuttgart

Theml H (1986b) Verhalten von Arzt und Patient zur Krebserkrankung. Med Klin 81:148

Theml H, Trepel F, Rastetter J, Begemann H (1967) DNS- und RNS-Synthese in benignen und malignen Lymphomen. Klin Wochenschr 45:608

Theml H, Trepel F, Rastetter J, Begemann H (1967) DNS- und RNS-Synthese in benignen und malignen Lymphomen. Klin Wochenschr 45:608

Uexküll T von (Hrsg) (1981) Integrierte psychosomatische Medizin. Schattauer, Stuttgart New York

Will H (1985) Fetisch Gesundheit. In: Begemann (1985)

Diskussion zu Teil 1

Herr Schaadt, Köln: Ich habe mich sehr gefreut über die Behutsamkeit, mit der in Zürich offenbar das Konzept der Psychosomatik in die Onkologie hineingetragen wird. Dies steht ganz im Gegensatz zu meinen Erfahrungen, denn ich habe eher einen Kreuzzug erlebt zur Bekehrung der heidnischen Internisten.

Diese Behutsamkeit scheint mir insofern notwendig, als die Deutungen der Psychologen den klinisch ausgerichteten Internisten häufig fremd erscheinen, nicht zu reden von den gedanklichen Wegen, die zu diesen Deutungen geführt haben.

Die *Behutsamkeit* sollte sich jedoch *nicht zur Ängstlichkeit* steigern. Ich möchte das vorgetragene Beispiel von der Patientin aufgreifen, die ihr Mammakarzinom subjektiv als Bestrafung für ihr schlechtes Muttersein aufgefaßt hat. Herr Meerwein meinte, dies dürfe man den Internisten nicht erzählen. Hier möchte ich jedoch widersprechen. In einer eingeübten Kooperation, wie ich sie für Zürich voraussetze, ist das Erkennen der subjektiven Verarbeitung somatischer Erkrankung genau der Part, den der psychosomatische Kooperationspartner übernehmen soll und der von ihm erwartet wird. Ich möchte Sie hier zu mehr Mut im Umgang mit internistischen Kollegen aufrufen. In einer wirklichen Kooperation werden Sie für solche Beispiele immer offene Ohren finden. *Kritisch* allerdings könnte es werden, wenn Sie versuchen sollten, *einen solchen Mechanismus* den Internisten als *ursächliches Agens* für die Entstehung der Tumorerkrankung anzudienen. Hier klaffen unsere Wissenschaftsvorstellungen doch allzu weit auseinander, und sie haben zumindest mit härteren Diskussionen zu rechnen.

Herr Meerwein, Zürich: Ja, ich möchte gerne darauf antworten. Ich danke Herrn Schaadt für diese Aufmunterung. Ich habe tatsächlich die Erfahrung gemacht, daß Somatiker sog. tiefe Deutungen ablehnen. Selbstverständlich erheben wir keinen Anspruch darauf, daß der Inhalt unserer Deutungen als Anlaß und Grund zur Krebserkrankung zu betrachten ist. Darauf hat ja schon Herr Bräutigam hingewiesen. Solange wir in Ätiologie und Pathogenese immer in linearen Kausalitäten im Sinne einer Causa effiziens denken, so lange können wir nicht von psychischen Gründen zur Krebserkrankung sprechen. Und in diese Denkformen fallen wir ja alle immer wieder zurück oder sind geneigt, in sie zurückzufallen. Aber freilich gibt es Interdependenzen zwischen Psychischem und Somatischem, welche nicht auf einfache Kausalketten reduziert werden können.

Herr Hübschmann, Heidelberg: Wenn man diese drei Vorträge angehört hat, wird man nachdenklich. Ich selber bin Internist und Psychotherapeut.
Ich habe geschwankt, ob ich mich zum Onkologen oder zum Psychiater rechnen würde. Ich fragte und fragte mich: Kann denn der Onkologe das, was der Psychiater tut, nicht selber machen? Warum muß da noch ein Psychiker her?

Ich bin als Internist eigentlich immer jemand gewesen, der, indem er *körperlich behandelte,* gleich auch *den menschlichen Kontakt* nicht nur gesucht, sondern gefunden hat. Man machte die Anamnese, und wenn dem Kranken nichts mehr einfiel, nahm man die körperliche Untersuchung vor. Oft habe ich es erlebt, daß der Patient danach wieder zu erzählen begann. Die Preisgabe des Körpers schafft offenbar eine neue Situation.
Als verantwortlicher Stationsarzt einer Tuberkuloseabteilung habe ich mir von den Patienten immer gleich aus ihrem Leben berichten lassen. Lungenkranke habe ich auch selber geröntgt, und ich war oft überrascht, daß diese im Dunkel des Röntgenraums hinter dem Schirm zu reden begannen und Geständnisse machten, weil sie sich „durchschaut" fühlten.

Ich sehe also die Lage des Somatikers differenzierter als sie dem Psychiker vorkommen mag.

Wichtig scheint mir auch die Sicht des Patienten. Für diesen hat eben doch der Somatiker die eigentliche Verantwortung. Es fiel das Wort „Heiler", und wir Ärzte schämen uns, wenn wir so betrachtet werden. Schon das Wort „Heilung" wird in der Medizin ungern gebraucht. Aber wollen nicht gerade wir als Somatiker zu dem beitragen, was nun einmal der Patient seit Urzeiten unter Heilung versteht?

Herr Martz, Zürich: Ich danke sehr für das Votum, das mir eigentlich aus dem Herzen gesprochen ist. Ich frage mich, ob Sie nicht den Fehler machen, den sehr viele Leute machen, wenn sie unser Konzept vom weitem sehen. Da sie nämlich glauben, daß wir Somatiker die Idee haben, jeder Krebspatient brauche neben einem Arzt noch eine Psychologen oder Psychiater. Das ist natürlich eine völlige Mißverkennung der Tatsachen. Was wir anstreben und was sich nach meiner Meinung und Erfahrung sehr günstig ausgewirkt hat, besonders für diese Generation von immer wieder neuen, in unserem Team mitmachenden jungen Kollegen, ist eben, daß diese psychiatrische oder psychologische Betreuung unseres Teams sich auf eine *Verbesserung der Betreuung der Krebspatienten durch die Somatiker* auswirkt. Es ist absolut nicht so, daß in unserer Abteilung die Patienten auch noch den Psychiater sehen. Das sind wenige Prozent des ganzen Patientengutes, das wir haben. Ich weiß nicht, ob ich damit Ihre Frage beantwortet habe.

Herr Meerwein, Zürich: Herr Hübschmann, alle Somatiker sind immer der Meinung, daß es etwas Gutes ist, mit den Patienten zu sprechen. Aber oft heißt es, wir haben keine Zeit dafür. Dann wird vielleicht ein Konsultationspsychiater zugezogen, der einen schriftlichen Bericht abliefert, zu welchem der Somatiker dann leicht sagen kann, der Bericht sei zwar einleuchtend, aber wenig brauchbar und etwas realitätsfern. In solchen Reaktionen zeigt sich ja schon die Ambivalenz der Somatiker, von der ich gesprochen habe und die sich gerne im Umkreis dieser Problematik etabliert. Man kann diese Situation auch anders formulieren: *weder der Somatiker,* also z. B. der Onkologe, *noch der Psychiater* oder Psychologe *kann sich gleichzeitig auf zwei so ganz voneinander verschiedenen Erfahrungs- und Erkenntnisebenen bewegen,* wie sie durch die verschiedenen Funktionen gefordert sind. Die eine Bewegung stört die andere, das ist sicher so. Idealerweise muß das nicht so sein. Herr Hübschmann hat ein Beispiel dafür gegeben. Aber man muß für diese Ideale erst offen werden und die Angst verlieren vor den Konflikten, die entstehen können, wenn man sich auf beiden Ebenen gleichzeitig bewegt. Man kann das üben, aber man muß auch dazu angeleitet werden.

Herr Olivet, Bad Dürkheim: Mich beschäftigt noch dieses Beispiel von den Tauben und den Falken, das Professor Martz brachte. Ich glaube, daß jeder Onkologe nach Wesensart, aber vielleicht auch im Laufe seines Lebens, einmal Falke, ein andermal Taube war. Als junger Arzt, noch mit allem Optimismus und dem Glauben in die Machbarkeit, fängt man wohl häufig als Falke an, um später festzustellen, daß dieser Weg nicht zu den gewünschten Zielen führt. Ich denke, daß beide Verhaltensweisen der Ausdruck von Hilflosigkeit gegenüber der Krankheit ist, die wir behandeln. Der Falke versucht mit den Mitteln der Onkologie immer mehr desselben zu tun, bis er schließlich zu den toxischsten Substanzen und Therapieschemata greift. So berichtete mir eine Patientin, daß der sie behandelnde Onkologe, als sie die 5. (frustrane) Platinserie ablehnte, ihr gesagt habe, dann könne sie sich ja gleich eine Kugel durch den Kopf schießen. Ein anderer lehnte rundweg die weitere Betreuung einer Patientin ab, als diese sich weigerte, wegen eines metastasierten Mammakarzinoms eine Chemotherapie über sich ergehen zu lassen. Diese Reaktionen entspringen der Ohnmacht der Behandler, deren Mittel auf medikamentöse oder instrumentelle Therapiemaßnahmen beschränkt sind. Wenn nun einer eine Taube ist, dann ist das zunächst sicherlich ehrenwerter, weil er zugibt, daß er nicht weiter weiß. Häufig ist aber die Folge dieses nicht Weiterwissens, daß er seine Hilflosigkeit weiterdelegiert z. B. an das Pflegepersonal oder an die Geistlichkeit. Es gibt eine Untersuchung, in der nachgewiesen wird, daß die *Visitendauer mit zunehmender Verschlechterung des Krankheitsbildes immer kürzer* wird und daß letztlich andere Personen die Aufgaben übernehmen, die eigentlich der Onkologe hätte bewältigen müssen. Das Dilemma mit den Psychosomatikern liegt, glaube ich, darin, daß wir von ihnen etwas erwünschen, was diese uns auch nicht geben können, nämlich die Kraft, *die Ohnmacht vor Tod und Sterben* zuzulassen ohne jedoch zu resignieren und den Beistand und die Hilfe zu verweigern. Diese begleitende Hilfe kann aber auch der Psychosomatiker nicht leisten, da ihm hierzu wiederum die internistisch-onkologische Kompetenz meist fehlt. Diejenigen, die sich mit Krebskranken beschäftigen, sollten daher weder Falken noch Tauben sondern vielleicht eine Art Schwimmvogel werden, der sich in den verschiedenen Elementen gleich gut auskennt und jeweils die erforderliche Fähigkeit anwendet. Das bedeutet, daß der Onkologe frühzeitig psychosomatisches Denken in sein onkologisches Handeln einbringen muß, das somit einen wichtigen Stellenwert in der Ausbildung zum Onkologen haben muß.

Herr Verres, Hamburg: Ich möchte die Frage aufwerfen, ob nicht jedes Konsiliar- und Liaisonmodell prinzipiell ein Element enthält, das dazu beitragen kann, das Kompetenzerleben der sogenannten Somatiker im Hinblick auf den Umgang mit Patienten zu verringern statt zu erhöhen. Der hinzukommende „Psychospezialist" muß sich fragen, ob ihm nicht eine gewisse *Alibifunktion* zugewiesen wird, bei der häufig eine gewisse *Ambivalenz* bei vielen Somatikern zu spüren ist. Ich habe in Hamburg neuerdings im Liaisondienst in der Strahlenklinik mehrfach erlebt, daß diejenigen Ärzte, die uns anfordern, einerseits sehen, was wir können und gleichzeitig bei sich selbst vielleicht ein Defizit erleben, also glauben, weniger zu können, wenn es doch eigenlich um den ganz einfachen menschlichen Umgang mit Patienten geht. Zugleich scheinen manche Kollegen aus der somatischen Medizin auch froh zu sein, den Patienten – um es ganz platt auszudrücken – an uns loszuwerden. Und diese Ambivalenz wird sich ganz unterschiedlich weiterentwickeln, je nachdem, wie sich der Liaisonpsychologe oder Liaisonarzt verhält. Wenn ich beispielsweise den Patienten dann alleine übernehme und die Gespräche alleine mit ihm führe, ohne den Stationsarzt zu beteiligen, trage ich dazu bei, daß der Stationsarzt sich nicht mehr weiter um den Patienten seelisch kümmern muß, und ich verstärke die Auffassung, die „Psyche" des Patienten sei ein Spezialorgan des Patienten, für das der behandelnde Arzt nicht zuständig oder nicht kompetent sei. Was die meisten Patienten brauchen, ist eine *gute menschliche Führung* und eine *seelische Unterstützung durch ihren behandelnden Arzt selbst.* Es besteht prinzipiell immer die Versuchung, diesen ganzen psychischen Bereich abzuspalten, so wie Herr Hübschmann das auch gesagt hat. Wenn ich aber versuche, den Stationsarzt an dem Gespräch mitzubeteiligen, verhindere ich dieses Abschiebeelement. Das wollte ich hauptsächlich ansprechen, was Sie davon halten: Wenn schon Liaisontätigkeit, dann so eng wie möglich gemeinsam mit dem verantwortlichen Stationsarzt die Gespräche zu führen, um gar nicht erst dieses Abschiebeelement sich etablieren zu lassen.

Herr Hüllemann, Prien: Ich sehe dieses Problem auch unter dem *Aspekt der Dosierung,* also ein Dosierungsproblem. Man kann psychische Zuwendung „dosieren". Im Verlauf einer onkologischen Erkrankung ist es nicht so, daß der Patient immer einen intensiveren seelischen Zuspruch braucht. Was im Argen liegt, ist weniger dieses eine „äußere Ende" – Beispiel die Mammakarzinompatientin, die „geheilt" war, aber dann noch auf Intervention des Studenten einer weiteren aufdeckenden Psychotherapie zugeführt werden sollte und auch wohl segensreich zugeführt wurde – sondern dieses „andere Ende", daß man nämlich der organischen Medizin vorwirft, zum großen Teil zurecht, sie sei brutal und grausam. Sie muß nicht so brutal und grausam sein! Wenn die Organmedizin aufgeschlossener, milder ist, läuft sie keineswegs Gefahr, organtherapeutische Handlungen zu versäumen. Die Organmedizin braucht die psychotherapeutische Ergänzung. Es geht dabei nicht um große (psycho-)therapeutische Ansprüche. Ich meine die einfachen Dinge, die einfach gut tun (und nicht weiter), z. B. *den Patienten mit den Händen berühren, anfassen.* Der Psychosomatiker faßt (in der Regel) den Patienten nicht an. Dabei ist es außerordentlich wichtig, Krebskranke mit den Händen zu untersuchen, auch oder besonders terminale Patienten oder Patienten mit zerfallenden, ekelerregenden Geschwüren. Man erhält durch die Untersuchung kaum einen Informationsgewinn, man wird nicht schlauer, wenn man den Befund überprüft. Aber für den Patienten geschieht etwas Wesentliches, wenn er sich freimacht. Er erlebt, daß *sein kranker Leib angenommen wird,* d. h. der Patient wird wirklich angenommen. Es wird nicht nur schön geredet. Bei solchen Schwerkranken geht es kaum noch darum, sie zu therapieren, sondern sie zu begleiten. Dieses Begleiten könnte man von einem psychosomatischen Konsiliarius lernen, von einem Liaisondienst. Es geht also nicht darum, daß der psychosomatische Fachmann die Behandlung selbst durchführt, sondern daß er vermittelt, *wie* man einfache Liebesdienste richtig (!) ausführt; wie man mit einem solchen Patienten spricht: daß man nicht zurückgelehnt sitzt beim Gespräch, sondern sich anteilnehmend vorgebeugt; daß man Zeit für den Patienten hat. – Gerade dem Karzinompatienten wird weniger (!) Zeit gewidmet als anderen Patienten. Eine Studie an Krankenschwestern in den USA machte offenkundig, wenn Karzinompatienten läuten, dauert es länger als gewöhnlich, bis die Schwester erscheint. Das Ergebnis dieser Studie wurde mit den Schwestern besprochen. Nach anfänglichem Bedenken bestätigten sie den Studienbefund aus eigener Erfahrung. Der verzögerte Gang auf Läuten wurde folgendermaßen erklärt: Es sei ihnen, den Schwestern, im Grunde bewußt, da ist nichts mehr zu machen. – Aber wie wirkt das auf den Karzinompatienten: Da ist nichts mehr zu machen! Der Krebskranke merkt sehr real: mein Läuten wird weniger schnell befolgt als das Läuten anderer Mitpatienten. – So ist es eine Aufgabe des therapeutischen Klimas, *des helfenden Klimas,* diese verzögerten Handlungsweisen, die die Hoffnungslosigkeit auch beim therapeutischen Personal signalisieren (mit entsprechenden Rückwirkungen auf die Patienten), diese solcher Art verzögerten Abläufe zurückzumelden: Was bedeutet eine solche Verzögerung für den Krebspatienten! Man muß bedenken, daß diese Patienten ganz allgemein an Verlassenheit, zusätzlich zu ihrem Leiden, zu tragen haben. Häufig zieht sich die Familie zurück.

Es scheint mir eine vordringliche und auch wertvolle Aufgabe des Liaisondienstes zu sein, den organmedizinischen Mitarbeitern *Unterstützung zu geben* für den *täglichen, handelnden Umgang* mit den Patienten. Also nicht der hohe Anspruch einer Psychotherapie ist gefragt, sondern die einfache Arbeit, Zuwendung zu lehren.

Herr Schwarz, Heidelberg: Ich möchte etwas zu Herrn Theml sagen. Vielen Dank für Ihre „Notizen aus der Provinz". Bei diesen Notizen ist bei mir eine gewisse Verwirrung zurückgeblieben. Mir ist nicht immer klar geworden, was nun Ironie ist und was Ernst, was Resignation, was Attacke, was Hochschätzung oder Entwertung – alles Dochotomien, die uns bei Thema Kooperation in vielfacher Weise beschäftigen und auch behindern können.

Nun meine Frage: Bedeutet es, wenn Sie nun wieder zur Theologie zurückgefunden haben, daß Sie bei der *Psychotherapie* das suchen, was im *Überschneidungsfeld zwischen Theologie und Psychotherapie* liegt? Ich möchte jetzt absehen von den Personen, die die Theologie und Psychotherapie vertreten, mir kommt es jetzt eher auf die Inhalte als auf die Personen an, was aber eher eine neue Diskussion wäre.

Bei dieser Gelegenheit möchte ich Ihnen auch dafür danken, daß Sie Ihre Krankenschwestern zu uns ins Fortbildungsseminar, oder wie Sie sagen, ins Trainingscamp schicken und hoffe aber, daß es nicht allein die Fitness ist, die die Krankenschwestern hinterher weiter befähigt, in der Hämatologie tätig zu sein.

Herr Theml, Karlsruhe: Ja, also wenn sie das mit der Ironie und der Schätzung nicht ganz trennen konnten, dann ist das eben eigentlich ganz realistisch. Deswegen habe ich ja auch, nachdem ich meine eigenen Notizen gelesen habe, eigentlich das Gefühl gehabt, ich kann keine spezifische Kompetenz anbieten, sondern ich kann ihnen das Material anbieten, so als ein Somatiker. Und da läuft das, wie sie so richtig sagen, dichotom. Der große Bedarf an Unterstützung in verschiedener Hinsicht, den wir für uns und unsere Patienten fühlen, der findet natürlich nur kleine Hilfen. Das ist kein Vorwurf, aber das ist die Situation aus der dann solche vielleicht dichotome Wertironisierungen erwachsen. Das glaube ich, müssen wir wirklich bearbeiten miteinander. Und ich halte es für realistisch.

Und wenn ich „Trainingscamp" gesagt habe für ihre dankenswerten Klausurtagungen, dann wäre ich schon froh, die teilnehmenden Schwestern und Ärzte kämen fit wieder raus. Denn im Grunde geht die Versorgungsonkologie heutzutage nur, wenn die, sagen wir mal, mehr Werkzeuge oder mehr dickes Fell mitbringen.

Herr Meerwein, Zürich: In allen Voten ist immer wieder das mögliche Scheitern eines liaisonpsychiatrischen oder konsultationspsychiatrischen Modells angesprochen worden. Ich glaube tatsächlich, daß wir beinahe täglich *gegen die Drohung des Scheiterns ankämpfen* müssen. Täglich müssen wir auf der Suche nach Wegen sein, welche die Gefahr eines Scheitern verringern helfen. Ich habe einmal die Funktion des Liaisonpsychiaters auf einer medizinischen Klinik mit der Funktion einer transplantierten Niere verglichen. Einer transplantierten Niere nicht unähnlich, ist der Liaisonpsychiater fortwährend von *Abstoßungserscheinungen* bedroht und doch ist er für die Klinik lebenswichtig, weil er für ihre Reinigung von störenden Stoffwechselprodukten sorgt! Deshalb bedarf seine Arbeit auch der fortgesetzten Supervision, damit diese Abstoßungserscheinungen immer wieder aufgefangen werden können. In schlimmen Fällen kann sich der Liaisonpsychiater auch wie ein transplantiertes Knochenmark verhalten, das eine „Graft-versus-host"-Reaktion entwickelt und dadurch die Funktion der Klinik über Gebühr beeinträchtigt. Auch hiervon muß die Supervision des Liaisonpsychiaters schützen.

Sicher ist die Gefahr der Krise zwischen Somatiker und Psychosomatiker auch durch die Fragen der Kompetenz des einen zugunsten der Kompetenz des andern ständig gegeben. Darum glaube ich, daß ein *liaisonpsychiatrisches Modell,* das so funktioniert, daß der betreffende Psychiater oder Psychologe ständig anwesend und für den Stationsarzt ansprechbar ist, vor dem Scheitern eher bewahrt ist als das *Konsultationsmodell.* Die Gefahr der Abstoßung ist so auf ein Minimum reduziert. Im Idealfall geschieht die Zuweisung der Patienten dann z. B. so, daß vielleicht in der Kaffeepause der Stationsarzt im Stationszimmer auf den Liaisonpsychiater trifft und ihm dann einfach etwas ganz Tolles, etwas ganz Schweres oder etwas ganz Verrücktes erzählen muß, das er soeben erlebt hat und das er loswerden möchte. Daraus ergibt sich dann das Gespräch über den Patienten und dann vielleicht das Angebot des Liaisonpsychiaters, mal mit dem Patienten zu sprechen, und es kann gemeinsam erörtert werden, wie eine solche Überweisung am Besten zustande kommt. So wird die *Gefahr des Abschiebens* auf ein Minimum reduziert, auf die Herr Verres ja mit Recht hingewiesen hat. Die Überweisungshemmschwelle muß reduziert werden, damit die Überweisung nicht zum Eingeständnis der Imkompetenz des einen zugunsten der Kompetenz des anderen wird, wodurch die Überweisung dann mit Erwartungen überfrachtet werden kann, von denen bereits gesprochen worden ist und an denen die ganze Arbeit schließlich scheitern kann.

Herr Pontzen, Nürnberg: Mir sind die Darstellungen doch zu negativ, und ich habe den Eindruck, *eine resignative Stimmung macht sich breit.*

Ich möchte den Beitrag von Herrn Meerwein noch einmal aufgreifen und seine Ausführungen ausdrücklich unterstützen. In Nürnberg haben wir am städtischen Klinikum seit 8 Jahren eine enge Zusammenarbeit mit der internistisch-onkologischen Abteilung, deren leitender Arzt, Herr Gallmeier, uns von Anfang an unterstützt hat. Wir meinen, daß diese Zusammenarbeit trotz aller Schwierigkeiten recht gut funktioniert und die psychoonkologische Arbeitsgruppe von nunmehr 4 Mitarbeitern sich weitgehend stabilisiert hat. Um eine solche im großen und ganzen erfreuliche Zusammenarbeit zu erreichen, bedarf es einiger Rahmenbedingungen und einiger persönlicher Voraussetzungen, die teilweise angeführt wurden. Einmal ist es sicher nötig, sich eines *missionarischen Eifers zu enthalten,* auch des gelegentlich heimlich auftauchenden Gefühls, es v. a. als Psychoanalytiker letztlich doch besser zu wissen. Neben einer wohlwollenden Einstellung des leitenden Arztes der „Gastklinik", die stets pfleglich, wenn auch nicht unterwürfig zu behandeln ist, hat sich aus unserer Erfahrung als sinnvoll erwiesen, wenn nicht ein Mitarbeiter der psychosomatischen Abteilung alleine als Einzelkämpfer auf der onkologischen Abteilung arbeitet, da die Gefahr der Überforderung und eines Burn-out-Syndroms groß ist. Daneben halte ich, was Herr Meerwein auch betonte, die *Präsenz des psychosomatischen Mitarbeiters auf der onkologischen Abteilung* für außerordentlich wichtig. Wenn man dort nur stundenweise – und das auch noch zu unterschiedlichen Zeiten – aufkreuzt, wird ein integrativer Ansatz nicht durchführbar sein. Und dann gibt es noch einige Dinge, die zu beachten sind, um die Gefahr des Scheiterns eines psychosomatischen Liaisondienstes zu reduzieren, so, daß nichtärztliche Mitarbeiter der psychosomatischen Abteilung, Psychologen oder Sozialpädagogen, vor Aufnahme ihrer Liaisontätigkeit auf der entsprechenden Abteilung eine Zeitlang, *2 oder 3 Monate, als Hilfspfleger oder als Hilfsschwester arbeiten,* um so sehr persönliche Erfahrungen mit dem körperlichen und seelischen Leid der krebskranken Patienten zu machen und auch, um einen konkreten Einblick in die Arbeit und die Belastung des Pflegepersonals und der Ärzte zu bekommen. Oft werden diese praktischen Erfahrungen ja nicht gemacht, sondern das Somatische und das Psychische, die Somatiker und Psychotherapeuten stehen sich gegenüber und haben manchmal sehr unterschiedliche Vorstellungen von der gemeinsam zu leistenden Arbeit. Der Psychosomatiker bzw. Psychotherapeut kann sich auch nicht am Anfang der Liaisontätigkeit den Patienten entziehen und sich ausschließlich beschränken auf Supervision, Stationsbesprechung und Balint-Gruppenarbeit, wobei die Balint-Gruppen ja in Kliniken sehr schwierig durchzuführen sind wegen der hierarchischen Probleme, der Rivalität untereinander und wegen des üblicherweise hohen Selbsterfahrungsanteils solcher Balint-Gruppen in klinischen Institutionen. Wenn man diese Kriterien bedenkt, zu denen andere hinzuzufügen sind, muß eine Zusammenarbeit zwischen Somatikern – Onkologen – und Psychosomatikern nicht scheitern.

2. Kooperation am Beispiel der Dermatologie

Kooperationserfahrungen aus der Sicht des Dermatologen

D. Petzoldt

Die enge Beziehung zwischen Haut und Psyche ist allgemeines Wissensgut. Sie findet ihren Niederschlag in Redewendungen wie: „Ich könnte aus der Haut fahren" oder „Mich juckt es in den Fingern".

Im Bereich der Dermatologie gilt als Lehrbuchwissen, daß eine Reihe von Hautkrankheiten eng mit psychischen Alterationen zusammenhängen, verursacht oder im Verlauf wesentlich mitbestimmt werden (Koblenzer 1984):

Hautkrankheiten mit direkter psychischer Ursache

Artefakte
Leckekzem,
Trichotillomanie,
Parasitophobien,
Venerophobien.

Hautkrankheiten mit von Fall zu Fall enger Beziehung zu psychischen Faktoren

Urticaria chronica,
Pruritus sine materia,
Hyperhidrosis,
Alopecia areata,
Dermatitis perioralis.

Hautkrankheiten, deren Verlauf durch psychische Faktoren mitbestimmt wird

Neurodermitis atopica,
Psoriasis vulgaris,
Dyshidrotisches Ekzem,
Seborrhoisches Ekzem,
Herpes simplex,
Lichen ruber.

In diesen Fällen erwartet sich auch der mit der Psychosomatik weniger vertraute Dermatologe Hilfe von seinem psychosomatischen Kollegen. Der psychosomatisch versierte Dermatologe wird darüber hinausgehen, weil er weiß, daß es grundsätzlich gilt, die Krankheit unter den von den Kranken nicht zu trennen, eine „krankheitszentrierte" Medizin zu vermeiden und eine Situation zu überwinden, die von Uexküll (1977) treffend ausgedrückt hat: „Der Entschluß der Medizin, Naturwissenschaft zu sein und Krankheit als naturwissenschaftlich-technisches Problem aufzufassen, hat die Krankheit von den Kranken getrennt".

Die Deutsche Dermatologische Gesellschaft hat die Bedeutung der Psychosomatik für die Dermatologie erkannt und durch Gründung einer „Arbeitsgemeinschaft Psychosomatische Dermatologie" unterstrichen, die mit den Namen Bosse, Rechenberger, Gieler, Detig, Widmaier und Kastor verbunden ist.

Die provozierende Frage von Uexkülls (1987), „ob es sich eine dermatologische Klinik von Rang noch leisten kann, ohne psychosomatische Unterstützung zu arbeiten und weiterhin Glauben zu machen, effizient zu sein" haben wir in Heidelberg – wie vielerorts – positiv beantwortet und erfreuen uns einer intensiven und offenen Zusammenarbeit mit der hiesigen psychosomatischen Klinik.

Freilich ist der Weg zu einer wirklich engen und erfolgreichen Zusammenarbeit nicht frei von Stolpersteinen, sogar nicht frei von Fußangeln, ausgelegt sowohl von dermatologischer als auch von psychosomatischer Seit. Es ist vielleicht von allgemeinem Interesse, wenn die zusammenarbeit belastende Faktoren hier dargestellt werden. Die Erkenntnisse wurden gewonnen im Rahmen eines Liaisonmodells mit dem Schwerpunkt HIV-Infektion und Neurodermitis atopica.

Belastende Faktoren von dermatologischer Seite

1) Die Verkennung der Aufgabe der psychosomatischen Medizin. Der Mißbrauch der psychosomatischen Medizin „als letzte Instanz für faule Eier" (Hornstein 1980). Aus der undurchschauten Pathologie der Kommunikation zwischen Arzt und Patient soll der Psychotherapeut heraushelfen.
2) Das Eingeständnis, keine organisch faßbare Ursache einer Hautkrankheit gefunden zu haben, führt zu Gefühlen der Schuld und des Ärgers und belastet die Beziehung zwischen Dermatologen, Patienten und Psychosomatiker.
3) Der Erwartungshorizont des Dermatologen ist vielfach zu hoch. Seinem Wunsch nach griffigen Diagnosen und raschem Therapiefortschritt kann vom Psychosomatiker naturgemäß meist nicht entsprochen werden.
4) Vorurteile von Dermatologen mit zu einseitiger naturwissenschaftlicher Ausrichtung gegen alles, was außerhalb des naturwissenschaftlich begründbaren Weltbildes liegt.
5) Die mangelnde Kenntnis von psychosomatisch-psychotherapeutischen Methoden und der dazugehörigen Nomenklatur sowie der Versuch, diese mangelnde Kenntnis zu vertuschen, erschweren die Kommunikation.
6) Die Befürchtung einer Störung des Hierarchieverhältnisses zwischen Arzt und Patienten durch Hinzuziehung einer weiteren Bezugsperson, dem Psychotherapeuten.

Belastende Faktoren von psychosomatischer Seite

1) Das bewußte und unbewußte *Abdrängen des Dermatologen* auf die somatische Seite der Erkrankung unter dem Motto „Du bist nur für die Haut zuständig; die Psyche fällt allein in mein Ressort". Dieses Abdrängen wird vom in Weiterbildung befindlichen Assistenten vielfach gern angenommen, da es eine Verkleinerung seines Zuständigkeitsbereiches und damit eine Entlastung bedeutet. Es tritt ein Effekt ein, den niemand gewollt hat, nämlich die Dissoziation, die Entkoppelung von Psyche und Soma, wobei sich der Dermatologe nur noch für das Letztere zuständig und verantwortlich glaubt.

2) Die *fehlende Abgrenzung* zwischen Kollaboration und Supervision.

Die Kollaboration zwischen betreuendem Arzt und Konsiliararzt setzt ein kollegiales Verhalten mit gegenseitiger Offenheit und der Versorgung mit allen Informationen voraus. Sie ist gestört, wenn der betreuende Arzt bemerkt, daß sein eigenes Verhalten Gegenstand psychosomatischer Recherchen ist. Irritationen treten spätestens dann auf, wenn sich der betreuende Arzt als Gegenstand der Untersuchung in einer psychosomatischen Publikation wiederfindet. Es besteht kein Zweifel, daß die Supervision und die wissenschaftliche Untersuchung des Verhältnisses zwischen Dermatologen und Patienten ein legitimes Anliegen der Psychosomatik ist. Zur Vermeidung von Mißverständnissen und Irritationen ist es jedoch notwendig, daß vor Aufnahme gemeinsamere Projekte und Zusammenarbeiten klargelegt wird, welche Ziele seitens der Psychosomatik verfolgt werden.

3) Die *mangelnde Bereitschaft* des Psychotherapeuten, sich medizinischnaturwissenschaftlicher Beurteilungen und Empfehlungen zu enthalten.

Ein solches Verhalten des Psychotherapeuten birgt die Gefahr in sich, daß der Patient in einen inneren Konflikt mit Entscheidungsnotstand hineingerät.

4) Fehler bei wissenschaftlichen Publikationen. Der dermatologische Partner sollte in die Planung und Manuskriptbearbeitung jeder Publikation mit einbezogen werden, die sich auf das gemeinsame Arbeitsfeld bezieht. Von diesem in der Medizin üblichen Vorgehen sollte sowohl im Interesse der wissenschaftlichen Fairneß als auch im Interesse der Richtigkeit der Darstellung medizinischer Sachverhalte nicht abgegangen werden.

Die dargestellten, die Zusammenarbeit belastenden Faktoren und die damit zusammenhängenden Probleme sind sicherlich überwindbar. Sie erscheinen leichter überwindbar in einem Liaisonmodell als in einem Konsiliarmodell. Letzteres birgt die Gefahr der Abkoppelung (Hornstein 1980) die mangelnde Förderung des gegenseitigen Verständnisses und das Defizit in der gegenseitigen Übermittlung von Wissen und Methoden in sich. Dem Liaisonmodell sollte der Verzug gegeben werden, diesbezügliche Erfahrungen liegen auch anderweitig vor (Bosse 1986). Das Liaisonmodell wird umso eher in der Lage sein, die Probleme zu überwinden, je enger die Zusammenarbeit zwischen Dermatologen und Psychosomatiker ist. Interessant erscheint der in Stanford begangene Weg (Gould u. Gragg 1983) wo Psychotherapeut und Dermatologe simultan ein Gespräch mit dem Patienten führen. Dieses Modell erwies sich als verständnis- und kollaborationsfördernd, wurde von den Assistenten retrospektiv als sehr positiv beurteilt und als wichtiger Teil der Ausbildung empfunden, garantiert eine spätere gute Zusammenarbeit zwischen niedergelassenen Dermatologen und Psychosomatikern und gibt dem Dermatologen Gelegenheit, seine eigene Rolle in der Interaktion mit dem Patienten besser zu verstehen und ggf. zu korrigieren.

Literatur

Bosse K (1986) Psychosomatische Gesichtspunkte in der Dermatologie. In: Uexküll T von (Hrsg) Psychosomatische Medizin, 3. Aufl. Urban & Schwarzenberg, München, S 1016–1037

Gould WM, Gragg TM (1983) A dermatology-psychiatry liaison clinic. J Am Acad Dermatol 9:73–77

Hornstein OP (1980) Was kann die Dermatologie von der Psychotherapie erwarten? – Ein Plädoyer. Z Hautkrankh 55:913–928

Koblenzer CS (1983) Psychosomatic concepts in dermatology. Arch Dermatol 119:501–512

Uexküll T (1977) Die Chefarztvisite als Problem. Die Suche nach der „Krankheit" und das Problem einer Organisation der Beteiligten. Med Klin 72:269–276

Uexküll T von (1987) (Vorwort in:) Bosse KA, Gieler U (Hrsg) Seelische Faktoren bei Hautkrankheiten. Huber, Bern Stuttgart Toronto, S 7–8

Kooperation aus der Sicht der Psychosomatik

S. Becker

Daß seelische Faktoren bei der Entstehung und besonders für den Verlauf von Hautkrankheiten eine Rolle spielen, ist schon lange bekannt und braucht auch nicht immer wieder neu bewiesen werden.

Gerade bei den chronischen Krankheiten – und diese machen einen großen Teil der Hautkrankheiten aus – ist die Einteilung in „ausschließlich somatogen verursacht" und „ausschließlich psychogen verursacht" nicht möglich und auch nicht sinnvoll.

Natürlich bleibt es weiterhin wichtig, bei einzelnen Hautkrankheiten Art und Bedeutung seelischer Wirkfaktoren zu untersuchen. Für die *Praxis* ist jedoch entscheidend, wie man die seelischen Faktoren in die Behandlung einbeziehen kann, also: Wie kommt für den Dermatologen, für den Psychosomatiker in der Hautklinik und besonders für den Patienten Haut und Seele zusammen?

Grundsätzlich gibt es dafür *2 Modelle:*

1) Ein Dermatologe bildet sich psychosomatisch/psychotherapeutisch weiter, widersteht der Versuchung, ganz zur Psychotherapie überzuwechseln und integriert dann seine psychosomatischen Kenntnisse und seine psychotherapeutische Haltung in seinen dermatologischen Alltag. Solche Dermatologen hat es – als Einzelkämpfer – immer wieder gegeben: In der BRD z. B. Borelli in München, Frau Rechenberger in Düsseldorf, die Gruppe um Bosse in Göttingen. Wir verdanken ihnen wesentliche Ergebnisse der psychosomatischen Dermatologie. Eine neuere Entwicklung ist der Arbeitskreis „Psychosomatische Dermatologie", der jetzt auch in die Deutsche Dermatologische Gesellschaft integriert wurde und der versucht, die verschiedenen einzelkämpferischen Aktivitäten zu koordinieren.
2) Für eine Hautklinik, die keinen zusätzlich psychosomatisch/psychotherapeutisch qualifizierten Dermatologen besitzt, bleibt als Alternative die Kooperation mit der psychosomatischen Klinik.

Über meine mehr als 4jährigen Erfahrungen intensiver Kooperation mit der Hautklinik will ich Ihnen heute berichten.[1]

1983 begann das Projekt, die großzügige Förderung der Robert-Bosch-Stiftung ermöglichte es, eine ganze psychosomatische Assistentenstelle für die Kooperation mit der Hautklinik einzusetzen. Zu diesem Zeitpunkt gab es bereits eine Reihe von

---

[1] Eine ausführliche Darstellung dieses Projekts im Rahmen einer Diskussion der grundsätzlichen Probleme einer Kooperation zwischen somatischer und psychosomatischer Medizin wird demnächst als Monographie unter dem Titel *Psychosomatischer Konsil- und Liaisondienst* im Springer-Verlag erscheinen.

Vorerfahrungen, von denen ich nur einige nennen will, weil sie mein Vorgehen bestimmten:

1) Von seiten der Hautklinik gab es immer wieder Interesse an psychosomatischer Unterstützung bei der Behandlung von Hautpatienten. Jedoch erwies sich die zwischen Unikliniken übliche Form des Konsils bzw. Überweisung (Untersuchung – Diagnose – Empfehlung) als ungeeignet und für beide Seiten unbefriedigend.
   Etwas überspitzt kann man über diese Phase der Kooperation sagen:
   a) Manche Patienten erschienen schon gar nicht zu dem Termin in der Psychosomatischen Klinik – weil die Hemmschwelle zu groß war, weil sie von den Dermatologen schlecht vorbereitet waren oder weil sie sich diskriminiert fühlten im Sinne von „ich bin doch nicht verrückt".
   b) Zu anderen Patienten fand der Psychosomatiker keinen Kontakt. Sie erhielten die Diagnose „schizoid" und wurden ohne psychotherapeutisches Angebot (oder mit einer sehr unverbindlichen Psychotherapieempfehlung) in die Hautklinik zurückgeschickt.
   c) Bei noch anderen Hautpatienten hatte der Psychosomatiker den Eindruck eines sehr guten offenen Gesprächs – zum zweiten vereinbarten Termin erschien der Patient jedoch nicht (er hatte offensichtlich zuviel von sich preisgegeben und mußte sich dann ganz zurückziehen).
   d) Der sonst oft sinnvolle Ablauf „Gespräch – Diagnose – Psychotherapieempfehlung oder nichts" ging an vielen Hautpatienten vorbei. Wie auch bei anderen körperlich kranken Patienten wäre stattdessen ein langer Anlauf im Sinne einer Anwärmung notwendig gewesen.
2) In der 2. Phase der Kooperation konnte eine psychosomatische Assistentin mit besonderem Interesse für Hautpatienten zwar zu bisher unerreichbaren Hautpatienten Kontakt herstellen, (sah sie auch z. T. *in* der Hautklinik) und kam auch mit einzelnen Hautassistenten ins Gespräch. Aufgrund mangelnder Zeitkapazität kam es aber nicht zu einer Integration der Psychosomatikerin in die Regelversorgung. Ein anderes Hemmnis war die Fluktuation der Assistenten in der Hautklinik
3) In der 3. Phase hatten einige Hautassistenten der Ambulanz Interesse an einer psychosomatischen Hilfe bei der Behandlung von neurodermitiskranken Kindern geäußert. Dies führt zu einem Projekt der psychosomatischen Klinik, das ebenfalls von der Bosch-Stiftung gefördert wurde: themenzentrierte Elterngruppen mit Eltern von Neurodermitiskindern, wobei die Wirkung dieser Gruppen auf den Verlauf der Neurodermitis der Kinder erforscht werden sollte.
   Als das Projekt begann, waren die Hautassistenten, die es initiiert hatten, schon nicht mehr da. Das Projekt selbst war zu sehr auf Forschung und zu wenig auf Regelversorgung orientiert – viele Eltern wohnten, zu weit weg, man erreichte nur hochmotivierte Eltern etc. Insgesamt bedeutete das Projekt keine Entlastung bzw. Hilfe für die Hautklinik. Ein Ergebnis dieser Kooperation war aber, daß ein Interesse der Hautklinik an einer psychosomatischen Sprechstunde in der Hautklinik offensichtlich wurde. Die Sprechstunde wurde etabliert, wurde auch in Anspruch genommen und von der Hautklinik als hilfreich erlebt.

Aus all diesen Vorerfahrungen konnten schon vor dem Projekt einige Schlußfolgerungen gezogen werden:

1) Der Psychosomatiker muß vor Ort, d. h. *in* der Hautklinik arbeiten, die Patienten dort sehen.
2) Die Interessen der Dermatologen an der Psychosomatik können nicht vorhergesagt oder vorausgesetzt werden, sondern sie müssen in der konkreten Zusammenarbeit erforscht werden (dies nicht berücksichtigt zu haben, ist m. E. der Grund für das Scheitern des Projektes in Köln – vgl. Köhle 1988; Schaadt 1988).
3) Die *Form* der Kooperation kann nicht als fertiges Modell in die Hautklinik hineingetragen werden, sondern muß vor Ort entwickelt werden (z. B. solle der Psychosomatiker nicht von vornherein an der Übergabe oder Visite teilnehmen, das würde nur Widerstände produzieren, aber er sollte so präsent sein, daß eine solche Teilnahme immer möglich ist, wenn sie erwünscht ist).
4) Die Kooperation sollte nicht von vorher definierten, hypothesen-geleiteten Forschungsinteressen ausgehen, sondern sich an der Versorgung orientieren, d. h. das Ziel sollte sein, psychosomatisches Denken und Handeln in die dermatologische Regelversorgung zu integrieren (damit sind gemeinsame Forschungsinteressen nicht ausgeschlossen, nur sollten sie sich aus der Kooperation entwickeln).
5) Die radikale Alternative zwischen psychischer und somatischer Ätiologie ist abzulehnen, da sie weder das Verständnis des Patienten noch die Kooperation fördert.
6) Aus den letzten beiden Punkten folgt: Die Entscheidung, ob ein Patient von dem Psychosomatiker gesehen wird, sollte sich am konkreten Patienten orientieren und nicht an der Krankheit, die er hat (im Sinne von „*die* Krankheit ist psychosomatisch und *die* nicht").

Konkretes Vorgehen

Die bereits bestehende psychosomatische Sprechstunde wurde von mir übernommen. Als Folge meines später beschriebenen aktiven Reingehens in das System der Hautklinik wurde sie dann allmählich ausgeweitet. Die Ausweitung führte dazu, daß die ambulanten Patienten in der Sprechstunde gesehen wurden und die stationären Patienten auf der Station. Für die stationären Patienten wurden je nachdem Termine vereinbart. Räumlich fanden sie dort statt, wo es gerade ging, d. h. mal am Krankenbett, mal im Arztzimmer, mal im Behandlungsraum etc. Es erwies sich nicht nur als Nachteil, daß es auf den Stationen keinen festen Raum für die Psychosomatikerin gab, da die gemeinsame Suche nach dem Raum jeweils den Kontakt förderte und außerdem das Gespräch zu einer gemeinsamen Sache der Station machte.

Von Anfang an wurde versucht, möglichst vor jedem Patientengespräch und möglichst schnell nach jedem Patientengespräch mit dem behandelnden Dermatologen (z. T. auch mit dem Pflegepersonal) zu sprechen. Unabhängig davon wurde jeweils ein Arztbrief geschrieben, der in dem Sinne persönlich gehalten war, daß er sich in Inhalt und Ausführlichkeit an dem Stand des Dialogs mit dem jeweiligen Assistenten orientierte.

Inhalte dieser Gespräche zwischen dem Dermatologen (und z. T. dem Pflegepersonal) und mir waren:

1) Die somatischen Befunde (im Sinne einer „Anmutung", nicht im Sinne einer totalen somatischen Kompetenz) und was der Patient davon weiß (z. B. beim malignen Melanom über die Prognose).
2) Der Anlaß des psychosomatischen Konsils (es gab vor allem 3 Anlässe):
   a) Der Patient erscheint dem Dermatologen (unabhängig von der somatischen Diagnose) psychisch auffällig. Für ein weitergehendes psychologisches Gespräch fühlt er sich nicht kompetent oder hat zuwenig Zeit dazu.
   b) Schwere Verlaufsformen, die nicht mehr allein mit dermatologischen Mitteln zu behandeln sind (die Behandlung stagniert oder der Patient ist durch die Krankheit oder auch durch die Behandlung psychisch sehr belastet).
   c) Interaktionsprobleme zwischen Arzt/Pflegepersonal und Patient, z. B. „schwierige", aber auch besonders belastende Patienten (etwa sehr junge und todkranke), Patienten, die die Krankheit nicht ernst nehmen oder Patienten, die die dermatologische Behandlung sabotieren etc.
3) Der persönliche Eindruck der Dermatologen von den Patienten, also auch seine eigenen psychologischen Beobachtungen und Theorien.
4) Der Auftrag des Dermatologen an den Psychosomatiker, der nicht immer identisch mit dem Anlaß ist. Dieser Auftrag kann sehr unterschiedlich sein:
   z. B. Probleme bei der Behandlung, er wünscht psychosomatische Unterstützung;
   positive Gefühle gegenüber dem Patienten, der Psychosomatiker soll etwas für ihn tun;
   negative Gefühle gegenüber dem Patienten, er will ihn loshaben, an den Psychosomatiker delegieren (z. B. weil der Patient ihn ärgert und provoziert oder weil er ihn belastet, z. B. weil er todkrank ist);
   negative Gefühle gegenüber dem Psychosomatiker (im Sinne von „ich schick' ihm mal eine besonders harte Nuß, da kann er sich die Zähne dran zerbeißen").
5) Die Rückvermittlung des psychosomatischen Gesprächs an den Dermatologen. Diese sollte informell erfolgen und in der Form je nach Wunsch (z. B. ob ein gemeinsames Gespräch mit dem Patienten möglich und sinnvoll ist). Inhalte dieser Rückvermittlung sind folgende:
   - Welche Konflikte des Patienten spielen für seine Krankheit eine Rolle, und wie geht er damit um? Der Psychosomatiker sollte dies in verständlicher Sprache und nicht in Fachtermini beschreiben.
   - Probleme des Patienten im Umgang mit der Krankheit und mit seinem Körper (z. B. Eigenpflege/zur Ruhe kommen/psychogene Theorien bei schicksalhafter Erkrankung etc.).
   - Die subjektive Bedeutung bestimmter dermatologischer Maßnahmen und des Klinikaufenthaltes an sich, z. B. die Möglichkeit, die Klinik als Raum für sich zu nutzen, zur Ruhe zu kommen. So kann für den einen Patienten das „Schmiertuch" Geborgenheit, für den anderen „ekeliges Fett" bedeuten.
   - Beobachtungen über Konflikte zwischen Arzt/Patient und Schwester/Patient. Dies ist ein sehr wichtiger, aber auch ein sehr sensibler Bereich, weil alle, da sie emotional involviert sind, auch sehr kränkbar sind. Oft kann aber eine Aufhellung durch den Psychosomatiker entlastend für das Team sein.

- Und last not least: eigene Probleme des Psychosomatikers im Umgang mit Patienten.

6) Gemeinsame Überlegungen, was weiter geschehen soll, v. a. gemeinsame parallele komplementäre Behandlung.
   Die gemeinsamen Überlegungen, was weiter geschehen soll, konnten aber auch dazu führen, daß der Patient ausschließlich von mir übernommen wurde (z. B. bei Zungenbrennen als Ausdruck von Depression).
   Es konnte aber auch dazu führen, daß der Dermatologe den Patienten alleine weiterbehandelt:
   - z. B. weil es für einen Patienten mit einem malignen Melanom besser war, nur eine Bezugsperson zu haben,
   - aber auch, wenn der Dermatologe ein schwieriges Problem an den Psychosomatiker delegierten wollte (z. B. ein AIDS-Patient, der kränker wurde und der Ärztin, mit der er bis dahin einen guten Kontakt hatte, anfing, Vorwürfe zu machen. Hier war es wichtig, daß sie den Patienten weiter ausschließlich behandelte, auch damit er nicht das Gefühl bekam, daß er, sobald es Schwierigkeiten gibt, abgeschoben wird). Solche Empfehlungen sind nicht gleich zu Beginn einer Kooperation möglich, sondern erst, nachdem der Dermatologe den Psychosomatiker auch schon kompetent und entlastend erlebt hat. An diesem Beispiel kann man sehen, daß eine ausschließlich supervisorische Kooperation nicht sinnvoll ist.

Ich habe versucht, Ihnen ein wenig von den vielfältigen Inhalten unseres psychosomatisch-dermatologischen Dialoges zu vermitteln. Durch diesen ständigen Austausch, der durchaus nicht immer konfliktfrei verlief, fand eine Entwicklung statt:

1) Zunächst wurden mehr ambulante Patienten von mir gesehen, später mehr stationäre.
2) Zuerst sah ich mehr Patienten im Sinne der „Ausschlußpsychosomatik" („weil nichts Organisches zu finden ist, muß etwas Psychisches vorliegen"). Natürlich gibt es auch solche Patienten, aber auch bei ihnen ist es sinnvoller, wenn der Dermatologe deshalb überweist, weil er selbst etwas Psychisches beobachtet hat. Später wurden mehr Patienten gesehen, bei denen ein Anlagefaktor bzw. somatische Bedingungen *und* psychische Faktoren eine Rolle spielen (z. B. Neurodermitis, Psoriasis etc.). Diese Gruppe von Patienten, wo beide Faktoren eine Rolle spielen, wurde dann die größte Gruppen.
3) Im Laufe der Kooperation wurden zunehmend Patienten mit schweren somatischen Erkrankungen gesehen, bei denen es vorwiegend um psychische Folgen bzw. den Umgang mit der Krankheit ging (vom M. Bowen bis malignes Melanom bis zu Genodermatosen). Wegen der Vollständigkeit sei erwähnt, daß neben den dermatologischen Patienten im engeren Sinne auch Patienten der Andrologie gesehen wurden (insbesondere wegen Problemen der Potenz und der Fertilität) sowie AIDS- und AIDS-Vorfeldpatienten (aufgrund der bereits bestehenden intensiven Kooperation war eine psychosoziale Betreuung in diesem Fall sehr früh möglich).
4) Im Laufe der Zusammenarbeit wurden mir die Patienten zunehmend früher vorgestellt (bald nach der Aufnahme und nicht erst kurz vor der Entlassung).

5) Die Mehrheit der Patienten, die ich in der Hautklinik sah, würden nicht in die Psychosomatik kommen. Möglich waren diese Gespräche:
   - weil die Patienten besser durch die Dermatologen vorbereitet waren, weil diese die Gespräche als hilfreich erlebten und deshalb mehr daran interessiert waren;
   - weil die Patienten mich als integrierten Bestandteil der Hautklinik erlebten;
   - weil eine Aufklärung durch andere Patienten und Pflegepersonal erfolgte;
   - aber auch aufgrund einer Anpassung meiner Interviewtechnik an die Patienten (so sprach ich mit manchen Patienten manchmal im erstern Gespräch ausschließlich über ihr Erleben ihres körperlichen Befindens. Auch fragte ich sie oft nicht, wie in der Psychosomatik, „was führt Sie zu mir?“, sondern z. B. „hat Ihnen Dr. X erklärt, warum Sie eigentlich mit mir sprechen sollen?“). Dieser Modifikation der Interviewtechnik entsprach auch eine Modifikation des psychotherapeutischen Vorgehens.
6) Als Schwerpunkt der Kooperation entwickelte sich die komplementäre Behandlung.
7) Es entstand zunehmend eine intensive Kommunikation zwischen Dermatologen und der Psychosomatikerin, wobei mir besonders wichtig die informelle Kommunikation (z. B. im Flur, beim Mittagessen etc.) war. Neben dem direkten Gespräch über Patienten die ich gesehen hatte, waren folgende Inhalte in dieser informellen Kommunikation wichtig:
   a) Patienten und Behandlungsprobleme bei Patienten, die ich nicht persönlich kannte.
   b) Somatische Behandlung (z. B. wenn der Dermatologe selber ein malignes Melanom hätte, wie würde er sich behandeln lassen?).
   c) Besonderheiten des Faches Dermatologie (z. B. keine raschen therapeutischen Erfolge, vieles nicht objektivierbar, schauen und probieren wichtiger als in anderen Fächern etc.).
   d) Austausch über psychologische Besonderheiten bestimmter Patientengruppen und zwar auch auf vorwissenschaftlichem Niveau! Warum drängten Patienten mit chronisch rezidivierender Urticaria so wenig auf Entlassung und erdulden so brav die langweilige Kartoffel-Reis-Diät? Aus einer Klärung dieser Frage konnte ein Verständnis der Konfliktsituation der Patienten und eine Behandlungsstrategie in dem Sinne entwickelt werden, daß das Erkennen der Psychogenese nicht automatisch zu einer Entlassung führen darf.
   e) Fortbildung entsprechend über aktuelle Themen (z. B. malignes Melanom oder „der unmotivierte Hautpatient in der psychosomatischen Sprechstunde“).
   f) Austragen von Konflikten:
      - aktive und passive Haltung. So lernte ich, mich manchmal aktiver zu verhalten als ich es in meiner psychoanalytischen Ausbildung gelernt habe. Aber auch die Dermatologen lernten, daß passives Abwarten auch sehr sinnvoll sein kann, obwohl sie als Ärzte mehr gelernt hatten, sich immer aktiv zu verhalten.
      - Gegenseitige Kompetenzüberschreitung, z. B. der inzwischen psychosomatisch interessierte Somatiker „deutet“ dem Patienten. Er ist etwa stolz darauf, entdeckt zu haben, daß bei einer Patientin die Alopezie begann, als ihr Freund sie verlassen hat. Dies darf er ihr natürlich in dieser direkten Form nicht sagen. Er darf nicht zu schnell deuten, muß lernen, die Abwehr zu

respektieren. Umgekehrt muß er aber auch lernen, daß das Zudecken von Konflikten nicht immer die schonende Methode ist, daß ein psychologisches Gespräch nicht in jedem Fall eine Belastung ist, sondern auch die Vermeidung eines Gesprächs eine Belastung sein kann.
Umgekehrt kann es zu einer Kompetenzüberschreitung von seiten des Psychosomatikers kommen, wenn er Stellung zur somatischen Therapie nimmt. Der Psychosomatiker sollte sich in jedem Fall klar sein, was seine innnere Einstellung ist und sie, je nachdem, dem Patienten (der oft auf eine Stellungnahme drängt) mitteilen; z. B. kann es sinnvoll sein, daß er ihm die Feuerwehrfunktion des Cortisons erläutert, um ihn sowohl von einer ständigen Cortisoneinnahme als auch von einer totalen Ablehnung abzubringen. Bei einer kritischen Einstellung gegenüber Chemotherapie bei malignem Melanom sollte er sich dagegen zurückhalten. In dieser Frage war es von Vorteil, daß ich Psychologin bin und nicht in die Versuchung geraten konnte, den Patienten selber somatisch zu behandeln.

- Das Copingkonzept kann mit der Klinikstruktur kollidieren. Ein Neurodermitispatient z. B. muß, um seine Krankheit in den Griff zu bekommen, sein eigener Hautarzt werden. Damit sind auch alle Dermatologen einverstanden, aber eigentlich erst für die ambulante Zeit, weil der Patient in der Klinik den Anweisungen der Ärzte folgen soll.
- Gegenseitige Überschätzungen, die dann zu Enttäuschungen führen; so kann der Psychosomatiker ein Problem zwar manchmal rasch erkennen, aber es noch lange nicht beseitigen. Die Diagnose „Depression" z. B. ist häufig leicht, die Behandlung aber langwierig.
- Gegenseitige Unterschätzungen. So kann der Psychosomatiker gelegentlich den Dermatologen für einen „seelenlosen Quacksalber" halten. Umgekehrt kann der Dermatologe denken, „reden kann ich auch" und den Psychosomatiker in die Nähe des Seelsorgers schieben.
- Rollenzuweisungen übernehmen durch den Psychosomatiker (durch bewußte und unbewußte Absichten von mir, dem Dermatologen, dem Patienten, dem Pflegepersonal), z. B. „der Störenfried, der Patienten rebellisch macht und Unruhe in den Betriebsfrieden der Klinik bringt".
- Welche Erwartungen der Dermatologen sollte der Psychosomatiker erfüllen (z. B. kleine reale Hilfen, nicht immer nur große Psychotherapie), und welche sollte er verweigern, ohne zu kränken? So kann die Verdachtsdiagnose Artefakt auch bedeuten, daß der Patient gar keinen Artefakt hat, sondern schwerkrank ist, aber der Dermatologe wenig machen kann, die therapeutische Ohnmacht schlecht erträgt und deshalb vom Psychosomatiker erwartet, daß er einen Artefakt feststellt.

Rückblickend kann man sagen, daß wir im Laufe der Kooperation zwar sehr viel therapeutisch umsetzbares psychosomatisch-dermatologisches Wissen angesammelt haben, aber kaum wissenschaftlich objektivierte Daten. Dennoch scheint mir der hier nur in Ansätzen beschriebene, sehr komplexe Dialog zwischen Dermatologen und Psychosomatiker das Kernstück der Kooperation zu sein.

Wenn ich in diesem Dialog der Dermatologe immer mehr von der Psyche der Patienten wahrnimmt und der Psychosomatiker immer mehr über die Haut der

Patienten erfährt (sich also auch psychotherapeutisch auf die „Berührung“ einläßt), dann werden beide mehr auf beides eingehen, und das bedeutet die Möglichkeit, daß es für den Patienten zusammenkommt, was auch zur Folge hat, daß er sein eigenes Wissen um psychosomatische Zusammenhänge so nutzen kann, daß seine Haut wirklich zu seiner Haut wird.

Beispiel: Der Dermatologe spricht mit dem Patienten über seine Konflikte, die Psychosomatikerin schaut sich die Haut an, die der Patient ihr zeigt, obwohl er weiß, daß sie Psychologin ist.

Dieses Zusammenkommen beider Aspekte kann auch heißen, daß der Psychosomatiker dem Patienten die somatische Diagnose oder Behandlung übersetzt. Oder auch, wie schon erwähnt, daß er sich eine Meinungsbildung zur somatischen Behandlung erwirbt, die er aber nicht immer ausspricht.

Eine andere Form des Zusammenkommens kann z. B. sein, daß Dermatologe und Psychosomatiker den psychischen Hintergrund etwa eines Artefaktpatienten sehen und dann jedoch eine Behandlungstrategie entwickeln, die einerseits psychotherapeutisch ist, bei der aber gleichzeitig die Haut dermatologisch gepflegt wird.

Wesentliche Funktionen diese ständigen Austausches, der das Zusammenbringen von Haut und Seele ermöglicht, sind folgende:

Der Austausch belebt und fördert die Kommunikation der Dermatologen über eigene psychologische Wahrnehmungen und Theorien (die sich oft hinter so Worten wie „klinische Erfahrung“ oder „ärztliche Kunst“ verbergen), die sonst in der offiziellen ärztlichen Kommunikation nichts gelten und deshalb herausfallen. Dieses so wichtige intuitive Wissen bleibt dann geheim, führt die Existenz eines unehelichen Schmuddelkindes, fließt zwar unbemerkt ständig in die ärztliche Behandlung ein, kann aber schwer reflektiert, überprüft, geschult und weiterentwickelt werden, wenn es nicht (immer wieder und v. a. „von oben“ anerkannt!) in Worte gefaßt wird. Wenn dieses intuitive Wissen aber ernst genommen und artikuliert werden kann, kann es bewußt und effizient in den Umgang mit den Patienten eingesetzt werden.

Damit komme ich zu einem wichtigen Problem der Kooperation, das sich *nicht* als produktiver Konflikt auflösen ließ, nämlich dem der Hierarchie: Der psychosomatisch-dermatologische Dialog verdünnte sich nach oben hin und zwar aufgrund des Nichtgeltens des inoffiziellen psychosomatischen Dialogs (der eben intensiv mit Assistenten und Pflegepersonal und z. T. mit den Oberärzten lief). In der Chefvisite muß der Assistent zeigen, daß er knallharte dermatologische Fakten vorweisen kann. Das führt dann dazu, daß die beschriebenen vielfältigen Diskussionen und gemeinsamen Überlegungen über Behandlungsstrategien in der Chefvisite von dem Assistenten auf den einen Satz reduziert werden: „Der Patient hat Probleme, die Psychosomatikerin ist eingeschaltet“. Der Assistent teilt in der Chefvisite eben nicht mit, was er tatsächlich psychosomatisch aufgenommen hat. Deshalb bekommt der Chef der Hautklinik am allerwenigsten von allen Mitarbeitern der Hautklinik von der Kooperation mit (dies ist kein persönliches, sondern ein strukturelles Problem).

Er registriert zwar, daß der Psychosomatiker sehr präsent ist, daß viel Kommunikation stattfindet, aber er weiß nicht, was. Dies ist beunruhigend, er kann die positiven Wirkungen nicht sehen, weil er sie nicht erfährt. Beunruhigend ist auch, daß der Psychosomatiker nicht in die Hierarchie der Hautklinik eingebunden ist und irgendwie nicht zu fassen ist, fast wie ein psychosomatischer Virus.

Es war deshalb nur logisch, daß der Chef der Hautklinik sich gegen die Einrichtung einer halben Stelle für die Psychosomatikerin entschied. Ich bin mir sicher, daß eine geheime Abstimmung von Assistenten, Oberärzten und Pflegepersonal eine andere Entscheidung ergeben hätte. Real ist diese Entscheidung bedauerlich, weil die Kooperation zwischen Dermatologie und Psychosomatik nach Beendigung des Projekts wieder ebenso ineffizient wie früher funktioniert.

Eine Lösung für zukünftige Kooperationen können evtl. darin bestehen, daß mehr Kommunikation des Psychosomatikers mit dem Chef der Hautklinik stattfindet bzw. zwischen beiden Chefs. Eine totale Einbindung des Psychosomatikers in die Hierarchie der Hautklinik kann nicht die Lösung sein. Und zwar v. a. deshalb nicht, weil dann die temporäre Übernahme von Rollenzuweisungen und ihre anschließenden Interpretation sowie das Interpretieren von Interaktionskonflikten nicht möglich wäre. Deshalb muß der Psychosomatiker sehr stark in die Hautklinik integriert sein, aber er sollte sein Standbein in der Psychosomatik behalten.

„Zum Schluß stellt sich für uns die Frage, ob es sich eine dermatologische Klinik von Rang noch lange leisten kann, ohne psychologische Unterstützung effektiv arbeiten zu wollen." Dieser Satz stammt, nicht von einem Psychosomatiker, sondern von dem Leiter der dermatologischen Abteilung der Klinik für diagnostische Medizin in Wiesbaden (Schröpl 1987).

Aus meiner Erfahrung würde ich es so ausdrücken:

Die Diskrepanz zwischen dem Wissen um psychosomatische Zusammenhänge zwischen Haut und Psyche einerseits und der der Realität der dermatologischen Versorgung andererseits ist leider immer noch enorm groß.

Literatur

Becker S (1987) Integrative Psychosomatik in der Dermatologie. Erfahrungsbericht über ein Kooperationsmodell. In: Lamprecht F. (Hrsg) Spezialisierung und Integration in Psychosomatik und Psychotherapie. Springer, Berlin Heidelberg New York Tokyo, S 65–70

Bosse KA, Gieler U (1987) Seelische Faktoren bei Hautkrankheiten. Huber, Bern Stuttgart Toronto

Köhle K (1988) Integrative psychosomatische Medizin in der inneren Klinik: Ein gescheiterter Versuch in Köln. In: Klußmann R (Hrsg) Stoffwechsel. Springer, Berlin Heidelberg New York Tokyo, S 103–116

Lipowski ZJ (1983) Aktuelle Probleme des psychosomatisch-psychiatrischen Konsiliar- und Liaison-Dienstes. Psychother Med Psychol 34:307–312

Rechenberger I (1979) Tiefenpsychologisch ausgerichtete Diagnostik und Behandlung von Hautkrankheiten. Vandenhoeck & Ruprecht (Medizinische Psychologie), Göttingen

Schaadt M (1988) Versuch einer Integration des psychosomatischen Arbeitsansatzes in der stationär-internistischen Krankenversorgung: Anmerkungen aus der Sicht des internistischen Oberarztes. In: Klußmann R (Hrsg) Stoffwechsel. Springer, Berlin Heidelberg New York Tokyo, S 117–120

Schröpl F (1987) Seelische Faktoren bei Hautkrankheiten. In: Bosse KA, Gieler U (Hrsg) Seelische Faktoren bei Hautkrankheiten. Huber, Bern Stuttgart Toronto, S 11–16

Diskussion zu Teil 2

Herr Eilts, Berlin: Direkt zu Frau Becker. Ich fand Ihre Ausführungen sehr instruktiv, war aber gleichzeitig etwas erschlagen. Ausgehend von meinen Bemühungen an einer Berliner Universitätsklinik den Konsil- und Liaisondienst im Bereich der Neurologie zu intensivieren, hätte ich ein paar Fragen zum Konkreten: Wieviel Zeit haben Sie täglich in der Klinik verwandt, wieviel Patienten etwa haben Sie durchschnittlich gesehen, und was haben Sie den Patienten an Zeit und Inhaltlich anbieten können? Hier fiel ja häufig das Stichwort Beratung, es gab von Ihnen den Hinweis darauf, sich biographischer Exploration enthalten zu haben, sicherlich auch aus zeitlichen Gründen. Das könnten Sie bitte noch ergänzen; wir sehen oft die Notwendigkeit, einfach aus Kapazitätsgründen zu delegieren, ambulant an den niedergelassenen Arzt, sofern sich eine weitergehende analytisch orientierte Therapie indiziert zeigt oder aber um z. B. funktionelle Entspannungsübungen oder ähnliches im Bereich psychosomatischer Erkrankungsformen vornehmen zu lassen. Oder aber eben, und das wäre an Sie wieder die Frage, was können Sie selbst, als, und so habe ich es verstanden, Einzelkämpferin, dort leisten?

Frau Becker, Heidelberg: Das waren jetzt so viele Fragen, daß ich nicht weiß, ob ich alle richtig verstanden habe. Es scheint mir wichtig auf mehreren Ebenen zu arbeiten: Ich habe z. B. in der Hautklinik viel mehr Kurztherapien als vorher in der Psychosomatik gemacht. Es hat sich gezeigt, daß das Zentrum meiner Aktivitäten *Kriseninterventionen* oder zumindest *kurze Behandlungen* von 5–20 Stunden waren. Da sich im Laufe der Zeit auch herausstellte, daß die beste Kooperation bei den Patienten lief, die längere Zeit auf Station waren, d. h. zumindest 1–2, manchmal auch 6 Wochen in der Hautklinik waren, war das die Hauptgruppe für psychotherapeutische Interventionen (5–15 Stunden). Ich habe aber gleichzeitig immer *auch Hautpatienten* in eine *ganz langfristige Psychotherapie* genommen, weil ich gemerkt habe, daß es für diese kurzfristigen Interventionen wichtig ist, daß man auch langfristige Erfahrungen mit der gleichen Art der Patienten hat. Was die Zeit betrifft, so habe ich im Schnitt 100 neue Patienten im Jahr gesehen. Das kann aber sehr unterschiedliche Folgen haben. So habe ich die einen dann immer weiter gesehen, die anderen vielleicht nur einmal, weil das Gespräch gereicht hat oder weil es an den Arzt wieder überging. Insofern war ich jeden Tag in der Hautklinik, entweder um neue Patienten zu sehen oder um alte zu besuchen oder um mit den Ärzten oder dem Pflegepersonal zu sprechen. Natürlich gibt es auch Patienten die man überweisen kann. Ich habe allerdings die Erfahrung gemacht, daß das sehr schwer ist. Erstens brauchen diese Patienten oft sehr lange, bis sie wirklich für eine Psychotherapie motiviert sind, und außerdem habe ich die Erfahrung gemacht, daß viele Patienten, wenn sie dann Kontakt zu einem haben, sie eigentlich sich nicht mehr überweisen lassen. Ich weiß nicht, ob das in anderen Fächern genauso ist oder vielleicht insgesamt bei körperlich Kranken mehr als bei rein psychisch Kranken. Daß ich die biographische Anamnese manchmal im ersten Gespräch weggelassen habe, lag nicht an Zeitgründen, sondern daran, daß ich gemerkt habe, daß der Kontakt sich z. T. wirklich besser herstellen läßt, wenn der Patient sich erstmal wirklich auch in seiner körperlichen Befindlichkeit ernst genommen fühlt und wir vielleicht zunächst nur über den Juckreiz reden, was ja sehr wichtig ist (z. B. für Neurodermitiker) und nicht gleich versuchen, eine Auslösesituation zu eruieren.

Herr Hübschmann, Heidelberg: Zu 2 Punkten möchte ich etwas sagen.

Da ist einmal die *„Verdünnung der Psychosomatik nach oben"*. Mir fällt dazu der Satz aus einem Schulaufsatz ein: Der Chef ist in seinem Arbeitszimmer gegen Sonne und Einsicht geschützt.

Ich habe andere Chefs erlebt.

Diejenigen, die kein Interesse zeigten, waren die Oberärzte, weil man mit Psychosomatik keine Karriere machen konnte.

Zweitens: Zum Vorgehen des Psychosomatikers bei körperlich Kranken. Es kam einmal eine ältere Patientin zu mir wegen schweren Hautjuckens. Jahrelang hatte der Hausarzt die verschiedensten Mittel verordnet, vergebens. Er meinte, es müßten psychische Ursachen vorliegen und schickte die Frau zu mir. Sie berichtete, sie habe vor Jahren Flöhe gehabt, angesteckt von ihrem Haushund. Jetzt heiße es, die Flöhe seien nicht mehr da. Aber sie spüre sie weiter, und sie müsse sich ständig heftig kratzen.

Man nennt das bekanntlich einen Dermatozoenwahn.

Beiläufig erzählte die Frau von ihrem Leben, daß ihre 3 erwachsenen Kinder außer Hause seien und ihr Mann ganz dem Geschäft lebe; sie selbst sei völlig vereinsamt.

Diese Vereinsamung wollte ich zum Thema meiner Psychotherapie machen. Es war nicht möglich. Das, worüber die Frau sprach, waren ihre Flöhe. Um überhaupt mit ihr in Gesprächsverbindung zu bleiben, ging ich darauf ein. Ich war überrascht, wie genau die Patientin Bescheid wußte, über Lebensweise und Liebesleben ihrer kleinen Peiniger. Sie hatte sogar Bücher darüber gelesen. Ich zeigte Interesse dafür, bekam aber ein schlechtes Gewissen, weil ich dachte: Mensch, jetzt machst du ja diesen Wahn mit. Man nennt das ja auch „induziertes Irresein".

Zu meiner Überraschung teilte der Ehemann nach wenigen dieser flohintensiven Sprechstunden mit, seiner Frau gehe es viel besser, der Juckreiz lasse nach und eine Weiterbehandlung durch mich sei nicht mehr nötig.

Warum erzähle ich von dieser Patientin?

Die Psyche – ja. Aber *man muß den Kranken auch in seiner Somatik* anerkennen. In diesem Falle hatte ich dadurch, daß ich der Frau ihre Flohphantasien nicht wie alle anderen auszureden versuchte, sondern als Thema anerkannte, auch die Frau selber anerkannt, bejaht, bestätigt und damit ihre Einsamkeit gemildert.

Mit anderen Worten: Auch der Körper gehört zur Person des Menschen.

Herr Bosse, Göttingen: Von den Zielen, die hier angesprochen wurden, möchte ich 2 Dinge herausgreifen: Das eine Problem, was ist die "Verdünnung nach oben". Ich denke, das Phänomen ist richtig gesehen, aber falsch interpretiert. Ich versuche seit fast 20 Jahren die Psychosomatik in der Dermatologie zu aktivieren und bin ganz überwiegend an den älteren Kollegen und gleichaltrigen Kollegen gestrandet und bin gleichzeitig in zunehmendem Maße mit jüngeren Kollegen ganz leicht über Psychosomatik ins Gespräch gekommen. Meine Erklärung ist deshalb ein bißchen anders: Ich denke, daß *ältere Kollegen zu schlecht in dieser Richtung ausgebildet sind* und sich deshalb überwiegend sehr schwer tun, in dieses Gebiet hereinzudenken und hereinzufühlen. Das Zweite, zum Thema Psychosomatik in der Dermatologie: Das Phänomen der Körperlichkeit wurde in der letzten Diskussion schon einmal gestreift. Und ich glaube, sie ist tatsächlich ein wichtiges Phänomen, die auch den Psychologen betrifft, der in der Hautklinik arbeitet. Die Körperlichkeit beim dermatologischen Kranken in Form von Juckreiz kann man gar nicht voll nachempfinden als Außenstehender. Man muß wirklich 10 oder 20 Jahre diese armen Patienten erlebt haben, um zu wissen, was es bedeutet, als Endogeniker über Jahre solchen Juckreiz zu erleiden. Als Gesunder muß man *lernen, diese zerkratzten Patienten zu sehen,* es ist ein echter Lernprozeß. Man kann es als Arzt wahrnehmen, auch indem man tastet, was auf dieser Haut passiert. Dies führt dazu, daß der Patient durch die Berührung eine sehr viel bessere Beziehung zum Arzt bekommt. *Die Berührung,* die der Dermatologe sich mit dem diagnostischen Alibi legal erlauben darf, ist vermutlich für den Psychologen sehr viel schwieriger zu handhaben. Auch der Pfleger im Salbenraum, der tagtäglich den Patienten einsalbt, tut nicht nur wegen der Salbe, die er aufträgt, sondern auch von der Handhabung her etwas außerordentlich wichtiges für den Patienten, der ja in der ständigen Angst lebt, daß ihn niemand anfassen wolle. Sei es, weil er so aussieht – „mein Mann schaut mich doch gar nicht mehr an" oder „der kann mich doch gar nicht mehr mögen" –, sei es, weil der Patient sich selber gar nicht mehr ansehen kann, sei es, weil vielleicht andere Menschen glauben, der Patient sei infektiös. Es spricht sehr viel dafür, die *Berührung als ein wichtiges therapeutisches Mittel* zu sehen. Aber ich glaube, dieses Mittel ist wahrscheinlich für den Psychologen schwer zu realisieren. Darauf möchte ich hinweisen.

Herr von Rad, München: Als ein – wie es vorhin genannt wurde – „gegen Sonne und Einsicht" geschützter Chefarzt einer psychosomatischen Ateilung überlege ich mir ganz genau, welchen Internisten ich in meiner Abteilung einstelle. Wenn ich mir vorstelle, ich wäre ein dermatologischer Chefarzt, würde ich mir ganz genau überlegen, was für eine Psychosomatiker ich mir ins Haus hole. Meine Frage an Sie beide geht nun dahin: Ist das, wovon Sie gesprochen haben, ein *strukturelles Problem,* oder ist es nicht letztlich ein *Problem der persönlichen Bestimmungsbefugnis.* Also, kurz gesagt: Ist es nicht letztlich die Machtfrage? Wer bestimmt die Dosierung dessen, was da geschieht? Ich halte dieses Problem strukturell von beiden Seiten für legitim. Ich glaube, daß es die Aufgabe eines jeden Chefarztes ist, das „Milieu interne" irgendwie ordentlich hinzukriegen, so daß er und seine Mitarbeiter ordentlich arbeiten können und die Patienten davon profitieren. Ich glaube auch, daß es das legitime Bedürfnis des Psychosomatikers ist, nicht nur zugewiesene Rollen zu übernehmen – so wie Sie, Frau Becker, das gesagt haben – auch wenn dies natürlich ein erster wichtiger Schritt ist, um überhaupt in eine Klinik reinzukommen. Nun haben Sie ja auch, Frau Becker, gesagt, daß es für Sie wichtig ist, nicht in der Hierarchie der Abteilung integriert zu sein, was aber doch, wenn man es zu Ende denkt, platt gesagt heißt: nicht weisungsabhängig gewesen zu sein. Wenn das richtig ist, so wie ich es jetzt darstelle, dann meine ich, ist das *der* jetzt doch *in dankenswerter Weise offen zutage getretene Konflikt.* Wie würden Sie den nun kennzeichnen? Handelt es sich dabei um eine strukturellen Konflikt der Kooperationsform oder ist er letztlich doch ein personaler Konflikt?

Frau Becker von Rose, Heidelberg: Ich kann mich zum großen Teil der Stellungnahme Herrn von Rads anschließen. Ich bin Internistin und habe lange Erfahrung sammeln können auf einer psychosomatischen Abteilung der Universitätsklinik Heidelberg sowie deren hämatologisch-onkologischer Ambulanz.

Zu der aus der Dermatologie hier gestellten Problematik kommen mir folgende Fragen: Ist das Dilemma ein strukturelles oder aber eines der real geleisteten Arbeit? Die Darstellung des Klinikchefs und der für die Psyche zuständigen Konsiliarpsychologin klaffen so auseinander, daß ich meine Fragen so präzisieren möchte:

Hat in einer so *hierarchisch strukturierten Klinik,* wie die der Uniklinik ein psychosomatischer Vierjahresplan überhaupt eine Chance? Frau Becker hat meiner Meinung nach die medizinische Basisarbeit so dargestellt, daß es zunächst um eine Vertrauensbasis geht. Diese Arbeit braucht Zeit. Nach 4 Jahren soll jetzt wissenschaftliche Bilanz gezogen werden, und diese Psychosomatische Leistung paßt noch nicht in das erwartete vorgeprägte Schema, das in einer universitäten Einrichtung unter *Erfolgszwang* steht.

Es gibt offensichtlich keine Verbindungslinie zwischen der hierarchischen Prägung und der real erbrachten Leistung. –

Ich denke auch, 4 Jahre könnten zu kurz sein für so ein Projekt. Es geht doch um Langzeitpatienten, die zunächst nur ein somatisches Angebot machen.

Zu Herrn Petzold direkt möchte ich noch nachhaken, *was Sie bekämpfen* möchten? Sie sprachen von Kampf. Könnten Sie das bitte nochmal erläutern?

Und Herrn Theml kann ich auch nicht ganz den Druck und die Erwartung auf Erfolg – den Publikationszwang – absprechen, wenn er sich immer wieder enttäuschen läßt von dem Psychosomatiker. Ist es denn so unmöglich, die vorgegebene Struktur zu nutzen? Warum nicht während der täglichen Arbeit, während des Kaffeetrinkens, bei der Besprechung der Neuaufnahmen auf so „Kleinigkeiten" zu achten, wie z. B. die Mitteilung, die Schwester der Patientin ist dabei, nicht der Ehemann. Die kleinen, eigentlich unscheinbaren Details sind für ein psychosomatisches Krankheitsverständnis notwendig –, ich denke weniger die abgehobene Deutung, die eben real einfach nicht umsetzbar ist.

Herr Bräutigam, Heidelberg: Daß an den Universitätskliniken die Krankenversorgung in Konkurrenz und auch oft in Konflikt mit Forschung und Lehre steht, trifft sicher zu. Dabei erlebe ich mich an den Universitäten aber *nicht unter Erfolgszwang* und auch diese Arbeitstagung steht nicht unter dem Zwang, etwas ganz Besonderes leisten oder publizieren zu müssen. Die Universitäten haben aber die Chance, ja die Freiheit, was sie unter doch günstigen Bedingungen experimentierend feststellen, zu reflektieren und, wenn es etwas leistet, modellhaft weiterzugeben. Unsere Aufgabe hier ist sozusagen *betriebswissenschaftlich zu evaluieren,* was gut und was bei Kooperationen schlecht gelaufen ist und was wir daraus lernen können.

Aus der Zusammenarbeit mit der Dermatologie kann ich lernen: Die Kommunikation zwischen mir und Frau Becker, wohl auch die zwischen Herrn Petzoldt und Frau Becker, ist nicht gelungen, auch mein Austausch mit Herrn Petzoldt war zu gering in den letzten Jahren. Rückblickend meine ich, wir hätten uns alle 3 Monate zusammensetzen müssen und feststellen, was geschieht, mit welchen Patienten spricht Frau Becker selbst und mit welchen die Dermatologen, wie wird was dokumentiert etc. Kommunikation ist ein Stock mit 2 Enden: Wir haben uns zu wenig um Frau Becker, sie sich zu wenig um uns gekümmert, wir haben von Ihrem Tun und ihren Publikationen zu wenig gehört und gesehen. Ich bin daran interessiert zu wissen, was die Mitarbeiter denken, was sie tun und schreiben, ich möchte mitreden. Als wir uns vor einem Jahr zum erstenmal zusammensetzten, Herr Petzoldt, Frau Becker, die Oberärzte und ich, da hörte ich zum erstenmal von der für solche Konsiliardienste typischen Gefahr: daß die Assistenten sagen, das ist ein Fall von Frau Becker, ich weiß von dem Patienten persönlich nichts und das – wie wir von Herrn Theml schon gehört haben – kann bei Organkranken nicht das Ziel einer integrierten Psychosomatik sein. Am Stanford-Modell, von dem Herr Petzoldt sprach, scheint mir nützlich, daß es möglichst wenig therapeutische Aufspaltung, hier Psychos, hier Somatiker gibt, daß es nicht zu Zweiersituationen kommt, sondern man mit Kollegen der inneren Medizin, der Dermatologie etc. Beispiele der Gesprächsführung gibt und sich dann wieder zurückzieht. – Im übrigen *bekenne ich mich zur Hierarchie in der Universität,* jedenfalls zu einer *Hierarchie von Verantwortung* und von *Erfahrung,* die nicht zu leugnen ist. Für den Psychosomatiker kommt es darauf an, mit allen Ebenen, mit Chefärzten wie mit Schwestern, mit den Oberärzten wie mit den Assistenten Verbindungen herzustellen. Daß der Kontakt nach oben sich verdünnt, muß von *beiden* Seiten verhindert werden.

Einig sind wir uns, so hoffe ich, daß wir als psychosomatische Konsilärzte oder -psychologen die von somatischer Seite als notwendig angesehene *Therapie vor den Patienten nicht in Frage stellen,* auch wenn wir mitunter einen Patienten, mit dem wir im Gespräch sind, vor manchen invasiven Therapieformen am liebsten schützen möchten. Daß die Onkologen und auch die Dermatologen etwa bei der Melanombehandlung selbst große Schwierigkeiten haben, haben wir schon gehört, darüber sollten wir mit ihnen sprechen, nicht mit den Patienten. Das scheint mir eine Basiserfordernis von Kooperation.

Herr Lang, Heidelberg: Herr Meerwein, vielleicht darf ich noch ein Wort zu Ihrem eindrucksvollen Votum sagen, weil ich meine, gerade für den im Liaisondienst Tätigen einen wichtigen Fingerzeig gibt. Es geht um die *Gefahr,* daß die *Kollaboration zur bloßen Supervision* wird. Daß hier eine Gefahr eingeschlossen ist, hatte sich heute morgen gezeigt, als über das Scheitern verschiedener Balint-Projekte berichtet wurde. Aus den Beiträgen von Herrn Schaadt ist bekannt, daß das Kölner Kooperationsprojekt zwischen Hämatologie und Psychosomatik v. a. auch daran gescheitert ist, daß die somatischen Kollegen die psychosomatischen Kollaborateure letztlich als Kollegen erlebt haben, die weniger Patienten betreut, als das Pflegeteam supervidiert, *„kontrolliert"*, haben. Aus diesen Erfahrungen glaube ich, müssen wir lernen, wie wir unsere Aktivitäten im Liaison- und Konsiliardienst zu gestalten haben.

Herr Meerwein, Zürich: Ich muß zur Frage der Struktur bzw. Kommunikation zwischen Persönlichkeiten ein kleines Geständnis ablegen. Herr Martz hat heute früh ein relativ ideales Bild unserer Kooperation auf der Abteilung für Onkologie geschildert. Dazu ist zu sagen, daß wir *seit 55 Jahren miteinander kooperieren,* bzw. miteinander umgehen, daß wir als 10jährige erstmals *gemeinsam auf der Schulbank* saßen. So hat diese Kooperation eigentlich angefangen. Ich glaube diese Anekdote ist in diesem Zusammenhang ehrlicherweise doch zu erwähnen.

Herr Petzold, Heidelberg: Frau Becker von Rose bittet um Präzisierung dessen, was nach meiner Ansicht zu bekämpfen ist:

Bekämpfen muß ich die in meiner Klinik beobachtete *Tendenz zur Trennung* der *Zuständigkeit für Psyche und Soma.* Es geht nicht an, daß der dermatologische Mitarbeiter sich allein für das Organ Haut zuständig fühlt und die Psyche voll an den Psychosomatiker delegiert.

Zu der Frage von Herrn von Rad, ob die aufgetretenen Schwierigkeiten eher strukturellen oder eher personellen Ursachen zuzuordnen sind, meine ich, daß diese Frage sicher deshalb schwer zu beantworten ist, weil wahrscheinlich beide Ursachen eine Rolle gespielt haben. Für die *Bedeutung des Personellen* könnte sprechen, daß das gemeinsame dermatologische, psychosomatische Projekt in der ersten Phase mit einem anderen Kollegen mit weniger Reibungsverlusten durchgeführt worden war. Persönlich habe ich die seinerzeitige höhere Effizienz jedoch in erster Linie darauf zurückgeführt, daß dieser Kollege, im Gegensatz zu seiner Nachfolgerin, sowohl Mediziner als auch Psychosomatiker war und er es deshalb in der Kommunikation mit seinen medizinischen Kollegen leichter hatte.

Die *Verdünnung der Information von unten nach oben* mag eine gewisse Rolle spielen. Es bleibt aber festzuhalten, daß die in meinem Vortrag aufgezeigten problematischen Punkte das Ergebnis einer innerklinischen Konferenz mit meinen Oberärzten und ärztlichen Mitarbeitern sind, die nicht länger als einige Tage zurückliegt. Es wäre sicherlich zu einfach, wenn man das Problem auf die Ignoranz der oder des Chefs reduzieren wollte. Immerhin waren es die Chefs der beteiligten Kliniken, die das Projekt geboren und die Voraussetzungen für die Realisierung geschaffen haben. Man kann deshalb wohl davon ausgehen, daß die Chefs ein genuines Interesse am Gelingen des Projektes haben.

Der in meinem Vortrag unternommene Versuch des Aufzeigens und Abstrahierens problematischer Punkte soll helfen, gewissermaßen Spielregeln aufzustellen, an die sich bei zukünftigen Projekten sowohl der Psychosomatiker als auch der Dermatologe tunlichst halten sollte, um Reibungsverluste zu vermeiden. Ich bin sicher – und für mich persönlich kann ich das mit Bestimmtheit sagen – daß das dankenswerterweise von der Robert-Bosch-Stiftung unterstützte Projekt uns zu einem höheren Kenntnisstand in der Kooperation zwischen Psychosomatik und Dermatologie verholfen hat.

Frau Becker, Heidelberg: Ich bin mit Herrn Petzoldt ganz einig, daß es schlimm wäre, wenn der Dermatologe Psyche und Soma aufteilt. Ich hatte eigentlich gedacht, daß aus meinem Vortrag klar geworden ist, daß das niemals das Ziel des Projektes war und daß es in der Praxis auch sehr gut gelang, das immer wieder zusammenzubringen. Ich hatte auch nicht den Eindruck sprachlicher Verständigungsschwierigkeiten. Insgesamt bedauere ich das Ende dieses Projekts, weil wir – zumindest an der Basis – in einen sehr intensiven Kontakt miteinander gekommen sind, ich sehr viele Patienten gesehen, sehr viele auch wieder an die Hautärzte zurückvermittelt habe, die Kooperation besonders in der gemeinsamen Betreuung von Patienten gut lief. Wir haben andererseits auch Erfahrungen mit anderen Kliniken, wo die Chefs extrem engagiert für die Kooperation waren. In einem Fall hatte der Assistent der Psychosomatik sogar ein eigenes Zimmer, aber es kam kein Patient. Es gibt also sehr unterschiedliche Erfahrungen.

Es scheint mir notwenig, nochmal aus meinem Vortrag zu wiederholen, daß wir die ganzen alten Fehler, die früher beschrieben wurden, wie z. B. missionarisches

Bewußtsein, Aufteilung in Psyche und Soma etc., schon bereits als Vorerfahrungen hatten und sie deshalb gar nicht mehr machen mußten, so daß in der Praxis gar keine Gefahr mehr in dieser Richtung bestand.

Zum Verhalten des Psychosomatikers gegenüber der somatischen Therapie möchte ich auch noch einmal wiederholen, daß ich es für wichtig halte, daß man auch als Psychologe zu manchen Dingen Stellung nimmt und zu anderen nicht, daß man sich aber in jedem Fall seine eigene Stellung klarmachen muß, damit sie nicht unbemerkt einfließt.

Eines möchte ich noch erwähnen, weil es hier von Herrn Petzoldt mehrfach angedeutet wurde, und vielleicht sollte man dann auch aussprechen, was da war. Es hieß, der Dermatologe sei auch Untersuchungsgegenstand des Psychosomatikers gewesen. Das trifft nicht zu. Vielmehr habe ich während dieser Kooperation irgendwann einen polemischen Aufsatz in einer psychologischen Zeitschrift geschrieben mit dem Titel „AIDS – die Krankheit zur Wende?“ In diesem Artikel ging es u. a. auch um grundsätzliche Schwierigkeiten von Ärzten, mit Sexualität umzugehen. Konkrete Beispiele waren nicht aus der Hautklinik. Diesen Aufsatz habe ich nicht mit Herrn Petzoldt abgesprochen. Im *Hautarzt* habe ich ebenfalls über AIDS geschrieben, selbstverständlich war Herr Petzoldt da informiert. Und wenn ich demnächst zur Hyperhidrosis mit einem der dermatologischen Assistenten publizieren werden, werden wir das natürlich Herrn Petzoldt auch „vorlegen“. Bei dem mehr sozialpsychologischen Artikel über AIDS würde ich jedoch nach wie vor dazu stehen, daß das von mir aus nicht etwas war, das unbedingt innerhalb der Hierarchie abgesprochen werden mußte. Es ist richtig, daß es auch bei Assistenten, die den Aufsatz gelesen hatten, eine gewisse Irritation gab, allerdings am wenigsten bei der Assistentin, mit der ich konkret im AIDS-Bereich zusammenarbeitete; es gab aber anläßlich dieses Artikels auch produktive, kontroverse Diskussionen auf der Station, wo die AIDS-Patienten behandelt wurden, so daß ich letztlich nicht denke, daß dieser Artikel der Kooperation geschadet hat.

Wenn es jetzt hier so am Schluß für mein Gefühl etwas versöhnlerisch heißt, „wir wollen die gute Kooperation fortsetzen“, wenn es also wieder so läuft wie früher mit dem Konsil bzw. der Überweisung, dann gehen wir eindeutig ein paar Schritte zurück, die wir in der Kooperation schon erreicht hatten und sind im Grunde an dem Punkt wieder angelangt, wo wir schon vor 6 Jahren waren. Das finde ich schade, weil wir eigentlich inhaltlich, auch gerade mit dem Nichtmehraufteilen in Psyche und Soma sehr viel weiter waren. Es ist kein Zufall, daß hier jetzt wieder einmal ein Idealmodell aus Amerika vorgestellt wird, das nur durchführbar wäre, wenn auch wirklich real von der Hierarchie Zeit, Geld, Raum und eine innere Förderung bereitgestellt würde.

3. Zur Praxis und Theorie der Kooperation

Der Leib - das gemeinsame Thema von somatischer und psychosomatischer Medizin

W. BLANKENBURG

Der Leib - das gemeinsame Thema für Somatiker und Psychosomatiker - so lautet der Titel meines Beitrages. Sie werden sicher fragen: Warum steht ein Psychiater vor Ihnen und nicht ein Vertreter der inneren Medizin oder ein Psychosomatiker? Welche Rolle spielt der Psychiater im Hinblick auf die Kooperation zwischen den Klinikern der somatischen Fächer und den Psychosomatiker im Liaisondienst? Vielerorts ist ein eigentümliches Dreiecksverhältnis zu beobachten, über das zu diskutieren wäre. Es ist in der Tat so, wie W. Bräutigam sagt: Bei psychischen Problemen oder Auffälligkeiten von Patienten auf somatischen Stationen wird manchmal eher der Psychiater gerufen als der Psychosomatiker. Warum ist das so?

Es gibt verschiedene Erklärungsmöglichkeiten dafür. Eine These lautet: Nicht weil die Psyche, wie der Psychiater sie sieht, dem Internisten näher wäre als das, was der Psychosomatiker darunter versteht, sondern weil die Relation zwischen Somatischem und Psychischem, wie die traditionelle Psychiatrie sie sieht, dem Organmediziner einsichtiger und geläufiger ist als diejenige, die der Psychosomatiker geltend zu machen versucht.

In der klassischen Psychiatrie bestand in vieler Hinsicht ein Alternativverhältnis zwischen Somatogenese und Psychogenese. Ein Beleg dafür ist die hier in Heidelberg vor 37 Jahren gehaltene Rektorratsrede von Kurt Schneider (1952). Dort heißt es: „Die Psychiatrie umfaßt sichtlich sehr heterogene Gebiete. Sie ruht auf zwei Säulen: Somatologie ... und Psychopathologie. Diese beiden so verschiedenartigen Wissenschaften sucht die Psychiatrie zu vereinigen. Also eine Wissenschaft, die Leibliches und Seelisches unter einem Dach vereinigen will" und im weiteren: „Die Einheit von Leib und Seele ist etwas, was schlechthin vorliegt und keineswegs erst erschlossen zu werden braucht." Das ist die Eingangsthese. Aber in dem, was darauf folgt, hält K. Schneider - und das ist hier der springende Punkt - dennoch ganz entschieden an einem psychophysischen Dualismus fest. Eingehend belegt er, warum im klinischen Alltag an dem Alternativverhältnis zwischen Somatogenie und Psychogenie, zu dem er sich ganz eindeutig bekennt, festzuhalten sei: Eine Störung hat *entweder* somatische Ursachen und ist damit Gegenstand der naturwissenschaftlichen Medizin, *oder* sie hat überwiegend psychosoziale Ursachen und gehört dann in das Gebiet der Psychosomatik bzw. der Erlebnisreaktionen.

Diese Einstellungsalternative beherrscht auch heute noch weitgehend das Denken in der Psychiatrie wie in den somatischen Fächer. Sie hat - praktikabel und entscheidungsrelevant, wie sie ist - sowohl für die Diagnostik als auch für die Therapie im klinischen Alltag ihre partielle Berechtigung. Demgegenüber ist es ein Ziel der Psychosomatik, wie sie Weizsäcker verstand, diese starre Alternativstruktur ein Stück weit aufzubrechen. Ihre Bedeutung besteht demnach nicht ausschließlich darin, daß sie für eine Reihe von Störungen (anstelle einer ausschließlich somatischen Determination) eine psychosoziale Genese geltend macht oder diese sogar gegen jene ausspielt. Das ist zwar in manchen Bereichen berechtigt und notwendig. Ihre eigentliche Mission sehe ich aber darin, daß sie die *Alternativ*struktur einer linearen somatopsychischen oder psychosomatischen Kausalität in Frage stellt. Zu denjenigen, die dies versuchen, geraten Organmediziner wie auch Psychiater der älteren Tradition nur allzu leicht in ein kritisches Verhältnis. Der damit verbundene Konflikt steht hier zur Diskussion.

Ich selbst gehöre zu den relativ wenigen Psychiatern, die zur Psychosomatik nicht ein solches – wie ich es nennen möchte – „schräges" Verhältnis haben, sondern die die Psychiatrie am liebsten als Unterdisziplin einer umfassenderen Psychosomatik sähen. Dies mag der Grund dafür sein, warum Herr Bräutigam mich als Psychiater eingeladen hat, hier vor Ihnen zu sprechen. Doch darf ich nicht verschweigen, daß „Psychiatrie als psychosomatische Disziplin" ein Wunsch, aber bis heut noch keine Realität ist. Die Mehrzahl meiner Kollegen würde sich entschieden dagegen verwahren. Immerhin zeichnen sich von seiten der somatischen Medizin – z. B. in Gestalt der Psychoimmunologie – Annäherungen ab.

Persönliche Bemerkungen

Meine eigene Legitimation, zu den Problemen des psychosomatischen Liaisondienstes Stellung zu nehmen und hier zu sprechen, habe ich zunächst in Zweifel gezogen, mich aber dann meiner älteren Heidelberger Vorgeschichte erinnert und daraus dann doch eine partielle Berechtigung abgeleitet. 1956–1958 absolvierte ich meine internistischen Lehrjahre in der hiesigen medizinischen Universitätspoliklinik bei H. Plügge. Prägend für mein gesamtes späteres ärztliches Handeln waren Erfahrung, die ich in dieser Zeit, v. a. während des damals noch üblichen nächtlichen Stadtdienstes – einer sehr guten Schule für psychosomatisches Denken und ärztliches Handeln überhaupt – machte. Man hatte selbstverständlich nicht die Möglichkeit, einen psychosomatischen (und oder psychiatrischen) Liaisondienst beizuziehen, obwohl ein Großteil dessen, was sich des Nachts bei Hausbesuchen darbot, psychosomatischer Art war. Beim Ruf wegen eines akuten „Herzanfalls" handelte es sich nur selten um einen echten Angina-pectoris-Anfall oder einen Infarkt; weit häufiger sah man akute herzphobische Attacken in dramatischer Ausgestaltung, oft mit dem ganzen dazugehörigen Familienhintergund: eine Erfahrungsquelle, zu der ein nur klinisch tätiger Arzt sonst nicht so leicht Zugang hat. Auch auf der Bettenstation der Poliklinik sammelte sich viel Psychosomatisches. Enger Kontakt – wenn auch kein ausgebauter Liaisondienst – bestand zur psychosomatischen Klinik, die damals noch von Alexander Mitscherlich geleitet wurde.

Nachdem ich – inzwischen für Psychiatrie habilitiert – 1969 nach Heidelberg zurückgekehrt war, habe ich über 5 Jahre (von 1970–1975) allwöchentlich 4-6 Stunden an der „Fachklinik Königsstuhl" den Konsiliardienst versehen und dort im Laufe der zeit über 1000 Patienten untersucht, therapeutische Gespräche mit ihnen geführt und die Kollegen beraten, habe dabei allerdings vieles vermißt, was zu einem echten Liaisondienst gehören würde (vgl. Bender u. Meyer 1983; Bönisch u. Meyer 1983; Bönisch at al. 1986; Götze 1983; Hannich et al. 1984; Lipowski 1981; Steinberg et al. 1980). Es handelte sich vielmehr um einen typischen „Psychiatric Consultation Service". Die Möglichkeiten, die ein eigentlicher „Liaisondienst" eröffnen sollte, waren nicht gegeben. Es blieb bei Beratungen. Diese waren so weit vom übrigen Klinikbetrieb abgespalten, daß die Devise „Beziehungen im Krankenhaus erkennen" (Schüffel 1987) nicht zum Zuge kommen konnte. Der Patient hatte nicht mehr davon, als was die mit ihm geführten Gespräche und die Untersuchungen erbrachten. Darüber hinaus dürfte das, was an Hinweisen zur Psychodynamik beratend weitergegeben wurde, insbesondere auch was schriftlich niedergelegt wurde, wohl kaum allzuviel Konsequenzen im Hinblick auf das, was dann auf der Station geschah, gehabt haben. Wirksamen Einfluß zu nehmen, gelang nur in Einzelfällen.

Eine Möglichkeit, den Fragen der Zusammenarbeit zwischen Internisten und Psychiatern weiter nachzugehen, bot ein anderes Feld: das der Suizidentenbetreuung. Sie ist an manchen Orten ein Beispiel dafür, wie eine gute Zusammenarbeit zwischen Internisten und Psychiatern aussehen kann (vgl. dazu Kulessa et al. 1984).

Ich sehe den Zweck dieses Kongresses darin, nach neuen Wegen der Kooperation zwischen vorwiegend somatisch und stärker psychosozial orientierten Medizinern Ausschau zu halten, weil diese Kooperation eben nicht immer so gut und reibungslos vonstatten geht, wie dies wünschenswert wäre. Und da kann es sinnvoll sein, auf den Suizidentendienst hinzuschauen, weil dort diese Zusammenarbeit oft besser gelingt als in anderen Bereichen.

Als ich damals nach Heidelberg kam, informierten mich Herr Christian und Herr Bräutigam, daß die Betreuung der Suizidenten – bis dahin weitgehend in psychosomatischer Hand – demnächst brachliegen werden. Daraus ist dann eine sehr erfreuliche Initiative erwachsen. Vor allem der Zusammenarbeit mit Pfarrer Reiner und Pfarrer Mayer-Scheu ist es zu verdanken, daß sich in Heidelberg ein Suizidentendienst aufbauen ließ, der in vieler Hinsicht Modellcharakter für sich beanspruchen kann und zur Nachahmung andernorts angeregt hat. Ich selbst habe dort eine Zeitlang mitgearbeitet und später – in der Zeit, als ich die psychiatrische Klinik kommissarisch leitete – an der Institutionalisierung dieses Dienstes mitgewirkt.

Dort, wo es darum geht, einen Menschen – zunächst somatisch, sodann aber auch psychosozial – ins Leben zurückzuholen, ihm für sein leiblich-seelisch-geistig-soziales Leben, d.h. für seine Lebens*geschichte,* neue Zukunft zu erschließen, haben wir ein Feld vor uns, wo Somatiker, Psychosomatiker und Psychiater es offenbar leichter haben, Hand in Hand zusammenzuarbeiten.

Ich kenne einige Internisten, die sich eine beachtliche Kompetenz auf diesem Gebiet erworben haben und in der Lage sind – soweit es sich nicht um Psychosen oder sonstige schwere psychische Störungen handelt –, den Patienten adäquat als Ganzen zu betreuen, ohne sogleich einer „Liaison" zu bedürfen; eine Lösung, die – wenn die Voraussetzungen dafür vorhanden sind – gegenüber einem „Weiterreichen" des Patienten an Psychosomatiker oder Psychiater den Vorzug verdient.

„Der Leib – das gemeinsame Thema von somatischer und psychosomatischer Medizin": so lautet der Titel dieses Beitrages. Er sollte besser zunächst einmal mit einem Fragezeichen versehen werden. Ist der – als bloßer „Körper" verstandene – Leib nicht gerade das, was diese Disziplinen voneinander trennt? Gemeint ist jedoch hier der „Leib" (in Abhebung von „Körper" oder „Organismus") in einem ganz spezifischen Sinn, der die Alternative somatopsychischer oder psychosomatischer Kausalität ein Stück weit in Frage stellt. Diese Infragestellung ist nicht nur von seiten der Philosopie erfolgt (zur Diskussion der letzten Jahre vgl. Bieri 1987; Blankenburg 1987, 1988; Bunge 1984; Bühler, im Druck; Fahrenberg 1981, im Druck; Kuhlenbeck 1986; Marx im Druck, A.-E. Meyer 1987; Petzold 1985; Seifert 1979; Simon 1988; Stoering 1986; v. Uslar 1985; Weiner 1986; Wyss 1986). Auch die Psychoanalyse und die Entwicklungspsychologie haben ganz wesentlich zu einer veränderten Sicht des Leib-Seele-Problems beigetragen.

Die *Psychoanalyse* ging bekanntlich sehr entschieden von der leiblichen Organisation des Menschen aus. Die Körperöffnungen und deren Funktionen (orale, anale, urethrale usw.) verstand sie als *Modell* für die Öffnung des Menschen zur Welt überhaupt – für sein „être au monde" (Merleau-Ponty). Die damit vorgegebene psycho*somatische* Blickrichtung wurde später von Freud „aus erziehlichen Gründen" – wie er es in dem bekannten Schreiben an V. von Weizsäcker (1986, I/146) vom 16. 10. 32 formulierte – weitgehend verlassen, zumindest zurückgestellt – so weit, daß die Psychoanalyse für manche Autoren den Charakter einer reinen Sozial- und Kommunikationswissenschaft annahm. Es war v. a. V. v. Weizsäcker – wenn man einmal von Groddeck absieht –, der diesen Zugang neu erschlossen hat und damit ein anderes Verständnis nicht nur für die Psyche des Menschen, sondern in eins damit zugleich auch für seinen Leib schuf.

Einen anderen Weg schlug im Rahmen der *Entwicklungspsychologie* Piaget (1975) ein. Auch er knüpfte an die Somatologie an, orientierte sich jedoch nicht sosehr an der Funktion der Körperöffnungen, sozusagen weniger an der Anatomie, als vielmehr an der Physiologie des Menschen. Diese verstand er vornehmlich als eine Lehre der Leib*werdung* und zwar nicht nur des physischen Organismus, sondern auch der seelischen, geistigen (kognitiven) und – wenn man an seine systemtheoretisch orientierten Nachfahren denkt – sozialen Organisation menschlichen Lebens. Leibwerdung als Individuationsprozeß, als Prozeß der „Selbstwerdung" von Welt und des „Weltläufigwerdens" eines je neuen Selbsts. Indem er „Assimilation" und „Akkomodation" nicht als isolierte physiologische Prozesse ansah, sondern – in einem sehr viel weiteren Sinn verstanden – als Konkretisierungen des Ineinander von Selbst und Welt – wurden sie ihm zu *Modellen für das wechselseitige, reziproke Ineinandergreifen von Selbstigung und Weltlichung,* als dessen Resultat und – paradoxerweise – zugleich Ursprung bzw. Ermöglichung die Leibwerdung betrachtet werden kann. Die Zirkelstruktur dieser Behauptung (und des mit ihr ins Auge Gefaßten) wäre früher als ein logischer Widerspruch und damit als vernichtendes Gegenargument gegen derartige Konzeptionen aufgefaßt worden. Seit es systemtheoretische Modelle gibt – insbesondere das der „Autopoiese" (Maturana und Verela) – ist die Furcht vor solchen Zirkelstrukturen einer gelassenen Akzeptanz derselben gewichen. Das nähere Studium des Zusammenspiels von „assimilatorischen" und „akkommodativen" Vorgängen auf der biologischen, psychologischen, soziologischen und gnoseologischen Ebene kann bereits als Ausdruck einer solchen Akzeptanz gewertet werden, die ein neues wissenschaftliches Zeitalter einleitet, so vielerlei Korrekturen und Erweiterungen auch im einzelnen noch erforderlich sein werden.

Es ist nicht immer gesehen worden, daß es sich bei „Assimilation" und „Akkomodation" um Vorgänge der „Einverleibung" und „Anverleibung" handelt. „Einverleibung" im Sinne einer Einverwandlung von Welt, „Anverleibung" im Sinne einer Anverwandlung der eigenen Leiblichkeit an die Welt bzw. an die Aufgabe einer Erschließung derselben, wobei nicht nur an die für uns bereits vorhandene gegenständliche Realität zu denken ist, sondern auch an die künftig erst noch erschließende Realität.

„Leib“ und „Welt“ verlieren in dieser Sicht ihre verdinglichte Bedeutung; „Welt“ bedeutet mehr als der Inbegriff möglicher Objekte und „Leib“ mehr als nur der gegenständlich vorhandene anatomische Körper mit seine Organen. Inwiefern die Begriffe „Assimilation“ und „Akkomodation“ in diesem Zusammenhang hilfreich sein können, verdeutlicht das folgende *Schema:*

Prozeß der Verleiblichung
= Prozeß der wechselseitigen Anverwandlung von Selbst und Welt

Assimilation = Einverleibung
= Anverwandlung des Begegnenden
an + in die eigene Organisation

Akkommodation = Anverwandlung der eigenen Organisation an Begegnendes

Das bedeutet:

Weltbezug des Leibes durch Akkommodation = Sich anverwandlen an die Welt
Assimilation = Die Welt sich anverwandeln

Es handelt sich zum einen um die Vorgänge der Einverleibung dessen, was in der Welt „ist“, d. h. es geht für das Individuum darum (in Vorgängen der Assimilation), die Welt sich an- und *ein*zuverwandeln und zum *anderen* umgekehrt (in Vorgängen der Akkommodation), sich (d. h. das eigene Sein) der Welt *an*zuverwandeln. Genauer gesprochen: es geht nicht um Interaktionen zwischen Welt und Selbst als bereits vorhandenen Entitäten, sondern um einen Prozeß der Genese beider.

Diese Konzeption wurde bereits in den 30er Jahren unseres Jahrhunderts entwickelt; sie hat aber die Psychiatrie erst im Laufe der letzten Jahren erreicht (vgl. Ciompi 1982; M. Hartmann 1982), die Psychosomatik etwas früher T. v. Uexküll (v. a. durch die Schriften von T. v. Uexküll u. Wesiack 1986, 1988). Es handelt sich um eine Konzeption, die ausbaufähig ist in Richtung einer dynamischen Phanomenologie der Leiblichkeit, wie sie sich – aus anderen Quellen gespeist – in der Nachfolge der französischen, niederländischen und deutschsprachigen phänomenologischen Forschung entwickelt hat (vgl. Blankenburg, im Druck b).

Es geht dabei darum, die dialektische Dynamik von Einverwandlung und Anverwandlung – „Leib“ als „Umschlagplatz“ oder „Agentur“ zwischen Selbst und Welt (Blankenburg 1983) – d. h. den Prozeß der „Leiblichung“ als ein hochkomplexes, aber durchaus differenzierbares Geschehen für ein besseres Verständnis körperlich-leiblicher wie auch seelisch-geistig-sozialer Zusammenhänge zwischen Selbst und Welt ein Stück weit durchsichtiger zu machen. – Ich meine, daß die damit verbundenen Möglichkeiten noch bei weitem nicht ausgeschöpft sind.

Ursprünglich war beabsichtigt, hier einen weitergefaßten Abriß über die Pänomenologie des Leibes bzw. der Leiblichkeit zu geben. Die begrenzte Zeit, aber auch die gesamte Ausrichtung der Tagung läßt dies nicht als sinnvoll erscheinen. Dies wäre ein Fremdkörper im Rahmen der übrigen Beiträge dieser Tagung, die in erster Linie Fragen der Zusammenarbeit zwischen Somatikern und Psychosomatikern behandeln. Nichtsdestoweniger ist darauf hinzuweisen, daß die Unterscheidung zwischen Körper und Leib und die daran anknüpfende Phänomenologie der Leiblichkeit den Weg zu einer Medizin bahnen kann, in der Somatiker, Psychosomatiker, Psychotherapeuten und Psychiater anders, als dies früher geschehen ist, zusammenarbeiten.

Folgende Übersicht soll zeigen, was „Leib“ (in Abhebung vom „Körper“ als Gegenstand von Anatomie, Physiologie, Biochemie u. ä.) bedeuten kann:

Der Leib (in Abhebung vom „Körper“ als Gegenstand von Anatomie, Physiologie, physiologischer Chemie u. ä.):

1) als Inbegriff organischen Lebens, d. h. von Wachstum, Selbstgestaltung, Selbsterhaltung, Reproduktion
2) als Organ seelischen Lebens, d. h. von Selbstbewegung, Ausrucksfähigkeit und Beeindruckbarkeit, Affektivität und Stimmung, Wahrnehmung u. a.
3) als Organ geistigen Lebens, d. h. von denkender und reflektierender Verarbeitung des Erlebten und Wahrgenommenen sowie zielbewußten Handelns
4) als Kristallisationspunkt sozialen Geschehens (d. h. der Leib als Ort und als Organ des Für-anders-Sein) als intersubjektiv konstituierter und Intersubjektivität konstituierender Leib (z. B. „Geschlechtsleib“)

Ich habe hier aufgelistet, was wir alles unter „Leib“ verstehen können – über den „Körper“ hinaus, den wir in der naturwissenschaftlich orientierten Medizin untersuchen und behandeln – was der „Leib“ im Gegensatz zum „Körper“ über diesen hinaus sein kann: 1) als Inbegriff organischer Vorgänge des Lebens (des Wachstums der Selbstgestaltung, der Selbsterhaltung und der Reproduktion), 2) als Organ für seelische Akte, für Selbstbewegung, Ausdruck, Beeindruckbarkeit, Affektivität, Stimmung, Wahrnehmung usw., 3) als Organ für geistige Akte, vom denkenden und reflektierenden Verarbeiten des Erlebten bis hin zum selbstbewußten Handeln und schließlich 4) als Ort des Für-andere-Seins, und zwar in einer eigentümlichen Weise: einerseits *intersubjektiv konstituiert* – insofern das kleine Kind von früh auf den eigenen Leib in seiner Bedeutungshaftigkeit durch seine Mutter erfährt, durch ihre Blicke, ihr Streicheln usw, die es in seinem Wachsen begleitet, in seinen Funktionen bekräftigt, lobt oder tadelt, jedenfalls *ständig interpretiert;* der Leib, der schon vom Säuglingsalter an durch die anderen – durch den ersten anderen, die Mutter – mehr oder weniger angenommen ist. Auch im späteren Leben ist unser Leib (nicht nur da, wo er vornehmlich der Selbstdarstellung dient) etwas, was *für* andere da ist. – Aber andererseits ist der Leib auch wiederum *Intersubjektivität konstituierend,* d. h. konstitutiv für das Für-andere-Sein, wenn man an das erotische und darüber hinaus an alles soziale Leben denkt, das ja zweifellos ganz wesentlich leiblich fundiert ist. In diesem Sinne sprach v. Gebsattel (1954) z. B. vom „Geschlechtsleib“. Vieles andere wäre hier zu ergänzen.

Dies sind nur einige Gesichtspunkte, die bereits deutlich machen, daß der Leib unter sehr verschiedenen Aspekten gesehen werden kann und muß. Einiges in der obigen Gliederung erinnert an die Kategorienlehre N. Hartmanns (1950, 1964); eine Lehre, die auf den ersten Blick sehr statisch erscheint, die sich jedoch mit Hilfe dialektischer Konzeptionen dynaisieren läßt – z. B. unter Beiziehung der (in vieler Hinsicht der Dialektik Hegels von „Herr“ und „Knecht“ entsprechenden) Dialektik zwischen Selbst und Leib (Gadow 1980). Ein solcher Ansatz kann wesentlich zu einer differenzierteren und zugleich lebensnäheren Sicht des Zusammenspiels leiblicher und psychosozialer Vorgänge beizutragen.

Alles dies bedeutet, daß *„Körper"* und *„Leib"* unter mannigfaltigen Gesichtspunkten zu betrachten sind und ganz verschiedene Zugangswege erfordern. Sie seien hier noch einmal (vgl. Blankenburg 1982) zusammengestellt:

1) Der Körper als *Bedingung* für organisches, seelisches und geistiges Leben;
2) der Leib als *„Orientierungsnullpunkt"* eines lebensweltbezogenen Subjekts;
3) der Leib als *„Quelle"* und zugleich *Organ* von „Spontaneität" und „ich kann",
4) der Leib als *„Gegenstand"* eigenleiblicher Empfindungen;
5) der Leib als *„Zuständlichkeit"*, d. h. als Ort des Wohl- und Mißbefindens;
6) der Leib als *„Organ"* der Selbstdarstellung, d. h. Ausdrucksorgan;
7) der Leib als *„Agentur"* (Artikulationsstelle) zwischen Selbst und Welt;
8) der Leib als *„Konkurrent"* der Welt und als *„Partner"*.

Diese unterschiedlichen Aspekte und Zugangsarten zum Problem des Leibes sollen hier nicht im einzelnen erläutert und diskutiert werden. Das ist an anderer Stelle (Blankenburg 1982, 1983, 1988) geschehen.

Ich möchte die für die Tagung insgesamt zur Verfügung stehende Zeit nicht über Gebühr mit theoretischen Abhandlungen über die verschiedenen Aspekte der Leiblichkeit des Menschen blockieren. Dennoch ist es wichtig, darauf aufmerksam zu machen, daß phänomenologische Konzepte des „Leibes" und der Leiblichkeit als Brücke dienen können, über die hinweg Somatiker, Psychosomatiker, Psychiater und Psychotherapeuten sich vielleicht einmal besser werden verständigen können, als dies gegenwärtig noch der Fall ist.

Ich meine, daß es daher lohnend ist, sich mit ihnen zu beschäftigen und ihnen mehr Beachtung zu schenken. Für die praktisch-alltägliche Zusammenarbeit – gerade auch im Liaisondienst – können wir ein anderes – erweitertes – Leibverständnis gut gebrauchen.

Die Eingangsthese war, daß der Psychiater dem Internisten deswegen mitunter näher zu stehen scheine als der Psychosomatiker, weil sein Leib-Seele-Verständnis im Sinne einer Alternative somatischer *oder* psychosozialer Genese für den Internisten faßbarer und überschaubarer sei als das des Psychosomatikers. Dazu kommt, daß die Internisten vom Konsiliarius häufig weniger eine Interpretations- als vielmehr eine Entscheidungskompetenz erwarten, die sie für die Bewältigung der anstehenden Probleme im klinischen Alltag brauchen. Und die sehen sie beim Psychiater oft eher gewährleistes als beim Psychosomatiker. Mit psychodynamisch-psychoanalytischen Deutungen können sie oft wenig anfangen. Statt desses erwarten sie klar strukturierte Entscheidungen, was hier und jetzt mit dem Patienten zu geschehen habe. Dies dürfte der Grund sein, warum sie auf die Zusammenarbeit mit dem Psychiater mitunter den größeren Wert legen.

Nun gibt es sicher eine Fülle von Einseitigkeiten, die nicht einer bestimmten, willkürlich postulierten Weltanschauung entspringen müssen, sondern eher durch eine Alternative der Blickrichtungen bedingt ist, die der Alltag erzwingt. Der Organmediziner ist gehalten, bis ins letzte alle seine Untersuchungsmöglichkeiten auszuschöpfen, um evtl. doch auch da einen pathophysiologischen Mechanismus nachzuweisen, wo dem Psychosomatiker von vornherein ein psychodynamischer Zusammenhang ins Auge springt. Gelegentlich gibt es Überraschungen. Wer nicht alle Untersuchungsmöglichkeiten ausschöpft, kann sich schwerer Versäumnisse schuldig machen. Derartiges unterläuft gelegentlich auch Psychiatern. Es ist nicht schwer, dafür Beispiele anzuführen.

So haben wir vor kurzem einen Jurastudenten aufgenommen, der im 2. Staatsexamen akut an einer typisch schizophren anmutenden Wahnpsychose erkrankte. Der in früheren Jahren nicht sonderlich religiöse junge Mann hatte Erleuchtungserlebnisse, glaubte, Gott führe seine Hand beim Schreiben seiner Examensarbeit und gebe ihm Winke, wie bestimmte juristische Sachverhalte zu beurteilen seien. Am Abend vor der Einweisung geriet er beim Baden in der Badewanne plötzlich in einen Stuporzustand. Er fühlte sich in einem beseligenden Zustand – ganz leicht, allem Irdischen entrückt, „vorgeburtlich", „wie im Fruchtwasser schwimmend". Alle Menschen waren für ihn sexualisiert, z. T. „vom Bösen besessen", am Ende auch er selbst: Er spüre, wie ihm am linken Bein ein Pferdefuß wachse, wie ihn „das Böse" mit aller Macht leiblich ergreife. Die psychodynamische Vorgeschichte, insbesondere die Familiendynamik, paßte gut in das Bild einer präschizophrenen Entwicklung. Lediglich eine zuvor gezeigte beachtliche Ich-Stärke im Umgang mit seinen Altersgenossen fielen heraus. Dennoch war zunächst an der Diagnose einer paranoiden schizophrenen Psychose, die zuvor schon in einer anderen psychiatrischen Klinik gestellt worden war, kaum zu zweifeln. Erst die genaue neurologische Untersuchung belehrte uns eines anderen: Bei sonst völlig unauffälligem Befund zeigte sich lediglich am linken Fuß (wo er den Satanspferdefuß wachsen spürte) eine leichte Parese, ein Fußklonus und ein fraglich angedeuteter Babinski-Reflex. Der Voruntersucher hatte die Parese irrtümlich als „Medikamentennebenwirkung" bagatellisiert. Es handelte sich – wie CT und Kernspintomographie bestätigten – um das Symptom eines langsam präzentral wachsenden Glioms.

Solche Fälle unterstreichen die Notwendigkeit, alle diagnostischen Möglichkeiten der modernen Medizin voll auszuschöpfen. Es ist daher kaum verwunderlich, daß der Somatiker in der rastlosen Suche nach immer neuen Befunden nicht so leicht innehalten und auf diese Weise gelegentlich mit hypochondrischen Patienten eine seltsame Liaison eingehen kann. Er unterstützt in manchen Fällen, was der Patient an primärem und sekundärem Krankheitsgewinn aus seinem Beschwerdesyndrom zu ziehen vermag. Es wäre leicht, dies kasuistisch zu belegen.

Im Sinne der bekannten Hierarchie der Pathologizität ist es – anhand des genannten Beispiels – verständlich, daß der an erster Stelle genannte Fehler dem Mediziner, weil es um Tod oder Leben geht, sehr viel härter angekreidet wird als die Fehler, die auf dem zweiten Gebiet tagtäglich zu beobachten sind.

Daß Schwierigkeiten beim Liaisondienst aufkommen, ist der Anlaß für diese Tagung. Eine der Ursache ist, meine ich, darin zu suchen, daß auf beiden Seiten *Methodenbezogenheit* stärker ausgeprägt sein kann als *Patientenbezogenheit.* Patientenbezogenheit ist vielleicht der wichtigste Gesichtspunkt für jede Liaisonarbeit. Dabei ist es wichtig, daß die Untersuchungsfreudigkeit eines Somatikers ihre Grenzen kennt. Gerade da, wo einem Patienten somatisch nicht mehr zu helfen ist, wird es um so wichtiger, auf seine Lebensgeschichte einzugehen und sich zu fragen, von welchem Punkt ab Diagnostik nicht mehr gefragt ist, von welchem Punkt ab sie – wie auch jede Form einer Lebensverlängerung – inhuman werden kann.

Umgekehrt muß man konstatieren, daß im psychiatrischen und psychosomatischen Konsildienst immer wieder Fehler gemacht werden, v. a. weil der an die Therapieempfehlungen angelegte Maßstab – wie ich es in Anlehnung an einen Ausdruck von

E.H. Erikson nennen möchte - „nicht in Augenhöhe gehängt" wird; und zwar nicht nur nicht in Augenhöhe desjenigen, der ihn anwendet, d.h. des jeweiligen Konsiliarius, auch nicht nur - was wichtig ist - in die Augenhöhe desjenigen, für den er tätig wird, also des Somatikers, der ihn verstehen muß, sondern auch in die Augenhöhe des Patienten selbst: Die gravierendsten Fehler, die v.a. von jüngeren Kollegen gemacht werden, bestehen nicht selten darin, daß sie das Therapieziel zu hoch ansetzen. Gerade sehr motivierte, aber noch unerfahrene, in analytischer Ausbildung befindliche Kollegen meinen mitunter, die gesamte Persönlichkeitsstruktur des Patienten sei umzumodeln. Sie müssen im Laufe der Erfahrungsbildung - manchmal auf Kosten des Patienten - lernen, sich mit bescheideneren Zielen zufrieden zu geben, die vielleicht nicht ihrem theoretischem Anspruch entsprechen, aber dafür eher dem Lebensentwurf und den Lebensmöglichkeiten des betreffenden Patienten.

Ich meine, daß unter solchen Gesichtspunkten auch das Indikationsfeld für die Tätigkeit eines Liaisonarztes erweitert werden kann und muß. Es ist bekannt, daß bei der Anlegung eines strengeren Maßstabs die Zahl der Patienten, die im engeren Sinn psychoanalytisch behandelbar sind, schmilzt. A. Pontzen hat einmal (zit. nach Haack 1988) geäußert: „Dem Psychosomatiker werden in der Ambulanz entweder die falschen Patienten vorgestellt oder aber die richtigen Patienten zur falschen Zeit". Das trifft nicht ausschließlich die Unerfahrenheit derjenigen, die vorstellen, vielleicht aber auch die geltend gemachten Maßstäbe, die nicht hinreichend der Realität der Betroffenen entsprechen, vielmehr zu sehr einem Prokrustesbett ähneln. Geht es doch nicht nur darum, ob der Patient methodengerecht ausgewählt wurde, sondern auch darum, ob die angewendeten Methoden patientengerecht sind. Es fragt sich, ob es wirklich der Patient ist, der „nicht stimmt" oder das zur Verfügung stehende Spektrum der Sichtweisen und Behandlungssettings. Ist es nicht am Ende dies, was erweitert werden muß? Für den Liaisondienst sind eine Psychosomatik und eine Psychiatrie zu fordern, die sich bescheidenere Ziele stecken als das, was wir vielleicht von unserer Theorie her an Erwartungen mitbringen und zu erreichen trachten. Dies würde manchen Patienten und auch der Zusammenarbeit zugute kommen.

Der Arzt im Liaisondienst sollte sich sehr viel mehr als ein „Hausarzt" verstehen, der - „ökologisch orientiert" - den Lebensumkreis und die Erwartungen des Patienten in seine Überlegungen einbezieht und nicht von theoretischen Konstrukten her Vorstellungen entwickelt, die an der Realität vorbeigehen. - Zusammenarbeit und Effizienz seines Tuns würden davon profitieren. Dies wollte ich am Ende zur Selbstkritik der Psychiater und Psychosomatiker noch anfügen.

Literatur

Bender W, Meyer G (1983) Psychiatrischer Konsiliardienst an einem medizinischen Großklinikum. Evaluation dreier Jahrgänge. Psychiatr Clin (Basel) 16:324–339

Bieri P (1987) Pain: A case study for the mind-body problem. Acta Neurochir (Suppl) 38:157–164

Blankenburg W (1982) Körper und Leib in der Psychiatrie. Schweiz Arch Neurol Neurochir Psychiatr 131:13–39

Blankenburg W (1983) Der Leib als Partner. Psychother Med Psychol 33:206–212

Blankenburg W (1987) Zum psycho-physischen Problem aus neuropsychiatrischer Sicht. In: Graul EH, Spütter D, Loew (Hrsg) Das Gehirn und seine Erkrankungen (I). Medicenale XVII, Iserlohn

Blankenburg W (1988a) Anthropologische Konzepte in der gegenwärtigen Psychiatrie. In: Lungershausen E (Hrsg) Erreichtes und Erreichbares in der gegenwärtigen Psychiatrie. Schattauer, Stuttgart

Blankenburg W (im Druck, 1988b) Phänomenologie der Leiblichkeit als Grundlage für ein Verständnis der Leib-Erfahrung psychisch Kranker

Blankenburg W (im Druck, 1988c) Zum Leib-Seele-Problem in der Psychiatrie. In: Bühler KE (Hrsg) Grundlagen der Psychosomatik. Könighausen & Neumann, Würzburg

Bönisch E, Meyer JE (1983) Psychosomatik in der klinischen Medizin. Springer, Berlin Heidelberg New York Tokyo

Bönisch E, Götze P, Meyer JE (1986) Zur Psychologie und Psychopathologie bei schweren unheilbaren Organerkrankungen. In: Kisker KP, Lauter H, Meyer JE, Müller C, Strömgren E (Hrsg) Psychiatrie der Gegenwart, Bd 2. Springer, Berlin Heidelberg New York Tokyo

Bräutigam W (1987) Psychosomatische Medizin – Ursprünge und Entwicklungen in der Gegenwart. Psychother Med Psychol 37:363–366

Bühler K-E (1988 im Druck) Die Bedeutung philosophischer Konzepte für das Leib/Seele-Verständnis in der Medizin. In: Bühler KE (Hrsg) Grundlagen der Psychosomatik

Bunge M (1984) Das Leib-Seele-Problem. Mohr (Paul Siebeck), Tübingen

Ciompi L (1982) Affektlogik. Klett-Cotta, Stuttgart

Dell PF (1986) Klinische Erkenntnis. Verlag modernes Lernen, Dortmund

Enelow AJ (1988) Liaison-Psychiatrie. In: Freedman AM, Kaplan HI, Sadock BJ, Peters UH (Hrsg) Psychiatrie in Praxis und Klinik, Bd 4: Psychosomatische Störungen, S 379–385. Thieme, Stuttgart New York

Fahrenberg J (1981) Zum Verständnis des Komplementaritätsprinzips. Z Klin Psychol Psychother 29:205–208

Fahrenberg J (1988 im Druck) Einige Thesen zum psychophysischen Problem. In: Marx W (Hrsg) Philosophie und Psychologie. Leib und Seele – Determination und Vorhersage. Klostermann, Frankfurt am Main

Gadow S (1980) Body and self - a dialectic. J Med Phil 5:172–185

Gebsattel V von (1954) Prolegomena einer medizinischen Anthropologie. Springer, Berlin Göttingen Heidelberg

Götze P (1983) Psychoorganische Syndrome bei einigen Organerkrankungen im Zusammenhang mit deren modernen Therapieformen. In: Bönisch E, Meyer JE (Hrsg) Psychosomatik in der klinischen Medizin. Springer, Berlin Heidelberg New York Tokyo

Haack J (1988) Schwierigkeiten der Akzeptanz einer psychoanalytisch-psychosomatischen Poliklinik. In: Gatting (Hrsg) Selbstverständigungen. Springer, Berlin Heidelberg New York Tokyo

Hannich HJ, Wendt M, Bertlich P (1984) Streßerleben und seelische Anpassungsprozesse bei traumatologischen und postoperativen Intensivpatienten. In: Teves U (Hrsg) Angewandte Medizinpsychologie. Fachbuchhandlung für Psychologie, Frankfurt am Main, S 184–191

Hartmann M (1985) Die kognitive Psychologie Jean Piagets und ihre Bedeutung für die allgemeine Psychologie. In: Bochnik HJ, Richtberg W (Hrsg) Psychologie für Psychiatrie und Medizin. Beltz, Weinheim Basel

Hartmann N (1950) Philosophie der Natur. Abriß der speziellen Kategorienlehre. De Gruyter, Berlin

Hartmann N (1964) Neue Wege der Ontologie. Wissenschaftliche Buchgesellschaft, Darmstadt

Jork K, Schüffel W (1987) (Hrsg) Ärztliche Erkenntnis. Entscheidungsfindung mit Patienten. Springer, Berlin Heidelberg New York London Paris Tokyo

Jung R (1980) Psychiatrie und Neurophysiologie. In: Kisker KP, Lauter H, Meyer JE, Müller C; Strömgren E (Hrsg) Psychiatrie der Gegenwart, 2. Aufl, Bd I/2. Springer, Berlin Heidelberg New York

Kuhlenbeck H (1986) Gehirn, Bewußtsein und Wirklichkeit. Steinkopff, Darmstadt

Kulessa CHE, Böhme K, Becker U, Breitmaier J (1984) Krisenintervention nach suizidalen Intoxikationen auf der Intensivstation. Darin enthalten: Stellenwert des Suizidenten-Liaisondienstes in der Suizidprophylaxe. In: Faus V, Wolfersdorf W (Hrsg) Suizidgefahr – Häufigkeit – Ursachen – Motive – Prävention – Therapie. Hippokrates, Stuttgart

Lipowski ZJ (1981) Liaison psychiatry, liaison nursing and behavioral medecine. Compr Psychiatry 22:554–561

Marx W (Hrsg) (1988, im Druck) Philosophie und Psychologie. Leib und Seele. Klostermann, Frankfurt am Main

Maturana HR (1985) The organization of the living: A theory of the living organization, dt. Die Organisation des Lebendigen: eine Theorie der lebendigen Organisation. In: Maturana HR (Hrsg) Erkennen die organisation und Verkörperung von Wirklichkeit, 2.Aufl. Vieweg, Braunschweig Wiesbaden

Mayer-Scheu J (1984) Seelsorgerische Begleitung von Sterbenden und ihren Angehörigen im Krankenhaus. In: Wiemann R, Rosemeier HP (Hrsg) Tod und Sterben. De Gruyter, Berlin New York

Meyer AE (1987) Das Leib-Seele-Problem aus der Sicht eines Psychosomatikers. Modelle und ihre Widersprüche. Psychother Med Psychol 37:367–375

Petzold H (1985) Leiblichkeit. Philosophische, gesellschaftliche und therapeutische Perspektiven. Junfermann, Paderborn

Piaget J (1975) Gesammelte Werke, Studienausgabe (insbes. Bd 2: Der Aufbau der Wirklichkeit beim Kinde). Klett, Stuttgart

Ploog D (1987) Unser Gehirn – das Organ der Seele und der Kommunikation. Fundamenta Psychiatr 1:53–71

Popper K, Eccles J (1977) The self and its brain. Springer, Berlin Heidelberg New York Tokyo

Reiner A (1972) Ich sehe gar keinen Ausweg mehr – Suizid und Suizidverhütung – Konsequenzen für die Seelsorge. Kaiser & Grünewald, Mainz

Schneider K (1952) Psychiatrie heute. Thieme, Stuttgart

Schüffel W (1987) Beziehungen im Krankenhaus erkennen – ein lebensgefährdender Vorgang? In: Jork K, Schüffel W (Hrsg) Ärztliche Erkenntnis. Springer, Berlin Heidelberg New York London Paris Tokyo

Seifert J (1979) Das Leib-Seele-Problem in der gegenwärtigen philosophischen Diskussion. Wissenschaftliche Buchgesellschaft, Darmstadt

Shands HC (1975) Western dialectics and the body-mind problem. In: How are "psychosomatic" patients different from "psychoneurotic" patients? Psychother Psychosom 26:270–285

Simon J (1988) Leib und Seele. In: Marx W (im Druck)

Steinberg H, Torem M, Sarawoy SM (1980) An analysis of physician resistance to psychiatric consultations. Arch Gen Psychiatry 37:1007–1012

Stoerig P (1986) Leib und Psyche. Fink, München

Wildbolz A (1982) Konsiliar- und Liaisonpsychiatrie – ein Beitrag zum ganzheitlichen Denken in der Medizin? Schweiz Arch Neurol Neurochir Psychiatr 131:81–88

Wisman AD (1979) Coping with cancer. McGraw Hill, New York

Uexküll T von (Hrsg) (1988) Psychosomatische Medizin. Urban & Schwarzenberg, München Wien Baltimore

Uexküll T von, Wesiack W (1988) Theorie der Humanmedizin. Grundlage ärztlichen Denkens und Handelns. Urban & Schwarzenberg, München Wien Baltimore

Uslar D von (1985) Das Leib-Seele-Problem. In: Bühler KE, Weiß H (Hrsg) Kommunikation und Perspektivität. Königshausen & Neumann, Würzburg

Weiner H (1986) Die Geschichte der psychosomatischen Medizin und das Leib-Seele-Problem in der Medizin. Psychother Med Psychol 36:361–391

Weizsäcker V von (1949/50) Psychosomatische Medizin. Psyche 3:331–341

Weizsäcker V von (1986) Natur und Geist. Suhrkamp, Frankfurt am Main (Gesammelte Werke, Bd I)

Wyss D (1986) Erkranktes Leben – kranker Leib. Vandenhoeck & Ruprecht, Göttingen

Psychosomatik im Allgemeinkrankenhaus – Aufgaben und Perspektiven

W. Pontzen

Die Kritik, der das Allgemeinkrankenhaus heute ausgesetzt ist, richtet sich nicht so sehr gegen die moderne Medizin als solche, sondern gegen die Atmosphäre, in der die medizinische Betreuung angeboten wird (Wellen 1986). Im allgemeinen läuft sie darauf hinaus, daß der Patient als Person verkannt werde und als Folge der medizinisch-technischen Entwicklung die Aufmerksamkeit der Krankheit und nicht dem kranken Menschen gelte. Seit Mitte des letzten Jahrhunderts hat sich daran nichts wesentlich geändert: Die vorherrschende Idee der wissenschaftlichen Medizin war es und ist es, den Sitz der Krankheiten in den Organen zu suchen. Dazu beigetragen und dies verstärkt haben die enormen naturwissenschaftlichen Erfolge der Medizin, die eine wissenschaftsimmanente Tendenz besitzen, das tradierte Arztbild zum Verschwinden zu bringen. Der Hausarzt, der noch den kranken Menschen sah, weicht dem auf einem begrenzten Gebiet fachkompetenten Spezialisten, dem Facharzt, der Krankheiten behandelt und die Zusammenarbeit mit anderen Fachärzten sucht, die basiert auf einer weitgehenden Arbeitsteilung, deren Grundhaltung technischer Natur ist. Die Arbeitszeit des Arztes ist auch so ausgerichtet. Abzulesen ist dies an den Arbeitsplatzbeschreibungen, bei denen für emotionale psychosoziale Betreuung keine Zeit einkalkuliert ist. Deshalb sind die konventionellen Abteilungen eines Allgemeinkrankenhauses für die Bewältigung psychosozialer Probleme und der damit verbunden somatischen Störung in der Regel nicht geeignet (Wellen 1986). Darunter leiden nicht selten auch die in diesen Abteilungen Tätigen.

Das ist allgemein bekannt. Allgemein bekannt ist auch, wie außerordentlich schwierig es ist, Veränderungen zu bewirken.

Die Krankenhäuser verhalten sich mit ihrer Tendenz zur Kapazitätsauslastung wie ein Industrieunternehmen. Das hat, wie Storch (1988) anmerkte, eine 2fache Bedeutung: Einerseits werde die medizinische Versorgung immer unpersönlicher, wenn auch im Detail zunehmend perfekter, jedenfalls was das Funktionnieren ihrer Methode und Apparate betreffe, andererseits soll die mitmenschliche Kälte kompensiert werden mit Hilfe bezahlter psychotechnischer Spezialisten für Menschlichkeit. Damit hat er wohl uns Psychosomatiker gemeint. Eine alleinige Kompensationsaufgabe, um den Moloch Krankenhaus freundlicher zu gestalten, haben wir uns aber nicht vorgestellt. Als unsere Aufgabe sahen wir an, wie von Weizsäcker das formulierte, die Einführung des Subjekts in die Wissenschaft und Klinik. Die Notwendigkeit einer solchen Einbeziehung wird ja auch von niemanden geleugnet, der formale Rahmen 1975 im Bericht über die Lage der Psychiatrie in der Bundesrepublik vorgelegt. Empfohlen wurde: Der Angliederung von eigenständigen psychotherapeutisch/psychosomatischen Abteilung an psychiatrischen und Allgemeinkrankenhäusern wird Vorrang eingeräumt, da diese am ehesten in das soziale Feld des Krankenhauses hineinwirken können. Auch die Mindestausstattung solcher Abteilungen wurde aufgeführt: Neben dem leitenden Arzt

7 Assistenten, davon sollen 3 Psychologen sein. Geschehen ist in den letzten 13 Jahren wenig. Die psychosomatische Betreuung ist weiterhin das schwächste Glied in der Kette der Gesundheitsversorgung. Dies wundert auch nicht beim Machtzuwachs des medizinsch-industriellen Komplexes (Storch 1988), immerhin ein mittlerweile 125-Mrd.-DM-Markt, auf dem wir zwar immer wieder einmal zu Festvorträgen eingeladen werden, im ambulanten Bereich, worauf Faber (1984) hinwies, aber auch im stationären Bereich der Allgemeinkrankenhäuser bei unter 1% des Umsatzes der Aufwendungen für psychotherapeutisch/psychosomatische Leistungen nur randständig beteiligt sind. Wohlverhalten scheint ebenso wie Argumente und unsere oft freundlich-abwartende therpeutische Haltung nicht weiterzuhelfen. Im Umgang mit der Macht und dem Gespräch der Macht haben sich Psychotherapeuten außerhalb ihrer eigenen Institutionen immer schon schwergetan. Wir sollten uns aber unserer Möglichkeiten bewußter sein und mehr werden als ein Feigenblatt vor einer ausufernden biologischen Medizin. Wir sollten unsere Forderungen offensiver vortragen.

Für das Allgemeinkrankenhaus bin ich der Meinung, daß eine psychosomatische Abteilung integrativ arbeiten muß. Ich möchte nicht die meist stadtfernen psychosomatischen Fachkliniken abwerten, die ihre spezifischen Aufgaben haben, meine jedoch, daß diese Kliniken meist privater Träger viel eher toleriert werden, zum einen, weil sie profitorientiert sein müssen, zum anderen, dies halte ich für wichtiger, weil sie das medizinisch-technische System ja nicht in Frage stellen, weil ein integrativer Ansatz schon wegen der Lage nicht möglich ist, sie sich des emanzipatorischen und integrativen Anliegens, das ich für das zentrale der Pschosomatik im klinischen Bereich halte, von vornherein, ohne daß dies ihre Absicht ist, entledigen. Anders eine psychosomatische Abteilung am Allgemeinkrankenhaus: Psychosomatik am Allgemeinkrankenhaus wird eine integrative oder wird keine Psychosomatik sein, allenfalls „verkommen" zu einem Fach wie die Hygiene oder Bakteriologie, wenn sie sich zurückzieht in den ausschließlich stationären Bereich und mit den überigen Abteilungen lediglich über die Zugbrücke der Konsultation verkehrt.

Ein integrativer Ansatz und eine kleine Bettenstation waren meine Vorstellungen, als ich im Juni 1980 mit dem Aufbau einer psychosomatischen Abteilung am städtischen Klinikum in Nürnberg, einem Allgemeinkrankenhaus mit über 2600 Betten, begann. Ich trat meine Tätigkeit an mit einer zögerlichen Haltung vor einem überzeugten Kern, mit der Unterstützung der politischen Mehrheit im Stadtrat, deren Wichtigkeit ich zu Beginn meiner Tätigkeit unterschätzte, deren Wichtigkeit ich mittlerweile nicht hoch genug einschätzen kann. Meine formalen Voraussetzungen waren eine neurologisch-psychiatrische Facharztweiterbildung, eine analytische Ausbildung und eine 4jährige Tätigkeit als Oberarzt an einer stationären psychosomatischen Einrichtung. Von den leitenden Ärzten wurde ich nicht gerade mit Enthusiasmus empfangen, was mich nicht wunderte: Die Medizin ist nun einmal biologisch orientiert. Das Erkennen von psychosozialen Faktoren wird häufig als eine Kunst angesehen, die man sich leicht aneignen kann, und es herrscht immmer noch die Meinung vor, daß der Arzt eigentlich eine besondere psychologische Schulung nicht brauche, da er mit der Berufswahl diese Voraussetzung mitbringe. Zudem ist das Prestige der Geisteswissenschaften in der Medizin derzeit nicht sehr hoch und der ökonomische Anreiz, sich mit dem Patienten als Person zu beschäftigen, ist überschaubar. Daneben war der Entschluß, eine psychosomatische Abteilung am städtischen Klinikum einzurichten, ein politischer und gegen die Vorstellung der damaligen Mehrheit des Chefarztgremiums. Ich wurde daher entweder nicht zur Kenntnis genommen, freundlich begrüßt und nicht mehr beachtet, mit inneren Zwiespältigkeiten und spitzen Fingern angefaßt und auch, was mich sehr freute, von einigen leitenden Ärzten ohne wesentliche Vorbehalte begrüßt. Die Vielfalt des Empfangs spiegelt die Beziehungen des psychosomatischen Arztes zu den Kollegen, wie sie von Rotmann u. Karstens (1974) beschrieben wurden.

Ich fand indes eine, auch das hatte ich nicht von vorneherein gesehen, günstige strukturelle Voraussetzung vor, nämlich innerhalb des Krankenhauses eine neurologische, eine psychiatrische und wenig später durch meine und der Politiker geförderte Initiative auch eine kinder- und jugendpsychiatrische Abteilung. Ich halte dies deswegen für außerordentlich wichtig, weil die psychosomatische Tätigkeit entlastet ist von psychiatrischen Konsilanträgen, von neurologischen und auch kinder- und jugendpsychiatrischen Anfragen.

Die inhaltliche Vorstellung unserer Arbeit war und ist der Versuch der Integration psychosomatischen Denkens in den Bereich anderer Abteilungen, wobei eine Zusammenarbeit nur möglich ist, wenn der Abteilungsleiter der Psychosomatik zugewandt oder zumindest ambivalent gegenübersteht (Freyberger 1980). Dies ist keine Selbstverständlichkeit. Die Zusammenarbeit richtet sich nicht nach den Notwendigkeiten, nach der Bedürftigkeit von Patienten, sondern ist abhängig von der Kooperation der Abteilungsleiter. Die Frage lautet also nicht, in welchem Fachgebiet wird ein Psychosomatiker von den Patienten am meisten gebraucht, sondern mit welchem Abteilungsleiter ist eine Zusammenarbeit möglich. Der Psychosomatiker ist im Prozeß zwischen Patient und Arzt erst einmal nicht direkt einbezogen, sondern er ist lediglich dessen Zeuge. Gerade durch die Funktion kann er Ängste und Konflikte aktivieren, die von den Betroffenen lieber verleugnet oder übersehen werden. Zudem können sich Ärzte, Pfleger und Schwestern, unter Umständen auch die Familie des Patienten durch die Anwesenheit dieses Dritten, des Psychosomatikers, beeinträchtigt und gestört fühlen (Alby 1985). Der Blick des Psychosomatikers auf die Vorgänge auf der Station kann auch als bedrohlich erlebt werden. Angewiesen ist er daher auf eine aufgeschlossene Einstellung des Abteilungsleiters. Wird der Psychosomatiker jedoch vom Abteilungsleiter sehr nachdrücklich eingeführt, kann er als dessen Vertreter in einer kontrollierenden Funktion erlebt werden, was verständlicherweise für die Aufarbeitung interaktioneller Probleme auf der Station und innerpsychischer Probleme einzelner Stationsmitarbeiter nicht förderlich ist. Dies sind formale Voraussetzungen für einen integrativen Ansatz. Die Durchführung hat aber für eine psychosomatische Abteilung Konsequenzen, von denen ich zwei reale und eine utopische anführen möchte.

Eine Konsequenz ist, daß der ambulante Bereich, der Bereich von Konsultation und Liaison, gegenüber dem stationär-psychosomatischen Bereich ein Übergewicht bekommen muß, denn mit einer im Vordergrund auf den eigenen stationären Bereich begrenzten pschosomatischen Arbeit kann man zwar eine zunehmende Isolierung, kaum eine Integration erreichen. Sehr überspitzt ausgedrückt heißt das, die beste psychosomatische Abteilung ist die ohne Betten. Mir ist aber klar, daß in der derzeitigen Situation der medizinischen Versorgung im Krankenhaus, die mehr abteilungs- und funktionszentriert, kaum patienten-zentriert ausgerichtet ist, eine Bettenstation erforderlich ist, weil eine klinische Abteilung ohne Betten im Krankenhaus in der Regel wenig zählt, eine integrierte stationär-psychosomatische Behandlungsmöglichkeit im Rahmen anderer Abteilungen derzeit kaum durchgeführt werden kann und, dies ist mir der wichtigste Grund, der Psychosomatiker seine Identität, mit deren Entwicklung er sich zwischen Organiker, Psychosomatiker und oft Psychoanalytiker sehr schwer tut, im ausschließlich ambulanten Bereich, in der Fremde einer anderen Abteilung kaum wird finden können, die psychosomatische Station für ihn ein wärmendes Nest ist, das er verlassen kann, weil er weiß, daß es vorhanden ist.

Eine zweite Konsequenz eines integrierten psychosomatischen Ansatzes ist, den konsiliarischen als Liaisondienst aufzubauen, wobei dem einige Hindernisse entgegenstehen. Die oft verständlichen Erwartungen der klinischen Kollegen gehen dahin, der Psychosomatiker möge Hermes gleich in den Kliniken und Ambulanzen auftauchen, um enttäuschend-enttäuschte Patienten mit negativen Laborskalen zu besänftigen. Der klinische Kollege erwartet vom Psychosomatiker nicht selten den handfesten Psychotherapeutengriff, der den Konflikt aus der Welt und den Patienten aus dem Blick schafft (Kisker 1971). Solchen und ähnlichen leidvollen Erfahrungen, die ausreichend oft beschrieben sind, könnte ich eigene hinzufügen. Wir entschlossen uns, den konsiliarischen Bereich sehr klein zu halten. Erleichtert wurde uns dies durch den vorhandenen psychiatrischen Konsiliardienst, dem sicherlich auch Patienten mit psychosomatischen Krankheitsbildern vorgestellt werden. Wir wollten und wollen nicht flächendeckend arbeiten und auch nicht mit missionarischem Eifer die zu bekehren versuchen, die erst einmal nicht zu bekehren sind, wollten und beschränken auf die Zusammenarbeit mit einigen wenigen Abteilungen. Ziel psychosomatischer Integration im Liaisondienst ist, die Behandlung möglichst in der Hand des Arztes der jeweiligen Station zu belassen, als Psychosomatiker aber in schwierigen Fällen die psychotherapeutische Betreuung des Patienten zu übernehmen, im wesentlichen aber Ärzte und Pflegepersonal der jeweiligen Station zu unterstützen und auszubilden. Vorausgehen muß dem, daß der Psychosomatiker seine Effizienz in der Arbeit mit Patienten unter Beweis stellt und daß er präsent ist. Nach unseren Erfahrungen (Pontzen et al. 1988) sind für die Integration der Psychosomatik sicherlich Fort- und Weiterbildungsveranstaltungen, auch das Angebot von Balint-Gruppen hilfreich; entscheidend scheint uns die persönliche Präsenz auf der jeweiligen Abteilung, das kurze Gespräch auf dem Gang, das gemeinsame Kaffeetrinken und der Austausch von Informationen über Patienten, die erst einmal gemeinsames vom Arzt, der Schwester, dem Pfleger und dem Psychosomatiker gesehen und behandelt werden. Über eine solche Zusammenarbeit, über gemeinsame Fallbesprechungen, die am Mittagstisch beginnen, übergehen in regelmäßige Fallbesprechungen und in eine theoretische Aus- und Weiterbildung, scheint es möglich, psychosomatisches Denken in anderen Abteilungen an Boden gewinnen zu lassen.

Aber ein Liaisondienst hat seine Tücken. Zum einen ist es schwierig für den Psychosomatiker, eine entsprechende Zeit zur Verfügung zu stellen. Ich meine jedoch, ein Liaisondienst ist ohne eine kontinuierliche Präsenz zu vereinbarten, festgesetzten Zeiten nicht durchführbar. Auf der Abteilung muß zudem ein Raum für den Psychosomatiker zur Verügung gestellt werden, was oft ebenso schwer zu realisieren wie erforderlich ist. Eine interdisziplinäre Zusammenarbeit ist wie jede Form der Veränderung eine Exkursion in ein unbekanntes Gebiet, bei der den zwischenmenschlichen Beziehungen zumindest in der Anfangsphase, und unter der verstehe ich die ersten 2 bis 3 Jahre, eine wesentliche Bedeutung zukommt. Kommunikationsprobleme haben Jordan et al. (1984) beschrieben: Zum einen gäbe es Probleme, weil Psychosomatiker ihre Sachverhalte meist nicht kurz und knapp darstellen, auch die Begrifflichkeit und die zugrunde liegenden theoretischen Implikationen seien meist nur schwer zu vermitteln. Des weiteren führen sie an, daß die Gefahr der Verbündung des Psychosomatikers mit dem Patienten gegen „bösen Ärzte" bestehe, so daß der Psychosomatiker dementsprechend entweder als ständig mahnendes Über-Ich empfunden oder aber gemieden und abgewehrt wird oder der Psychosomatiker mit den Ärzten ein Bündnis gegen unangenehme Patienten, die zur Räson gebracht werden sollen, schließen könne. Die Balance zwischen diesen beiden Konstellationen sei oft schwer herzustellen und müsse zwischen Psychosomatikern und Ärzten in der konkreten Zusammenarbeit immer neu und allmählich stabiler konstelliert werden.

Die Chance für den Patienten liegt in der Zusammenarbeit mit Psychosomatiker *und* Arzt. Der Patient mag so die Integrationsleistung erbringen, aus der regressiven Verschmelzung im ausschließlich organischen Verständnis seiner Erkrankung mit dem idealisierten Objekt, dem Arzt, herauszufinden, indem er den psychischen Aspekt, den bedrohlichen und verdrängten Aspekt seiner Erkrankung durch den hinzukommenden Psychosomatiker in das Verständnis seiner Erkrankung hineinwebt. Dazu ist die Kontrastrepräsentanz eines weiteren, eines dritten Objektes, des Psychosomatikers, neben dem Arzt und dem Patienten notwendig. Diese Integrationsleistung des Patienten ist meines Erachtens in einem ausschließlichen Konsiliardienst nicht möglich, da sie die wiederkehrende reale Anwesenheit des Psychosomatikers als Gegenpol und nicht als Konkurrenz zum Arzt erfordert, um die Kontrastrepräsentanz (Rotmann 1987) verinnerlichen. Der Kontakt zwischen Patient und Arzt soll ja nicht unterbrochen werden, sondern über die Triangulierung zwischen Patient, Arzt und Psychosomatiker kann es dem Patienten ermöglicht werden, den abgespaltenen seelischen Anteil in das Verständnis für seine Erkrankung zu integrieren. Ich sehe hierin eine wesentliche Möglichkeit des Liaisondienstes bezogen auf den Patienten.

Vor meinen Anmerkungen zur dritten Konsequenz, den Zukunftsperspektiven einer psychosomatischen Abteilung am Allgemeinkrankenhaus, möchte ich Arbeitsgebiete und Personal unserer Abteilung beschreiben. Wir haben eine Station mit 16 Behandlungsplätzen bzw. Betten, arbeiten mit einem geschlossenen Gruppenkonzept und einer Aufenthaltsdauer von 10 Wochen. Im Bereich der „inneren Ambulanz" arbeiten wir im wesentlichen nach dem Liaisonprinzip. Unsere Schwerpunkte sind

- die Krisenintervention mit Patienten nach einem Selbstmordversuch, wobei dieser Bereich nicht unbedingt der Psychosomatik, jedoch der Psychotherapie im Allgemeinkrankenhaus zuzurechnen ist; die suchtkranken Patienten nach einem Suizidversuch werden weitgehend von Kollegen der psychiatrischen Abteilung und von Sozialarbeitern der Abteilung für psychosoziale Beratungsdienste (Sozialdienst) betreut;
- die Psychoonkologie in Zusammenarbeit mit der 5. medizinischen Klinik, einer internistischen Abteilung mit onkologischem Schwerpunkt;
- die Zusammenarbeit mit dem medizinischen Zentrum;
- die Arbeit auf der medizinischen Aufnahmestation;
- die Zusammenarbeit mit der Frauen- und Kinderklinik, die im Frühjahr dieses Jahres beginnen wird;

- eine sporadische konsiliarische Tätigkeit und einzelne andere Aktivitäten wie z. B. eine Balint-Gruppe mit Krankengymnastinnen der Abteilung für physikalische Therapie.

Neben der stationären Psychotherapie und dem Bereich der inneren Ambulanz ist der dritte Arbeitsbereich der Abteilung die Weiterbildung. Da der mittelfränkische Raum mit den Städten Nürnberg, Erlangen und Fürth eine psychotherapeutische Diaspora ist, wurde 1983 aus der Abteilung heraus ein Weiterbildungskreis für Psychotherapie gegründet, der niedergelassenen Kollegen und Ärzten des städtischen Klinikums in einem 3jährigen Kurrikulum eine psychotherapeutische Weiterbildung zum Erwerb der Zusatzbezeichnung Psychotherapie vermittelt. Wir beteiligen uns an der Schwestern- und Pflegerausbildung. Eine psychosomatische Zusatzausbildung für das Pflegepersonal mit dem Schwerpunkt Psychoonkologie ist in der gemeinsamen Vorbereitung unter der Leitung der Pflegedirektion. Ich fasse die Weiterbildung von Ärzten und Pflegepersonal als einen wichtigen Auftrag an die Abteilung auf, der auch vor dem Träger zu vertreten ist.

Die Aufzählung der Mitarbeiter ist etwas schwierig. Stationärer Bereich und Konsultations-, Liaisondienst, der Bereich der „inneren Ambulanz" sind personell weitgehend getrennt. Derzeit zählt die Abteilung 22 Mitarbeiter - 7 Ärzte, davon 4 teilzeitbeschäftigte mit 20 bzw. 30 h, 2 Psychologen, 3 Sozialarbeiter mit speziellen Ausbildungen, eine Therapeutin für konzentrative Bewegungstherapie, 7 Schwestern, 1 Pfleger und 1 Sekretärin. Eine Ärztin, die als Liaisonärztin im medizinischen Zentrum arbeitet, ist mit 20 h aus einer Planstelle des medizinischen Zentrums, mit 10 h aus der psychosomatischen Abteilung eingestellt. Zu diesen Mitarbeitern sind noch hinzuzuzählen ein Arzt der 5. medizinischen Klinik, der mit 20 h in der psychoonkologischen Arbeitsgruppe mitarbeitet, wie auch eine Kunsttherapeutin, die aus Drittmitteln bezahlt wird. Im Laufe dieses Jahres werden eine zusätzliche Psychologin und eine weitere Sozialarbeiterin, deren Stellen bereits genehmigt sind, einen Liaisondienst in der Frauen- und Kinderklinik aufbauen.

Sicherlich haben wir viel erreicht. Dennoch stellt sich mir der Stolz über das Erreichte und die Freude am Erreichten zu selten ein. Es liegt noch vieles im argen, so unsere Raumsituation, die zumindest für einen Teil der Mitarbeiter äußerst unbefriedigend ist. Auch meine eigene berufliche Situation stellt sich immer wieder zwiespältig dar. Ich bin Psychoanalytiker und erlebe sowohl von den Organikern wie von denen, die ausschließlich ihrer psychoanalytischen Tätigkeit nachgehen, eine doch zurückhaltende Anerkennung. Ich fühle mich gelegentlich wie ein Arbeiter in einem Steinbruch, der die großen Brocken bewegt, während der psychoanalytisch tätige Kollege sich diesem unbehauenen Felsen in der Absicht zuwendet, ein Kunstwerk zu schaffen. Für mich ist die psychoanalytische Arbeit im engeren Sinne neben der klinischen eher eine Insel der Ruhe und der Erholung und ich möchte sie nicht missen. Schwierig war es mir auch, mich vom Mißverständnis einer heroischen Selbstaufopferung im Dienste der psychosomatischen Sache zu distanzieren und meine Arbeitszeit auf ein freundliches Maß zu reduzieren. Mühsam ist mir immer noch der tägliche Gang in die medizinische Institution, in das Krankenhaus und der tägliche Anblick all des Elends und all des Leids nicht nur der Patienten, sondern auch eines Teils der Mitarbeiter dieser Institution, die zu hinterfragen und in Frage zu stellen auch eine der Aufgaben einer psychosomatischen Medizin im Allgemeinkrankenhaus ist. Wenn es auch befremdlich klingt, kann die Institution Krankenhaus auch einmal gesehen werden als Borderlinepersönlichkeit mit gut funktionierenden Partialbereichen, den einzelnen Kliniken und Abteilungen, einer blendenden, narzißtischen Fassade und nicht selten einer gestörten, paranoid anmutenden Kommunikation. Wenn die psychosomatische Medizin hier etwas ausrichten kann, was ich für erstrebenswert, aber außerordentlich steinig erachte, dann nur in einer langwierigen Durchdringung der Strukturen des Krankenhauses über die integrative Arbeit in den einzelnen Abteilungen.

Hier liegt die dritte Konsequenz und die Zukunftsperspektive der psychosomatischen Medizin im Allgemeinkrankenhaus: Die konkrete Utopie der Psychosomatik im Allgemeinkrankenhaus ist, sich selbst aufzulösen, sich nach erfolgter Integration in die einzelnen Abteilungen als eigenständige psychosomatische Abteilung aufzulösen. Ich weiß, daß dies eine Utopie ist, sage es auch ganz leise, habe mich dabei erschrocken oder andere erschreckt, möchte diesen Gedanken aber einmal aussprechen. Konkrete Utopie dabei ist, daß es in den einzelnen klinischen Bereichen Kollegen gibt, die eine psychosomatische Zusatzausbildung durchlaufen haben als Somatopsychiker, vielleicht auch mehr als Somatopsychiker den als Psychosomatiker in ihrem jeweiligen Fach arbeiten und daß in den größeren Fächern und Zentren sich selbständige psychosomatische Abteilungen mit interdisziplinärem Charakter gebildet haben.

Abhängig sein wird diese Entwicklung von den finanziellen Mitteln, die immer noch zuerst, und dies auch zurecht, nur nicht in der Ausschließlichkeit der medizinischen Grundversorgung – und das ist die naturwissenschaftlich-organische – zur Verfügung gestellt werden. Eine Ausweitung einer integrativen Psychosomatik wird sicherlich auch nicht von der medizinisch-technischen und pharmazeutischen Industrie, die ja einen nicht zu unterschätzenden Einfluß auf die Entwicklung der Medizin hat, mit Begeisterung begrüßt werden. Hinderlich sind weiterhin die divergierenden Gruppeninteressen der psychiatrischen, psychotherapeutischen, psychoanalytischen und psychosomatischen Vereinigung, die sich in wesentlichen Fragen der klinischen Organisation, der Weiterbildung und der Berufsordnung alles andere als einig sind. Erforderlich scheint mir aber auch, daß wir unser Anliegen mehr in der Öffentlichkeit darstellen, daß wir gegenüber der Schulmedizin eine mehr kämpferische Haltung einnehmen, denn wenn wir darauf warten, daß die medizinischen Institutionen bei einer geduldigen psychotherapeutischen Einstellung an Einsicht gewinnen können, werden wir uns auf einen sehr langen Prozeß einstellen müssen. Bei der Institution Krankenhaus liegt ja wohl keine, wenn ich das einmal so betrachte, keine reifere Persönlichkeitskrise im Sinne einer ödipalen Störung, sondern eine Borderlinepersönlichkeitsstörung auf narzißtischem Niveau mit nicht sehr ausgeprägtem Leidensdruck und einer hohen Kränkbarkeit vor. Und da sind Realitätsprüfung und Gegenübertragungswahrnehmung gefragt.

Der Weg dieser „konkreten Utopie" ist ein langer und auf diesem Weg wird immer wieder diskutiert werden müssen, ob dies auch der richtige ist und ob nicht, wie in jedem therapeutischen Prozeß ja auch, das Ziel Veränderungen unterworfen ist. Der Weg geht über den unbefriedigten, am Anfang aber notwendigen Konsiliardienst, über den Liaisondienst zur psychosomatischen Arbeitsgruppe, die sich als Keimzelle in einem anderen Fach etabliert (Hahn 1987). Diese psychosomatische Arbeitsgruppe ist interdisziplinär zusammengesetzt und sollte zumindest einen psychosomatisch weitergebildeten Arzt, einen Psychologen und einen Sozialarbeiter mit einer Spezialausbildung umfassen. Ein enger Kontakt zur psychosomatischen Abteilung sollte gewahrt bleiben, wobei die gemeinsam zu entwickelnde psychosomatische Identität die schutzgebende Brücke zur psychosomatischen Abteilung darstellt. Außerordentlich hilfreich ist es, wenn es gelingt, gemeinsame Stellen zwischen den Abteilungen zu schaffen, d. h. daß ein Arzt oder ein Psychologe gleichermaßen in der psychosomatischen Abteilung und in der „Gastabteilung" angestellt ist mit z. B. jeweils 20 Stunden. Gelingt es der psychosomatischen Arbeitsgruppe, sowohl die psychosomatisch-psychotherapeutische Identität der psychosomatischen Abteilung als auch die naturwissenschaftliche Identität der „Gastabteilung" zu integrieren, sich der Ambivalenz dieser Betrachtungsweisen bewußt zu werden, sie zu ertragen und, wenn dies möglich ist, durchzuarbeiten, mag in einem weitern Schritt aus der psychosomatischen Arbeitsgruppe eine eigenständige, z. B. internistisch-, gynäkologisch- oder chirurgisch-psychosomatische, Abteilung entsehen mit einer entsprechenden Bettenstation in dieser Klinik.

Wenn ich unter diesen Gesichtspunkten unsere Abteilung betrachte, sehe ich einen gescheiterten Integrationsversuch im Bereich der Krisenintervention mit der Rücknahme der Zusammenarbeit auf einen Konsultationsdienst, einen Liaisondienst auf der medizinischen Aufnahmeabteilung, um den es schlecht steht, einen funktionierenden Liaisondienst im Übergang zur psychosomatischen Arbeitsgruppe im Bereich des medizinischen Zentrums, eine sich stabilisierende psychosomatische Arbeitsgruppe in der internistischen Onkologie und in diesem Jahr den Beginn der Aufbauarbeit eines Liaisondienstes in der Frauen- und Kinderklinik. Wir möchten, wenn uns Personal und Räume zur Verfügung gestellt werden, den Liaisondienst ausbauen in der internistischen Nephrologie und in Zusammenarbeit mit der Anästhesiologie für eine Schmerzambulanz. Im Ablauf unserer nun 8jährigen Bemühungen um eine Integration haben wir gelernt, nicht in kurzen Zeiträumen zu denken. Für den Aufbau einer psychosomatischen Arbeitsgruppe sind nach unseren Erfahrungen bei guten Rahmenbedingungen mindestens 6 bis 8 Jahre nötig, für den Aufbau einer selbständigen psychosomatischen Abteilung in einem anderen Fach, falls dies sich als erstrebenswert erweist, mindestens 12 bis 15 Jahre. Die Arbeit ist dabei immer wieder bedroht von Rahmenbedingungen, auf die der psychosomatische Mitarbeiter wenig Einfluß hat, so personelle Wechsel in der „Gastabteilung", v. a. Wechsel in der leitenden Funktion, aber auch personelle Wechsel in der Verwaltung und in der Trägerschaft, denen nicht selten andere Machtkonstellationen folgen, von denen eine integrative Psychosomatik nicht unbedingt profitieren muß.

Um überschauen zu können, ob ein funktionierender Liaisondienst, der in der ersten Zeit vom persönlichen Engagement der psychosomatischen Mitarbeit und dem Entgegenkommen des jeweiligen Abteilungsleiters in hohem Maße abhängig ist, aufrecht zu erhalten ist, zeigt sich nach unserer Erfahrung nach 2 bis 3 Jahren und zeigt sich u. a. daran, ob in der „Gastklinik" ein Raum zur Verfügung gestellt wird, ob es möglich ist, mit Pflegepersonal und Ärzten regelmäßig Stationskonferenzen und Fallbesprechungen durchzuführen, ob ein Teil dieser Aktivitäten innerhalb der Dienstzeit der Ärzte und des Pflegepersonals ermöglicht wird und zeigt sich auch daran, ob Initiativen zu gemeinsamen Stelllenschaffungen ernsthaft verfolgt werden. Scheitert der Versuch eines Liaisondienstes, sollten wir ihn auch abbrechen, uns zurückziehen auf einen Konsiliardienst mit einem geringeren Personal- und Zeitaufwand, was sicherlich außerordentlich schwierig und u. U. kränkend für alle Beteiligten ist.

Ich habe aus unserer Sicht Aufgaben und einige Perspektiven einer psychosomatischen Abteilung an einem Allgemeinkrankenhaus dargestellt, Aufgaben und Perspektiven, über die zu diskutieren ist. Schließen möchte ich mit dem Titel eines Vortrags des Mannes, der für den Gedanken der Integration der psychosomatischen Medizin in die Allgemeinmedizin so viel getan hat, mit dem Titel eines Vortrags von Uexküll: Wirklichkeit liegt nicht vor uns, sondern wird von uns erzeugt.

Literatur

Alby N (1985) Die Zusammenarbeit von Onkologen und Psychologen. In: Bräutigam W, Meerwein F (Hrsg) Das therapeutische Gespräch mit Krebskranken. Huber, Bern

Enquète über die Lage der Psychiatrie in der Bundesrepublik Deutschland (1975) Abschlußbericht. Deutscher Bundestag, Drucksache 7/4200

Faber FR (1984) Psychotherapie und Allgemeinmedizin – Thesen, Daten und Vorschläge zur ärztlichen Psychotherapie. Psychother Psychosom Med Psychol 34:134

Freyberger A (1980) Konsultation Liaison. Prax Psychother Psychosom 25:179

Hahn P (1987) Entwicklungslinien der Psychosomatik in der Inneren Medizin (Vortrag auf dem gemeinsamen Kongreß der AÄGP und DGPPT, Würzburg)

Jordan J, Overbeck G, Joos W (1984) Psychische Bewältigungsmechanismen bei offenen Herzoperationen in Abhängigkeit von der Persönlichkeitsstruktur des Patienten. Die Möglichkeit der Zusammenarbeit zwischen Psychosomatik und Kardiologie. Z Psychosom Med 29:380

Kisker KP (1971) Mediziner in der Kritik. Enke, Stuttgart

Pontzen W, Daudert G, Dietz R, Kappauf H (1988) Probleme und Möglichkeiten der Zusammenarbeit zwischen internistischen Onkologen und Psychosomatikern. Prax Psychother Psychosom 33:35

Rotmann M (1978) Über die Bedeutung des Vaters in der „Wiederannäherungs-Phase". Psyche 32:1105

Rotmann M, Karstens R (1974) Interaktionsprobleme der psychosomatischen Konsultationspraxis. Psyche 28:669

Storch F (1988) „Aufrufe zur Vernunft sind aussichtslos". Der Spiegel 1:135

Uexküll T von (1986) Wirklichkeit liegt nicht vor uns, sondern wird von uns erzeugt (Vortrag auf der 25. Arbeitstagung des DKPM, Marburg)

Wellen J (1986) Die Krise des Allgemeinkrankenhauses. In: Wolters WHG (Hrsg) Psychosoziale Betreuung im Krankenhaus. Enke, Stuttgart

Psychosomatische Dienste in medizinischen Kliniken – die Kooperationsfrage unter forscherischer Perspektive

U. Koch, B. Siegrist

Problemaufriß

Nach einer Phase der intensiven Förderung psychosomatischer Projekte an vielen Orten mit z. T. sehr optimistisch vorgetragenen und weit gesteckten Zielen werden wir jetzt etwa ab Mitte der 80er Jahre zunehmend auch in der psychosomatischen Versorgung und Forschung mit evaluativen Forderungen konfrontiert. Es werden Fragen nach dem Aufwand, der Leistung, der Angemessenheit und der Leistungsfähigkeit psychosomatischer Versorgungskonzepte gestellt.

Untersuchungen von Effektivität und Effizienz psychosomatischer Angebote/Modelle haben als entscheidende Voraussetzung, daß es tatsächlich gelingt, psychosomatische Dienstleistungen in den Institutionen so zur Anwendung zu bringen, wie sie konzipiert bzw. geplant sind, d. h. es muß zuvor die Frage geklärt werden, ob eine Implementation psychosozialer Dienstleistungen in den medizinischen Einrichtungen überhaupt erfolgt ist.

Eine Betrachtung des bisherigen Erprobungsfeldes psychosomatischer Modelle zeigt, daß sie v. a. im Rahmen universitärer Kliniken zur Anwendung kommen. Erprobt wurden unterschiedliche Kooperationsmodelle; am bekanntesten sind hier der Konsiliardienst, das Liaisonservicekonzept und das Konzept der integrativen Psychosomatik. Da die Diskussion dieser Modelle an anderer Stelle geführt wird, soll auf die Vor- und Nachteile dieser verschiedenen Integrationskonzepte hier nicht weiter eingegangen werden.

Im nachfolgenden wird vor dem Erfahrungshintergrund eigener Evaluationsprojekte im psychosozialen Dienstleistungsbereich versucht, die Faktoren, die den Prozeß der Implementierung eines psychosomatischen Dienstes beeinflussen zu beschreiben und zu diskutieren. Es wird aufgezeigt, daß ein großer Mangel an gesichertem Wissen bezüglich der Implementierungsprozesse, aber auch bezüglich einer Forschungsmethodologie besteht. Es läßt sich zeigen, daß sich dieses Defizit z. T. aus der Komplexität der Bedingungen einer solchen Forschung erklärt.

Zum Begriff der Implementation

Obwohl es bislang noch keine allgemein anerkannte Definition von Implementation gibt, sollen nachfolgend die wichtigsten Dimensionen und Bestimmungsstücke referiert werden (vg. auch Indlekofer 1986). Verschiedene Autoren bezeichnen als Implementation den *Prozeß der Ausführung von Entscheidungen* (vgl. Pressman u. Wildavski 1973 und Williams u. Elmore 1976). Der Begriff Entscheidung umfaßt dabei ein weites Spektrum, das die Einführung neuer Technologien bis hin zur Realisierung eines Plans zur Verbesserung der psychosozialen Versorgung in einer medizinischen Einrichtung betreffen kann (vgl. Tornatzky u. Johnson 1982).

Zentrales Anliegen von Studien zur Implementation ist im Sinne der obigen Definition die Analyse der Bedingungen, unter denen die getroffene Entscheidung zu einem gewünschten Ergebnis führt. Bezogen auf die Einführung eines psychosomatischen Dienstes in einer Klinik bedeutet Implementationsforschung die Analyse der Umstände, die dazu beitragen, daß das Angebot im Sinne der Intention auch tatsächlich realisiert wird. Ein solcher Analyseprozeß wird sowohl auf die förderlichen wie hinderlichen Bedingungen der Maßnahmenrealisierung zu konzentrieren haben.

Entsprechend einem Vorschlag von Berman (1978) kann im Hinblick auf die Implementation zwischen *Makro- und Mikroimplementation* unterschieden werden. Ersteres bezieht sich auf die Durchsetzung von Entscheidungen übergeordneter gegenüber lokalen ausführenden Einrichtungen, letzteres (die Mikroimplementation) auf den Prozeß der Umsetzung dieser Entscheidung auf der lokalen Ebene. So würde bei der Untersuchung der Implementation eines psychosomatischen Angebots in einer bestimmten Abteilung einer Klinik auf der Makroebene der Umsetzungsprozeß z. B. bei den politischen Instanzen oder den Kostenträgern stehen, auf der Mikroebene würde sich die Betrachtung auf die Prozesse innerhalb des Krankenhauses bzw. der Station beziehen. Manche Autoren, z. B. Scheirer (1981), berücksichtigen zwischen Makro- und Mikroebene noch eine intermediäre Stufe (siehe unten).

In Abhebung zu den bisher genannten Definitionsansätzen, die vorwiegend den Prozeß der Realisierung von neuen Projekten und Programmen untersuchen, hat Implementation bei Autoren wie Hall u. Loucks (1977) und Scheirer (1981) eine andere Bedeutung. Sie grenzen vom Implementationsprozeß die aktuelle Nutzung eines Programmes/Angebots ab. Im Zentrum ihres Interesses steht der Grad, zu dem ein Programm zu einem bestimmten Zeitpunkt tatsächlich realisiert ist („degree of implementation" oder „levels of use"). Für uns ist nicht erkennbar, daß hier ein echter Definitionsgegensatz besteht. Der Grad der Implementation eines Programmes kann als abhängige Variable des Implementationsprozesses verstanden werden (vgl. auch Scheirer 1981). Eine umfassende Analyse sollte sowohl den Implementationsprozeß als auch den aktuellen Grad der Implementation untersuchen (siehe Indlekofer 1986).

Übertragen auf die Implementation psychosomatischer Dienste heißt dies zum einen Beachtung des Prozesses, d.h. eine Analyse der bei der Umsetzung sich zeigenden förderlichen und hinderlichen Bedingungen, zum anderen auf der Basis detaillierter Beschreibungen der Konzeptionen und der Ziele psychosomatischer Dienste eine Bestimmung des Grades ihrer Umsetzung in den einzelnen institutionellen Zusammenhängen.

Die Bedeutung der Implementationsforschung für die Evaluationsforschung

Die Wichtigkeit einer stärkeren Berücksichtigung von Implementationsgesichtspunkten für die Qualität und Aussagekraft von Evaluationsstudien wird offensichtlich, wenn man bedenkt, daß sich in den 70er und z. T. auch noch in den 80er Jahren die amerikanische Evaluationsforschung vor allen Dingen auf den Nachweis von Effizienz und Effektivität bestimmter Programme konzentrierte, ohne zu berücksichtigen, inwieweit die geplanten Maßnahmen auch tatsächlich realisiert wurden. Exemplarisch werden 3 Formen inadäquater Implementationen genannt und am Beispiel der Neueinführung eines psychosomatischen Dienstes in einer Klinik diskutiert:

1) *Eine Maßnahme wird gar nicht oder nicht in ausreichendem Maße angeboten.* Es wird zwar ein psychosozialer Dienst in der Klinik formal etabliert, d. h. es werden z. B. Gelder zur Verfügung gestellt, aber aus bestimmten Gründen werden die Stellen nicht besetzt oder die Mitarbeiter/innen, die eingestellt sind, können aus irgendwelchen Gründen ihre Arbeit nicht aufnehmen, oder aus Gründen einer unzureichenden Kooperation bleibt die Zuweisung von Patienten aus.
2) *Eine Maßnahme wird in falscher Weise angeboten.* Hier lassen sich nach Rossi et al. (1979) nochmals 2 Formen unterscheiden.
   a) Die Art der Darbietung der *Maßnahme annuliert ihre Wirkung.* Bezogen auf das hier diskutierte Beispiel kann das heißen, daß die Verbesserung der psychosozialen Versorgung z. B. dadurch annuliert wird, daß die Maßnahmen in einer Form angeboten werden, die kaum zum Erfolg führen können. Variablen wie Verständnis für die Maßnahmen bei den Mitarbeitern/innen, die Motivation, diese Maßnahmen anzubieten bzw. der Glaube an deren Wirksamkeit dürften hier ebenso von Bedeutung sein, wie die Qualifikation der Mitarbeiter/innen für die zu erfüllenden Aufgaben oder auch die Motivation der Zielgruppen, für die die Maßnahmen gedacht sind.
   b) Ein Programm oder eine *Maßnahme verändert sich über die Zeit.* Dies ist v. a. dann der Fall, wenn z. B. eine neu implementierte Maßnahme zunächst von hochmotivierten und gut ausgebildeten Mitarbeitern/innen angeboten wird, in einer Phase der Konsolidierung, in der Durchführung aber dann zur Alltagsroutine mit nachlassender Motivation wird oder von weniger qualifizierten und engagierten Mitarbeitern/innen übernommen wird. Beides führt zur Veränderung des Angebots über die Zeit.
3) *Eine Maßnahme wird in nicht standardisierter und unkontrollierter Weise dargeboten.* Den berechtigten Wünschen nach einer standardisierten und kontrollierten Darbietung von Maßnahmen aus forschungsmethodischer Sicht muß allerdings entgegengehalten werden, daß diese mit den Bedürfnissen und Anforderungen einer bedarfsgerechten Versorgung schwer vereinbart werden können. Das damit angesprochene Problem einer systematischen Bedingungskontrolle bei der Erforschung der Wirksamkeit von Angeboten gilt im besonderen Maße für die Untersuchung psychosomatischer Angebote, die ja möglichst individuums- und problembezogen gestaltet werden sollten.

Modelle zur Untersuchung von Implementationsprozessen

Im Rahmen ihrer Überlegungen zur Untersuchung von Implementationsprozessen unterscheiden Chen u. Rossi (1983) *6 Subsysteme der Implementation,* die bei der Durchführung entsprechender Studien Berücksichtigung finden sollten:

1) *Organisationsaufbau:* Personalstruktur, Zusammenarbeit im Mitarbeiterstab, Führungsstil, Kommunikationsstruktur innerhalb der zu untersuchenden Institution.

2) *Umfeldeinflüsse:* Berücksichtigung des Umfeldes wie z. B. konkurrierende Aktivitäten, politische Einbettung des Programms etc.
3) *Zielgruppen:* Akzeptanz der Maßnahmen bei den verschiedenen von der Maßnahme betroffenen Zielgruppen (z. B. Patienten, deren Familien, die verschiedenen Mitarbeitergruppen der Kliniken etc.).
4) *Maßnahme:* Gestaltung und Strukturierung des Angebots, seine Verständlichkeit für die betroffenen Gruppen etc.
5) *Zur Verfügung stehende Mittel:* Personelle und finanzielle Ausstattung.
6) *Zusammenarbeit mit anderen Institutionen und Abteilungen:* Beschreibung der Kooperation und Kommunikation nach außen und mit anderen Institutionen, die ähnliche Angebote unterbreiten.

Die Konzeption von Scheirer (1981), auf die nachfolgend ausführlicher eingegangen wird, unterscheidet in einer vertikalen Gliederung drei Untersuchungsebenen:

1) Aspekte der Makroimplementation („macro level components");
2) Prozesse der Zwischenstufe („intermediate level processes");
3) Aspekte der individuellen Anwendung („individual level variables").

Bei der Diskussion dieser Ebenen werden wir meist auf ein Beispiel aus einem gerade von der Abteilung durchgeführten Forschungsvorhaben zur Untersuchung des Implementierungsprozesses psychosozialer Dienste in pädiatrisch-onkologischen Abteilungen zurückgreifen.[1]

Zu 1: Aspekte der Makroimplementation

Gemeint sind mit dieser Ebene die Entscheidungsprozesse bei der Entwicklung des Programms bzw. Maßnahme, die zur Verfügung gestellten personellen und finanziellen Ressourcen sowie der soziale und politische Hintergrund, der zur Entscheidung für die Durchführung dieser Maßnahme geführt hat oder die Situation bestimmt. Im Falle der Einrichtung der psychosozialen Dienste auf pädiatrischonkologischen Stationen erscheinen uns hier folgende Aspekte von Bedeutung:

a) Die Entscheidung, im Rahmen eines auf $3^1/_2$ Jahre begrenzten Modellversuchs solche Dienste einzurichten, trug einer zu dieser Zeit bereits intensiv geführten öffentlichen Diskussion über die besonderen psychischen und sozialen Belastungen von krebskranken Kindern und Jugendlichen sowie ihrer Familien Rechnung. Letztlich war hier im Bundestag eine Mehrheitsfindung über verschiedene politische Parteien möglich. Eine Besonderheit stellte dabei die Tatsache dar, daß die Modellmaßnahme nicht, wie allgemein üblich, für wenige ausgewählte Kliniken, sondern für alle Kinderkliniken einer bestimmten Größe (mindestens 15 Neuaufnahmen pro Jahr an krebskranken Kindern und Jugendlichen) insgesamt an 32 Kliniken bewilligt wurde. Unabhängig von noch ausstehenden Aussagen zum

---

[1] Dieses Evaluationsvorhaben steht im Rahmen des Modellprogramms. „Psychosoziale Betreuung krebskranker Kinder und Jugendlicher", das vom Bundesministerium für Arbeit und Sozialordnung gefördert wird. An 32 Kinderkliniken – meist Universitätskinderkliniken – wurden personelle Mittel für unterschiedliche Berufsgruppen des psychosozialen Bereichs zur Verfügung gestellt.

„Erfolg der Modellmaßnahme", war damit eine gewisse Sicherheit gegeben, daß diese Maßnahme nach Ende der Förderungsperiode nicht völlig rückgängig zu machen ist, es sei denn, man nähme heftigste politische Konflikte vielerorts in Kauf. Die zeitliche Begrenzung der Förderung durch den Bund und die angedeutete politische Situation wirken in gewissem Sinne als Druckmittel auf die Träger, die für die Übernahme des Programms in die Regelversorgung potentiell zuständig sind (z. B. die Krankenkassen, die Träger der Kliniken oder die Bundesländer). Sie werden wohl Lösungsmöglichkeiten finden müssen, die neuen psychosomatischen Dienstleistungen zu finanzieren.
Diese Rahmenbedingungen stellen gegenüber den sonst eher vereinzelten und politisch weniger gut abgesicherten psychosomatischen Modellmaßnahmen sicher einen Sonderfall dar. Die ohnehin stark angstbesetzte Thematik „Krebs und Tod" gewinnt im konkreten Falle dadurch noch an Bedeutung und auch politischer Überzeugungskraft, daß es sich um Kinder und Jugendliche handelt. So ist es hier weniger schwer zu vermitteln, daß es auf pädiatrisch-onkologischen Stationen eher einer psychosozialen Betreuung bedarf als dies bei anderen psychosomatischen Arbeitsfeldern der Fall ist (z. B. in einer chirurgischen oder internistischen Klinik).

b) Ein weiterer, im konkreten Modellversuch wichtiger Gesichtspunkt betrifft die Sicherstellung der Transfer- und Programmaufsicht: Eine Evaluation mit gut belegten Ergebnissen zu einem Programm bedeutet nicht automatisch, daß es in die Regelversorgung übernommen wird. Bei der Betrachtung der Folgerungen, die aus gut evaluierten Modellversuchen gezogen werden, kommen wir zu der eher skeptischen Einschätzung, daß Modellversuche häufig eine politische Strategie darstellen, notwendige Reformen der Regelversorgung abzuwehren oder zu verzögern. Dementsprechend besteht auch für die Evaluationsforschung die Gefahr, als Alibi mißbraucht zu werden (vgl. hierzu Suchman 1972). Für die auch in der amerikanischen Evaluationsforschung immer wieder festgestellte geringfügige Nutzung von Evaluationsergebnissen ist neben anderen sicher auch der Faktor von Bedeutung, daß in der Modellphase die politischen Vorbereitungsmaßnahmen für den Übernahmeprozeß zu wenig berücksichtigt werden. So bleibt dann nach der Modellphase unklar, wer sich für die Maßnahme einsetzt und gegebenenfalls auch die finanziellen Mittel zur Verfügung stellt. Im Rahmen unseres Evaluationsvorhabens sind auch unter dieser Perspektive die Voraussetzungen günstiger. So wurde vom Auftraggeber (BMA) zu Beginn des Projekts ein Beirat gebildet, in dem neben wissenschaftlichen Vertretern der Fachgesellschaft Vertreter der zuständigen Ministerien der Bundesländer und der Krankenkassen beteiligt sind. Ihre Aufgabe besteht in der begleitenden Diskussion des Modellvorhabens bzw. dessen Evaluation und der Anbahnung von Maßnahmen zur Übernahme.

Diese beiden genannten Aspekte der Makroimplementation ließen sich durch weitere ergänzen. Wir vertreten die Position, daß auf dieser Ebene bereits die entscheidenden Voraussetzungen für eine Umsetzung eines psychosomatischen Programms zu klären sind, denn ohne einen Konsens auf seiten der Gesundheitspolitik bzw. der Träger ist allenfalls im engen lokalen Bereich eine Veränderung von Aspekten der Gesundheitsversorgung möglich. Gleichzeitig regeln die Bedingungen auf der Makroebene wesentliche Aspekte der nachfolgenden beiden Implementationsebenen.

Zu 2: Prozesse der Zwischenstufe
Darunter versteht Scheirer die Beschreibung und Bewertung von strukturellen Aspekten innerhalb der programmdurchführenden Institution. Das sind bezogen auf unser Beispiel des Modellprogramms die Kinderkliniken bzw. die pädiatrisch-onkologischen Stationen. Zu den hier für die Implementationsforschung bedeutsamen Untersuchungsbereichen gehören u. a. die *Kompetenzverteilung* und *Rollenerwartungen* innerhalb des Personals in der Klinik. Der Grad der *Aufgeschlossenheit* gegenüber dem neuen Dienstleistungsangebot – hier das spezielle psychosoziale Angebot – bei den schon länger etablierten Berufsgruppen der Klinik, die *gewachsenen Hierarchien* und der *Informationsfluß* bestimmen in hohem Maße die erfolgreiche Einbettung des neuen Dienstes bzw. das Zustandekommen eines qualifizierten psychosozialen Angebots. Auf diese sozial-, arbeits- und organisationspsychologischen Aspekte wird unten noch ausführlicher eingegangen werden.

Neben den auf intermediärer Ebene schon genannten Faktoren sind Bedingungen wie die *räumliche* und ggf. auch die *technische Ausstattung* oft ebenfalls wichtig für die Realisierung eines geplanten Angebots. Gerade die unzureichenden räumlichen Möglichkeiten sind in der Umsetzung psychosomatischer Angebote in medizinischen Institutionen – so auch in unserem Modellprogramm – ein immer wieder festzustellendes Manko. Für psychosoziale Mitarbeiter/innen gibt es oft keine Räume, in denen sie ungestört mit den Betroffenen Gespräche führen können, oder sie müssen dies auf dem Flur oder in Gegenwart anderer Personen tun, was die Offenheit und damit auch die Wirksamkeit der Gespräche nachteilig beeinflussen kann.

Zu 3: Aspekte der individuellen Anwendung
Auf der Ebene des individuellen Anwenders der Maßnahmen, also auf der Ebene psychosozialer Mitarbeiter/innen innerhalb der pädiatrischen Stationen, sind verschiedene Aspekte von Bedeutung. So hängt die *Art* und der *Grad der Durchführung* neuer Angebote wesentlich auch von *individuellen Voraussetzungen* wie bisherige Ausbildung, Berufserfahrung, Einstellung zur Maßnahme, theoretische Orientierung, praktische Fertigkeiten, soziale Kompetenz und/oder Belastungsfähigkeit der eingesetzten Mitarbeiter/innen ab. Am Beispiel des Modellprogramms beobachten wir häufig, daß neben den strukturellen Voraussetzungen, die die Klinik aufweist, diesen persönlichen Qualifikationsmerkmalen ein sehr hoher Stellenwert zuzukommen scheint. Oft entscheidet sich bereits mit der erstmaligen Besetzung einer neuen Position die längerfristige Akzeptanz eines gesamten psychosozialen Dienstes in der Klinik. Es fällt weiterhin auf, daß bei Auftreten von Integrationsproblemen und Konflikten psychosoziale Mitarbeiter/innen ihre psychologischen und sozialen Kompetenzen, die in der Arbeit mit den Patienten sehr deutlich sichtbar werden, in der Interaktion mit Kollegen/innen anderer Berufsgruppen nicht zur Anwendung kommen lassen.

Sozial-, arbeits- und organisationspsychologische Gesichtspunkte bei der Implementation psychosozialer Dienste

Es mag verwundern, daß heute, nach 20 Jahren der intensiven Erprobung psychosomatischer Modelle, in medizinischen Institutionen so wenig über den Integrationsprozeß solcher Dienste bekannt ist. Bekannt ist lediglich, daß es immer wieder zu Problemen dieser Initiativen bei ihrem Etablierungsprozeß kommt. Ein wichtiger Faktor ist wohl darin zu sehen, daß bei vielen dieser Modellversuche zu wenig der Tatsache Rechnung getragen wird, daß hier psychosomatisches Handeln in ein komplexes institutionelles und soziales System eingebettet ist. Die eingesetzten psychosozialen Mitarbeiter/innen kennen oft besser den einzeltherapeutischen Handlungsrahmen, vertrauen auf ihre theoretischen und therapeutischen Kompetenzen und vernachlässigen dabei Faktoren, wie sie im vorangegangenen Abschnitt, vor allem auf der intermediären Ebene, angesprochen wurden. Andererseits ist z. B. aufgrund der hierarchischen Stellung im Gesamtteam der Handlungsspielraum für institutionelle oder soziale Veränderungen meist eingeschränkt, so daß organisationspsychologische Kenntnisse nur unter Mitwirkung der Führungskräfte auch zum Tragen kommen können.

Da detaillierte Beschreibungen von Konflikten, Abweisungen und Fehlschlägen psychosomatischer Modellversuche nicht oder nur in Ausnahmefällen publiziert werden, verläuft der Erkenntnisprozeß über Bedingungen von Implementation außerordentlich langsam. Werden Begründungen für das Fehlschlagen psychosomatischer Aktivitäten in Institutionen berichtet, finden sich eher persönliche Schuldzuweisungen („mangelnde Kooperationsbereitschaft der Organmediziner") anstelle sozialpsychologischer Analysen. Oft wird implizit unterstellt, besonders stark ausgeprägte Vorbehalte gegen psychosomatische Ansätze seien die eigentliche Ursache der auftretenden Probleme. Wir glauben aber vielmehr, daß viele der in den Kliniken im Zusammenhang mit Kooperations- und Integrationsfragen bei psychosomatischen Diensten auftretenden Schwierigkeiten im wesentlichen Varianten allgemeiner arbeits- und organisationspsychologischer Probleme sind. Eine solche Betrachtung ist heute den beteiligten psychosozialen Mitarbeiter/innen, seien es nun Psychoanalytiker/innen oder klinische Psychologen/innen, in Anbetracht eines „Niedergangs" der Arbeits- und Organisationspsychologie in den 70er Jahren eher fremd. Im Rahmen einer jetzt „wiederentdeckten" Arbeits- und Organisationspsychologie und deren Anwendungsversuchen auf Implementationsprozesse in klinischen Institutionen ist aber mit Erkenntnisfortschritten in der nahen Zukunft zu rechnen.

Auf einige aus dieser Forschungsrichtung stammenden Überlegungen und Arbeitsansätze soll nachfolgend Bezug genommen werden.

Zunächst wird der Frage nachgegangen, mit welchen Reaktionen bei der Einrichtung eines neuen – hier speziell psychosomatischen – Angebots in einer Klinik (analog zu Innovationen in anderen Institutionen) beim bisherigen Personal zu rechnen ist bzw. wie die vorgesehene Veränderung erlebt wird. In der nachfolgenden auf Weltz (1972) zurückgehenden Übersicht sind einige der zu erwartenden Reaktionen aufgeführt:

- Beeinträchtigung der Verhaltenssicherheit,
- Identifizierung mit dem Status quo,
- Entwertung alter Qualifikationen,

- Notwendigkeit aktiven Lernens,
- Lerngegenstände auf höherem/anderem Abstraktionsniveau,
- Einstellung zum Fortschritt/zur Veränderung,
- Temporäre Mehrbelastungen.

Das Auftreten einer neuen Abteilung, eines neuen Dienstes bzw. Mitarbeiter/innen neuer Berufsgruppen in einer Einrichtung bedeutet zunächst immer für die bereits vorhandenen Dienste und Berufsgruppen eine Beeinträchtigung der gewohnten Verhaltenssicherheit. Plötzlich werden Aspekte, die bisher wenig Beachtung fanden oder von denen man meinte, daß sie bislang durchaus hinreichend berücksichtigt wurden, durch die Schaffung spezieller Maßnahmen stärker in den Blickpunkt gerückt. Dies muß von den etablierten Mitarbeitern/innen zumindest partiell als eine Infragestellung oder gar Entwertung ihrer bisherigen Arbeit erlebt werden. Eine besonders starke Identifikation mit der bisherigen Situation – dem Status quo – kann als Reaktanz auf die Veränderung beobachtet werden. Die Umstellung – und dies gilt sicher gerade für Versuche, psychosomatische Aspekte stärker in die alltägliche Praxis medizinischer Institutionen einfließen zu lassen – erfordert einen aktiven und oft mühevollen Umlernvorgang und eine Auseinandersetzung mit Inhalten, die dem Denken der bisherigen Mitarbeiter/innen oft sehr fremd sind. Auch werden Fortschritte, wenn sie überhaupt im Bewertungsrahmen der bisherigen Mitarbeiter/innen interpretiert werden können, meist nicht kurzfristig, sondern eher langfristig zu erwarten sein. Die Einführung eines neuen Dienstes bedeutet oft – zumindest in einer Übergangszeit – zusätzliche Anforderungen und damit auch zunächst Mehrarbeit. So tritt durch die Einführung eines psychosozialen Dienstes nur sehr selten die erhoffte Entlastung von „schwierigen Fällen" unmittelbar ein. Vielmehr erlebt z. B. „der Organmediziner", daß der psychosoziale Spezialist solche Patienten/innen nicht übernehmen kann oder mag, gleichzeitig sieht er sich zahlreichen Forderungen nach zusätzlichen Gesprächen mit Patienten/innen, Angehörigen, mit psychosozialen Mitarbeiter/innen oder anderen Anforderungen ausgesetzt – dies innerhalb eines Arbeitsalltages, der ohnehin durch hohe Arbeitsbelastung geprägt ist.

Die in diesem Zusammenhang auftretenden Innovationswiderstände sind von Watson (1970) beschrieben worden. Das Ausmaß dieses Widerstands, bzw. der notwendige Aufwand, der zu dessen Überwindung notwendig ist, hängen u. a. von folgenden Fragen bzw. Gesichtspunkten ab:

a) Wer hat die Innovation eingebracht, bzw. wie gut werden die Veränderungen durch die Leitung der Einrichtung abgestützt? Hier ist besonders die Rolle des Chefarztes/der Chefärztin, aber auch der Verwaltungsleitung bei der Einführung psychosomatischer Dienste zu erwähnen. Sie können in erheblichem Maße auf den Widerstand einwirken.
b) Woraufhin zielen die Innovationen inhaltlich? Der Widerstand wird geringer sein, wenn bisherige Belastungen reduziert werden mit den Werten, die bisher anerkannt wurden, übereinstimmen, auf vorhandene Interessen bei Beteiligten stoßen und die Autonomie und Sicherheit der bisherigen Mitarbeiter nicht bedroht werden.
c) Welches Vorgehen bei der Institutionalisierung der Innovation wird gewählt? Der Widerstand dürfte geringer sein, wenn die von der Veränderung betroffenen Mitarbeiter/innen bereits früh aktiv in den Veränderungsprozeß miteinbezogen

werden, wenn die Ziele der Veränderung klar formuliert sind, wenn dem Kommunikationsbedürfnis der Betroffenen Rechnung getragen wird, wenn gute soziale Beziehungen zwischen allen Beteiligten bestehen oder hergestellt werden und wenn sich das Projekt offen gegenüber Veränderungen zeigt (Watson 1970).

Aufgrund der Betrachtung von Bedürfnissen, die sich einerseits aus der Art der zu leistenden Arbeit ergeben und andererseits durch das Interaktionsgefüge innerhalb der sozialen Institution bedingt sind, formulierte Franke (1980) eine Reihe von psychologischen Forderungen an Organisationen, wie sie in folgender Übersicht zusammengestellt sind. Er weist darauf hin, daß das Bemühen um ihre gleichzeitige Realisierung zu partiellen Widersprüchen führen kann.

Prinzipien von Organisation

1) Kontinuität:	Verantwortung, Regelungssysteme,
2) Flexibilität:	Problemanpassung, Personeneinsatz.
3) Differenzierung:	Kompetenzsicherung, Kompetenzentwicklung.
4) Transparenz	
5) Partizipation:	Vernetzung, Dialog.

Die erste Forderung bezieht sich auf ein Mindestmaß an *Kontinuität,* das innerhalb einer Einrichtung gegeben sein muß, um stabile Arbeitsbeziehungen zu etablieren und Unsicherheiten und Ängste durch permanente Veränderungen zu begrenzen. Dabei unterscheidet Franke zwischen einer Kontinuität der Verantwortung und der Regelsysteme. Bezogen auf die Etablierung eines psychosozialen Dienstes ist die Kontinuitätsfrage der Verantwortung häufig nicht leicht zu regeln. Ist der/die in Fragen der Psychosomatik nicht so vertraute leitende Klinikarzt/ärztin verantwortlich? Juristisch wohl ja, von der Fachkompetenz häufig nicht. Hier besteht also ein besonders dringlicher Bedarf nach möglichst früher Abklärung der Zuständigkeit. Die Kontinuität der Regelungssysteme bezieht sich auf die Verfahrensvorschriften und Entscheidungsmodalitäten innerhalb einer Institution. So stellen sich z. B. Fragen nach der Auswahl und den Zuweisungsprozessen von Patienten/innen, die für eine psychosomatische Mitbehandlung in Frage kommen. Weiterhin besteht ein Regelungsbedarf für die Gestaltung der Rückmeldung des psychosomatischen Dienstes an den medizinischen Dienst. Solche Vereinbarungen müssen verläßlich sein.

Die Forderung nach Kontinuität sollte nicht als starres Bestehen auf formalen Abläufen verstanden werden, da dies mit der zweiten Forderung, nämlich der Forderung nach *Flexibilität* im Widerspruch steht. Gerade die oft informellen Rückmeldungsprozesse zwischen psychosomatischem Dienst und behandelnden Medizinern oder dem Pflegepersonal erweisen sich oft als sehr effizient und können auch als Zeichen einer selbstverständlichen und ungestörten Interaktion zwischen den beiden Berufsgruppen gewertet werden. Flexibilität in der Gestaltung des Dienstleistungsangebots ist schon deshalb wichtig, weil die zu bearbeitenden psychosozialen Probleme von Patienten/innen der medizinischen Kliniken eine permanente Anpassung des psychosomatischen Arbeitsansatzes an die speziellen Probleme der Betroffenen erforderlich machen. Aber auch die Tatsache, daß fast regelmäßig eine große Knappheit an personellen Ressourcen psychosozialer Dienste besteht, verlangt ein Improvisationsvermögen der Stelleninhaber/innen, wollen sie bei Anfragen nach Unterstützung nicht permanent mit formal begründeten Zurückweisungen reagieren.

Die dritte Forderung bezieht sich auf den Gesichtspunkt der *Differenzierung*. Sie betrifft die Festlegung der Arbeitsstellung und Arbeitszuordnung und legt durch klare Rollenzuweisungen fest, daß für unterschiedliche Aufgaben auch unterschiedlich qualifizierte Personen zur Verfügung stehen. Dadurch wird es den einzelnen Berufsgruppen innerhalb einer Institution möglich, ihren speziellen Wert und ihre spezifische Wirksamkeit innerhalb der Einrichtung erleben zu können. Franke (1980) unterscheidet hinsichtlich der Förderung nach Differenzierung noch zwischen Differenzierung zur Kompetenzsicherung und Kompetenzentwicklung. Ersteres soll gewährleisten, daß jeweils die am besten geeignete Person bei der jeweiligen Aufgabe eingesetzt wird, daß also bei besonders schwierigen und eine hohe Qualifikation erfordernden psychosomatischen Aufgabenstellung auch tatsächlich der am besten ausgebildete und in der Einrichtung verfügbare psychosomatische Spezialist die Aufgaben übernimmt.

Mehrere voneinander klar abgehobene Aufgabenbereiche ermöglichen innerhalb einer Institution den Mitgliedern auch besser Möglichkeiten, ihre persönliche Kompetenz zu entwickeln und für arbeitsrelevante Bedürfnisse einzusetzen. Dies setzt allerdings voraus, daß in der Einrichtung nicht nur psychosomatisch ausgebildete Personen vorhanden sind, sondern eine psychosomatische Kerngruppe/Bezugsgruppe existiert. Nur so kann ein gemeinsames Bewußtsein, eine gemeinsame therapeutische Ausrichtung entwickelt werden. Wo dies aus Kapazitätsgründen nicht möglich ist, muß die Bezugsgruppe außerhalb der jeweiligen Klinik gesucht werden. Dies könnten in Universitäten die psychosomatischen Fachabteilungen sein.

Die vierte Bedingung bezieht sich auf die *Transparenz*. Sie soll Unsicherheiten, bedingt durch Informationsmängel, z. B. über die bestehenden Ziele oder Machtverhältnisse in der Institution reduzieren. Den Mitarbeitern/innen der medizinischen Institution müssen, wenn sie wirkungsvoll einen psychosomatischen Dienst nutzen wollen, die Aufgabenstruktur und die Verantwortlichkeit dieses Dienstes bekannt sein.

Die letzte Forderung bezieht sich auf *Partizipation* und meint die Mitbeteiligung bei der Suche nach sachbezogenen Lösungen und Entscheidungen. Die Partizipation kann unterschiedlich geregelt sein: Einerseits durch organisatorische Maßnahmen und andererseits durch den individuellen Dialog der verschiedenen Mitarbeiter/innen untereinander. So kann es sich als vorteilhaft erweisen, wenn Mitarbeiter/innen des psychologischen Dienstes regelmäßig an Visiten, Übergabebesprechungen oder im Rahmen von Stationskonferenzen am Informationsprozeß aktiv beteiligt sind. Daneben ergeben sich durch gemeinsame Behandlungen von Patienten/innen durch psychosomatische und medizinische Mitarbeiter/innen Möglichkeiten, das Gefühl der Beteiligung herzustellen, Kompetenzen zu erweitern und die eigene Tätigkeit als befriedigend zu erleben.

Bestimmte Ausgangsbedingungen in den Institutionen bestimmen sicher in einem hohen Maße den Erfolg der Kooperationsbemühungen bzw. das Tempo, in dem eine Integration eines neuen Dienstes gelingt. Einige der hier als wichtig erachteten Aspekte sind in einer Übersicht zusammengestellt.

Einige Ausgangsbedingungen mit Einfluß auf eine erfolgreiche Kooperation

1) Organisatorische und institutionelle Gegebenheiten der Einrichtung und des neuen Dienstes:
   Status der Station/Einrichtung,
   personelle Ausstattung,
   räumliche Bedingung,
   Hierarchie etc.
2) Aufgabenstruktur –„sachliche" Notwendigkeit des psychosozialen Dienstes:
   Grenzen des bisherigen Handelns deutlich,
   Konkurrenzdruck.
3) Unterstützung des neuen Dienstes durch leitende und Meinungsträger:
   Chefarzt/ärztin,
   leitende Pflegekraft,
   Verwaltung.
4) Teamzusammensetzung:
   Berufsgruppenidentität.
5) Ziele, bisherige Erfahrung, Erwartungen der verschiedenen Gruppen:
   realistisch?
   konkordant?
   zurückliegende Enttäuschung?
6) Persönliche und fachliche Voraussetzungen der Mitarbeiter:
   Lernfähigkeit,
   soziale Kompetenz,
   Fachwissen, berufliche Erfahrungen.

So dürften vorhandene organisatorische und institutionelle Gegebenheiten wie personelle Ausstattung, räumliche Bedingungen oder die Hierarchie in der Klinik, die Dringlichkeit der Aufgaben, die durch den neuen Dienst wahrgenommen wird, die Unterstützung eines neuen Dienstes durch wichtige Positionsträger wie z. B. Chefarzt, leitende Pflegekraft oder Verwaltung, die Zusammensetzung des Teams, aber auch die bisherigen Erwartungen und Erfahrungen sowie vorhandene persönliche wie fachliche Voraussetzungen neu eingestellter psychosozialer Mitarbeiter/innen die Integration bestimmen.

Neben diesen nur bedingt veränderbaren Vorbedingungen ergeben sich aber auch eine Vielzahl von Einflußmöglichkeiten auf den Prozeß der Entwicklung und Gestaltung des Integrationsprozesses; einige sind im folgenden zusammengestellt.

Gestaltungsmöglichkeiten – Prozeßmerkmale

Personalauswahl:	nach Qualifikation, Beteiligung bei der Auswahl.
Kooperationsmodell:	Konsiliardienst, Liaisonservice, integratives Konzept.

Dienstleistungsangebot:	Verfügbarkeit, Angemessenheit, Wandelbarkeit.
Organisation des Dienstes:	Hierarchie, Zuständigkeit.
Interaktion und Kommunikation:	gemeinsame Sprache, Rückmeldungsprozeß, formale und persönliche Kontakte.

Durch die Auswahlmöglichkeiten der Mitarbeiter nach persönlichen und fachlichen Voraussetzungen und durch die Beteiligung von vorhandenen Mitarbeitergruppen an der Auswahl der neuen Mitarbeiter/innen kann dieser Prozeß positiv beeinflußt werden. Im Rahmen psychosomatischer Modelle wurden in der Vergangenheit unterschiedliche Kooperationsmodelle erprobt, v. a. das der Konsiliar-, der Liaisondienste sowie das Modell der integrativen Psychsomatik. Während die Grenzen des Konsiliardienstes aufgrund fehlender Kontinuität der Arbeitsbeziehungen inzwischen sichtbar geworden sind, sprechen Erfahrungen mit dem integrativen Konzept dafür, daß dieses erst nach einer längeren Phase der Zusammenarbeit zwischen psychosozialem Dienst und Klinik unter speziellen Bedingungen erreichbar erscheint. Der Vorteil des Liaisonservice gegenüber dem Konsiliardienst liegt offensichtlich darin, daß er im Hinblick auf die Kontinuität (s. oben) günstiger konzipiert ist.

Die Akzeptanz des neuen psychosozialen Dienstes hängt aber sicher auch davon ab, wieweit seine Angebote bei Bedarf auch wirklich verfügbar sind. Dies ist nicht nur von der zur Verfügung stehenden Kapazität abhängig, sondern auch vom Engagement der eingesetzten Mitarbeiter/innen und deren Bereitschaft, sich auf schwierige Patienten/innen und Situationen einzulassen. Auch ergeben sich im Hinblick auf die Art, wie das psychosomatische Dienstleistungsangebot realisiert wird im Praxisfeld der Klinik bestimmte Anpassungserfordernisse. Zwar benötigt der psychosomatisch Tätige für effektives Handeln bestimmte Rahmenbedingungen, auf der anderen Seite lassen sich die Arbeitsbedingungen aus dem einzelpsychotherapeutischen Setting einer niedergelassenen Psychotherapeutenpraxis nicht auf die Verhältnisse von medizinischen Kliniken einfach übertragen. Der Therapeut/die Therapeutin wird seine/ihre Gespräche zeitlich und örtlich flexibel gestalten müssen und feststellen, daß eine strikte Orientierung an Therapieschulen kaum möglich ist.

Von seiten des medizinischen Personals stellt sich, wie oben bereits ausgeführt, besonders die Frage nach Klärung der Zuständigkeiten. Durch das Bemühen um eine gemeinsame Sprache zwischen Psychosomatiker/innen und medizinischem Personal durch einen verläßlichen gegenseitigen Rückmeldungsprozeß über behandlungsrelevante Erkenntnisse und durch die bereits schon oben erwähnten formalen wie persönlichen Kontakte kann auf eine Stabilisierung des psychosomatischen Dienstes in einer Klinik hingewirkt werden.

Es wurde ebenfalls bereits darauf verwiesen, daß die Beziehungen zwischen den verschiedenen Bedingungen einer Zusammenarbeit in einer Institution keineswegs linear sein müssen und daß das Optimum auf einer solchen Dimension zwischen den Extremvarianten des Merkmals liegen kann. Dieser Sachverhalt spiegelt sich wieder in der auf Wöhrl (1988) zurückgehenden Übersicht über produktive Bedingungen der Zusammenarbeit:

Bedingungen produktiver Zusammenarbeit

Ausgewogenes Verhältnis zwischen			Zu vermeidende Extremvarianten	
Eigenständigkeit, beruflicher Identität	–	Aufeinanderbezogensein, gemeinsamer Identität	Verselbständigung	Verantwortungsdiffusion, Uniformität
Anspruch auf Gleichberechtigung	–	Anerkennung notwendiger Führung	Ablehnung jeglicher Führung	Genereller Führungs-Anspruch
Vertrauen	–	Achten auf die Äquivalenz von Leistungen	Überstrapazierung persönlicher Beziehungen	Gegeneinanderaufrechnen von Leistungen
Sachorientierung	–	Beziehungsorientierung	Versachlichung von Beziehungen	Verpersönlichung von Beziehungen
Festlegung von Kontakten	–	Spontanität von Kontakten	Formalisierung jeglicher Kontakte	Unverbindlichkeit der Zusammenarbeit

So sind z.B. Eigenständigkeit und berufliche Idendität von Teilgruppen innerhalb einer Institution ebenso wichtig wie das Aufeinanderbezogensein und die gemeinsame Identität der verschiedenen Dienste. Es stellt sich also jeweils die Aufgabe zwischen diesen beiden Polen ein ausgewogenes Verhältnis zu finden. Man kann die Dimensionen aber auch im Hinblick auf ihre Risiken betrachten. Auf der einen Seite besteht die Gefahr einer zu starken Verselbständigung durch zu starke Betonung von Eigenständigkeit von Teilgruppen, auf der anderen Seite das Risiko einer Verantwortungsdiffusion, d.h. niemand fühlt sich für etwas wirklich verantwortlich. Diese gleichen Überlegungen lassen sich auch auf die anderen in der Tabelle aufgeführten Polaritäten anwenden (vgl. Wöhrl 1988).

Kriterien der Akzeptanz psychosozialer Dienste

Bei der Diskussion über die erreichte Integration stellt sich auch die Frage, welche Kriterien die Akzeptanz einer psychosomatischen Arbeitsgruppe in einer Klinik signalisieren. Da diese Frage bisher empirisch weitgehend ungeklärt ist, versuchten wir im Rahmen der Evaluation des Modellprogramms „Psychosoziale Betreuung krebskranker Kinder und Jugendlicher" mit einer Expertenbefragung einen Beitrag zu dieser Frage zu leisten (vgl. Härter 1988). Befragt wurden in einer Fragebogenstudie insgesamt 141 als Experten/innen definierte Personen, dazu gehörten Ärztinnen und Ärzte in leitender Funktion in der pädiatrischen Onkologie (Gruppe 1), Schwestern und Pfleger in leitender Funktion (Gruppe 2), erfahrene Mitarbeiter/innen psychosozialer Dienste in der pädiatrischen Onkologie (Gruppe 3), Vertreter aus dem Bereich der Kinder- und Jugendpsychiatrie, der klinischen Psychologie in der Pädiatrie, der Kinder- und Erwachsenenpsychosomatik (Gruppe 4) und letztlich Vertreter/innen der bundesweit bestehenden Fördervereine für tumor- und leukämiekranke Kinder und Jugendliche (Gruppe 5). Sie sollten in einer Teilaufgabe aus einer vorgegebenen Liste solche Argumente auswählen, die sichere Anhaltspunkte für Akzeptanz eines psychosozialen Dienstes auf einer pädiatrisch-onkologischen Station darstellen.

Die Ergebnisse sind in folgender Übersicht dargestellt:

Kriterien der Akzeptanz

a) Anhaltspunkte für Akzeptanz	(% ja)
Psychosozialer Dienst erhält Hinweise vom medizinischen Personal, sich um Patienten, Personal zu kümmern	94,1
Dienst wird von Kindern, Jugendlichen und Eltern häufig in Anspruch genommen	93,5
Es wird häufig gegenseitig um Beratung in der Betreuung gesucht	91,3
Das medizinische Personal ist gut über die psychosoziale Situation informiert	89,4
Der psychosoziale Dienst ist gerne auf der Station	89,1
Patienten und Familien werden gemeinsam betreut	88,9
Die Arbeitszufriedenheit des Dienstes ist hoch	87,5
Der psychosoziale Dienst ist oft auf Station	84,3
In den Teamsitzungen wird offen Kritik geäußert	82,3
Es werden häufig Informationen über die Patienten im Arztzimmer/Flur etc. ausgetauscht	68,1
Der psychosoziale Dienst nimmt regelmäßig an den Visiten teil	66,5

b) Keine Anhaltspunkte für Akzeptanz	(% nein)
Die Mitarbeiter/innen des psychosozialen Dienstes machen viele Überstunden	86,7
Die Mitarbeiter/innen des gesamten Teamt treffen sich öfters privat	74,1

Strittige Akzeptanzkriterien (%) (n = 141)	1[a]	2[a]	3[a]	4[a]	5[a]
Die Arbeitszufriedenheit des medizinischen Personals ist hoch	59	80	25	55	61
Die personelle Fluktuation beim medizinischen Personal ist gering	54	58	18	53	48
Der psychosoziale Dienst nimmt regelmäßig am Frühstück mit dem medizinischen Personal teil	35	35	6	53	50
Es gibt klar abgegrenzte Arbeitsbereiche des psychosozialen Dienstes gegenüber Ärzten und Schwestern	59	63	41	52	53

[a] Erläuterungen: *1* Ärzte/innen; *2* Schwestern und Pfleger; *3* Psychosoziale (intern); *4* Psychosoziale (extern); *5* Elternvertreter/innen.

Es zeigt sich, daß, wenn der psychosoziale Dienst Hinweise vom medizinischen Personal erhält, sich um Patienten/innen zu kümmern, wenn innerhalb der Klinik die verschiedenen Mitarbeitergruppen häufig gegenseitig um Beratung nachsuchen, wenn

Patienten gemeinsam betreut werden und das medizinische Personal gut über die psychosoziale Situation der Patienten/innen und der Familien informiert ist, von einer guten Akzeptanz des neu eingerichteten psychosozialen Dienstes gesprochen werden kann. Auch der häufige Austausch von Informationen über Patienten/innen, die regelmäßige Teilnahme an Visiten, die häufige Inanspruchnahme des Dienstes, die regelmäßige Präsenz des psychosozialen Dienstes auf Station und dessen subjektive Zufriedenheit mit der Arbeitssituation gelten übereinstimmend als Indikatoren für eine gute Akzeptanz des Dienstes. Ganz im Gegensatz dazu stellen weder die bloße Tatsache, daß die psychosozialen Mitarbeiter/innen in besonders hohem Maße engagieren (z. B. auf viele Überstunden verzichten) noch die Tatsache, daß sich die psychosozialen Mitarbeiter/innen auch jenseits der Arbeitszeit Kontakte zu anderen Berufsgruppen suchen, einen Anhaltspunkt für Akzeptanz dar.

Während die bisher berichteten Ergebnisse in den Kriterien der Akzeptanz übereinstimmend zwischen den 5 verschiedenen Befragungsgruppen beurteilt wurden, sind im unteren Teil der Übersicht einige diskrepant beurteilte Kriterien aufgeführt. So stellt die Arbeitszufriedenheit des medizinischen Personals nach Ansicht der befragten Schwestern/Pfleger und Ärzte/innen ein relativ sicheres Akzeptanzkriterium dar, während die psychosozialen Mitarbeiter/innen in den Kinderkliniken selbst diesem Aspekt im Hinblick auf ihre Akzeptanz relativ wenig Bedeutung beimessen. Das gleiche gilt für das Kriterium „personelle Fluktuation bei medizinischem Personal“. Die regelmäßige Teilnahme am Stationsfrühstück wird für externe psychosoziale Experten (Gruppe 4) und Eltern betroffener Kinder und Jugendlicher (Gruppe 5) als ein Kriterium für die Akzeptanz des psychosozialen Dienstes eingeschätzt, die psychosoziale Gruppe selbst verneint dies allerdings. Eine gewisse Diskrepanz ergibt sich auch im Hinblick auf die Frage, ob klar abgegrenzte Arbeitsbereiche für den psychosozialen Dienst gegenüber dem ärztlichen und pflegerischen Dienst ein Akzeptanzkriterium darstellt: Hier fällt auf, daß der psychosoziale Dienst in der pädiatrischen Onkologie weniger stark als die anderen Befragungsgruppen eine klare Abgrenzung der Verantwortungsbereiche formuliert, sondern eher den Gesichtspunkt der gemeinsamen Verantwortlichkeit in den Vordergrund stellt.

Zusammenfassend kann aus dieser Studie abgeleitet werden, daß es eine größere Zahl von Kriterien gibt, für die Konsens besteht und daß diese Aussagen über den erreichten Grad der Akzeptanz eines psychosozialen Dienstes innerhalb einer Klinik erlauben.

Forschungsmethodische Implikationen

Es wurde bereits mehrfach darauf hingewiesen, daß gesichertes Wissen zu den Prozessen der Implementation und zur Gestaltung von kooperativen Beziehungen im Bereich der psychosomatischen Forschung weitgehend noch fehlt. Dieses Defizit ist zum einen problematisch, weil bei der Initiierung neuer psychosomatischer Modelle nicht systematisch auf Vorerfahrungen aufgebaut werden kann und somit das Risiko besteht, daß sich Fehler und Probleme früherer Modelle wiederholen. Zum anderen ist eine nicht ausschließlich den Effekt, sondern auch den Prozeß berücksichtigende Evaluationsforschung eng mit der Klärung von Implementationsfragen verknüpft.

Solche Untersuchungen zur Entwicklung von kooperativen Beziehungen lassen sich nur innerhalb komplexer Forschungsansätze realisieren. Diese müssen den Forderungen eines Mehrperspektivenansatzes, einer Mehrfachpunktzeitmessung und eines multimodalen Zugangs erfüllen (vgl. folgende Übersicht):

Einige forschungsmethodische Implikationen

a) Forderungen an den Untersuchungsansatz:
   - Mehrperspektivenansatz,
   - Mehrzeitpunktuntersuchung zur Erfassung des Prozesses,
   - multimethodaler Zugang.
b) Probleme:
   - Vielfalt und Komplexität,
   - starke Variabilität,
   - Integrierbarkeit der Einzelbefunde,
   - Vergleichbarkeit der Institutionen,
   - Fehlen valider Meßansätze,
   - Implementation der Forschung.

Bei der Initiierung solcher Forschungsarbeiten muß man sich allerdings darüber im klaren sein, daß die Vielfalt und die Komplexität der interagierenden Variablen, deren starke Variabilität über die Zeit und die sicher z. T. zu erwartende Nonlinearität der Beziehungen der Einflußgrößen zueinander erhebliche inhaltliche und methodische Schwierigkeiten bereiten. Hinzu kommt, daß die Untersuchungen innerhalb klinischer Institutionen durchgeführt werden, die miteinander meist schwer vergleichbar sind. Dies schafft Probleme bei der Integration von Teilbefunden. Weiterhin fehlen bisher weitgehend valide und reliable Meßansätze zur Erfassung von Implementationsansätzen, und letztlich ist eine solche Forschung nur realisierbar, wenn auch der Forschungsgruppe und nicht nur dem psychosozialen Versorgungsteam die Implementation innerhalb der zu untersuchenden Einrichtung gelingt.

Literatur

Berman P (1978) The study of macro- and micro-implementation. Public Plicy 26:157–184

Chen HT, Rossi PH (1983) Evaluating with sense. The theory-driven approach. Evaluation Rev 7:283–302

Franke J (1980) Sozialpsychologie des Betriebes: Erkenntnisse und Ansätze zur Förderung der innerbetrieblichen Zusammenarbeit. Enke, Stuttgart, S 99–106

Hall GE, Loucks SF (1977) A development modell for determining whether the treatment is actually implemented. Am Educ Res J 14:263–276

Härter M (1988) Allgemeine Ziel- und Bewertungsdimensionen psychosozialer Versorgung in der pädiatrischen Onkologie aus der Sicht von Expertinnen und Expertern. Unveröffentl. Diplomarbeit, Universität Freiburg

Indlekofer W (1986) Zur Implementation von Therapiemaßnahmen in einer Sozialtherapeutischen Justizvollzugsanstalt. Unveröffentl. Diplomarbeit, Universität Freiburg

Pressmann JL, Wildavsky A (1973) Implementation. Univ of California Press, Berkley

Rossi PH, Freeman HE, Wright SR (1979) Evaluation. A systematic approach. Sage, Beverly Hills

Scheirer MA (1981) Program implementation: The organizational context. Sage, Beverly Hills

Suchmann EA (1972) Action for what? A critique of evaluative research. In: Weis CH (ed) Evaluating social action programs. Readings in social action and education. Allyn & Bacon, Boston, pp 52–84
Tornatzky LG, Johnson EC (1982) Research on implementation. Implications for evaluation practice and policy. Eval Program Plann 5:193–198
Watson G (1970) Resistance to change. In: Bennis WG, Benne KD, Chin R (eds) The planning of change. Holt, Rinehart & Winston, London New York Sydney Toronto, pp 488–498
Weltz FO (1972) Organisationsumstellung. In: Degelmann A (Hrsg) Organisationsleiter Handbuch, Bd 2. Verlag Moderne Industrie, München, S 1453–1487
Williams W, Elmore FE (eds) Social program implementation. Academic Press, New York
Wöhrl HG (1988) Berufsgruppen in der Rehabilitation: Funktionen und Kooperationsmodelle. In: Koch U, Lucius-Hoene G, Stegie R (Hrsg) Handbuch der Rehabilitationspsychologie. Springer, Berlin Heidelberg New York Tokyo, S 212–249

Soziologische Bemerkungen zur Liaisonpsychotherapie

H. Friedrich

Der Rahmen, in dem die Liaisonpsychotherapie in der Organmedizin stattfindet, wird von 3 Voraussetzungen bestimmt:

1) Durch die *strukturellen Bedingungen in der Entwicklung der biologischen und der psychologischen Medizin,* die einen Dualismus konstituiert haben.
   Die biologische Medizin ist durch ein immer stärker spezialisiertes Wissen über den Körper gekennzeichnet, wobei die Komplexität der systemischen Zusammenhänge den Spezialisten als Dauerproblem konfrontiert, während der Bereich des Patienten in bezug auf seine Persönlichkeit und psychosozialen und soziokulturellen Hintergründe immer mehr in den Hintergrund tritt.
   Die psychologische Medizin ist gekennzeichnet durch ein immer stärker spezialisiertes Wissen über psychodynamische und psychosomatische Prozesse des Kranken und immer stärker gewachsene Defizite im Wissen über die komplexen biologischen Vorgänge im Körper des Kranken.

b) Durch die *Determinanten der beruflichen medizinischen Identität*: Diese wird geprägt durch die Forderung nach optimalen Wissen in bezug auf technisch-diagnostisch-therapeutische Effizienz, durch die Fähigkeit zur Affektneutralität, die gekoppelt wird mit der Kompetenz klinischer Erfahrung im Sinne der Anwendung spezialisierten Wissens und durch die Werthaltung der szientistischen Orientierung in der medizinischen Forschung. Diese letztere Orientierung ist dem Modell naturwissenschaftlicher Erfahrungswissenschaften nachgebildet, wobei der Wert klinischer Erkenntnis zunehmend geringer veranschlagt wird und alle Erkenntnismethoden, die nicht durch experimentell quantitative Verfahren gewonnen werden, einen geringen Stellenwert haben. Dies betrifft v. a. die Wissenschaftlichkeit der psychosomatischen Medizin, der in letzter Zeit gerade vom Wissenschaftsrat bescheinigt worden ist, daß sie entsprechend dem impliziten szientistischen Orientierungsmodell wenig Kreativität und Originalität besitzt, so daß sie in Konflikt geraten ist in bezug auf genuine psychoanalytisch-psychodynamische Ansätze, die weitgehend qualitative Erkenntnis- und Forschungsmethoden beinhalten.

3) Durch die *Struktur des modernen Krankenhauses*: Medizinisches Handeln ist eingebettet in die Prozesse der Bürokratisierung und Arbeitsteilung in der Patientenversorgung in hochspezialisierten Diagnose-, Therapie- und Pflegesubsystemen. Das bringt es mit sich, daß Rotation vorherrscht, eine hochdifferenzierte Arbeitsteilung sich ausbreitet, die immer stärker von neuen spezialisierten Gruppen mitbestimmt wird, Probleme der Kompetenzregelungen und Abgrenzungen auftreten. Das wirkt sich aus auf die Arbeitssituation der Ärzte und des Pflegepersonals mit den spezifischen Charakteristika eines permanenten Zeitdrucks und einer chronischen Arbeitsüberlastung, die wenig Zeit läßt für individualisierende Inter-

aktionen zwischen den Kollegen und zwischen den Ärzten und Pflegegruppen und zwischen Ärzten, Pflegepersonal und Patienten und ihren Angehörigen.

Der Psychotherapeut/Psychosomatiker kommt als Liaisonpsychotherapeut in die organmedizinische Klinik als Fremder und als Grenzgänger, der aus seiner psychosomatisch-psychotherapeutischen Arbeits- und Erfahrungswelt in einen Bereich eintritt, in dem sich biologisch-somatische Medizin mit klinischer Erfahrungsdimension verbindet und sich zugleich auch ein über viele Jahrzehnte entwickelter Traditionskanon an psychosozialen, nicht explizit artikulierten Umgangsweisen mit den Kranken und ihren Angehörigen entwickelt hat. Er betritt eine Welt, in der man ihm nicht mit der expliziten Hilfe beim Umgang mit dem psychologischen, psychodynamischen oder psychosomatischen Hintergrund einer Krankheit entgegenkommt, sondern ihm eine Vielfalt von Aufgaben und Funktionen gibt, die oft nicht explizit formuliert worden sind. Er tritt dem somatischen Arbeitsbereich in einer eigenen Definition seiner fachlichen Identität gegenüber, die allerdings gerade beim Überschreiten der Grenzen aus einem angestammten professionellen Gebiet in ein anderes erheblich ins Wanken geraten kann. Denn sehr schnell wird die Frage gestellt: Was ist ein Psychosomatiker/ Psychotherapeut? Ist er ein Experte für einen bestimmten Kreis von Erkrankungen, den berühmten „Holy Seven" Alexanders? Ist er ein Experte für „human relations"? Oder ist er ein Experte für alle ungeklärten Fragen in der Medizin, die mit unaufgeklärten komplexen Beziehungen zwischen „bio-psycho-sozial" zusammenhängen?

Als Grenzgänger und Fremder in einer somatischen Welt werden ihm die Unklarheiten seines Fachgebietes notgedrungen deutlicher bewußt: Psychosomatik bedeutet, daß es eine große Anzahl von Paradigmata, sogenannte Polyparadigmata, von Theorien, Methoden, Therapien gibt, die oft noch einen generellen Charakter aufweisen, der den Erklärungswert und die Genauigkeit der Aussagen vermindert. Das psychosomatische Feld der Polyparadigmata hat den Vorteil, daß er gegenüber verwirrenden Phänomenen zum Zwecke der diagnostischen Klärung und des therapeutischen Vorgehens zu unterschiedlichen Teiltheorien oder Methoden und damit verbundenen Therapien greifen kann, so daß er die Verunsicherung seines Wissens kompensieren kann. Sie hat den Nachteil, daß er gegenüber dem auf Systematik drängenden Somatiker zu oft in die Rolle eines Experten gerät, der zu unspezifisch und zu beliebig Aussagen macht, die der Somatiker nicht versteht, weil auf Theorien zurückgegriffen wird, die sich durch erhebliche Unterschiedlichkeit in der Provenienz auszeichnen. So kommt es vor, daß er einmal psychoanalytisch argumentiert, ein anderes Mal sozialtherapeutisch, dann wiederum psychophysiologisch, verhaltenstherapeutisch oder überhaupt pragmatisch-psychiatrisch, was die Definition seines Expertenstatus nicht unbedingt erleichtert.

Ein weiteres Problem in der Definition seiner Identität besteht in der Bestimmung über das Ausmaß der Beteiligung von psychogenetischen Faktoren bei der Entstehung von Krankheiten, die durch die professionelle Sozialisation oft genug in Konfrontation und Abgrenzung zur somatischen Medizin durch eine vorschnelle und übermäßige Fixierung auf die Psychogenese gekennzeichnet ist. In der Welt der biologischen Medizin trifft er hier auf erhebliche Widerstände und Zweifel, die ihn zwingen, sich mit der theoretischen und diagnostischen Begründung der Psychogenese stärker auseinanderzusetzen als es sonst in seinem beruflichen Tätigkeitsfeld geschieht. Schließlich wird die Identität verunsichert durch die entstehende Unklarheit über sein praktisches therapeutisches Tun. Als Liaisonpsychotherapeut kann die Aufgabe der Diagnostik noch einigermaßen bewältigt werden, aber im Bereich der Organmedizin heißt es immer auch handeln und zwar auf bestehende Krankheitszustände mit einem praktischen therapeutischen Handlungsplan zu reagieren, der andere Vorstellungen von Zeit enthält, als es der in langen Zeiträumen denkende und handelnde Psychosomatiker/Psychotherapeut gewohnt ist. Er wird mit einem unmittelbaren Handlungs- und Zeitdruck konfrontiert, auf den er antworten muß, und diese seine Antwort gibt das Maß ab, in dem sein praktischer Wert in einem auf therapeutische Effizienz und Erfolg abstellenden klinischen Handlungssystem gewichtet wird.

Mit diesen Voraussetzungen einer leicht zu verunsichernden Indentität betritt er als Fremder und Grenzgänger den Raum der somatischen Klinik. In diesem findet nun der entscheidende Prozeß der Aushandlung der Definition seiner Rolle als Liaisonpsychotherapeut statt, die in hohem Maße durch die Somatiker erfolgt. Aber auch der Definitionsprozeß durch die Somatiker ist kein einheitlicher und auch kein stromlinienförmiger, sondern kann in sich sehr heterogen sein. Da er auf verschiedene Gruppen in der Klinik stößt, finden unterschiedliche gruppenspezifische Definitionen seiner Rolle statt, von denen besonders relevant sind die Bestimmungen seiner Rolle durch die Kliniksleitung, die Oberärzte, die Stationsärzte, das Pflegepersonal und die Patienten. Es kann sich herausstellen, daß sehr widersprüchliche Rollendefinitionen erfolgen, so daß er z. B. für die Stationsärzte mehr die Funktion eines Erhebers der biografischen und psychosozialen Anamnese zur Arbeitsentlastung gewinnt, während er für das Pflegepersonal die Funktion haben soll, sie bei ihrer schwierigen Gefühlsarbeit im Umgang mit den Patienten zu unterstützen, während er von der Kliniksleitung die Aufgabe zugewiesen bekommt, die Effektivität der Therapie durch eine ganzheitliche Sichtweise oder durch die Akzentuierung der psychotherapeutisch-psychosomatischen Aspekte zu ergänzen. Dabei können wiederum die Oberärzte seine Tätigkeit für eher störend und überflüssig halten. Für die Patienten kann er ein breites Spektrum an Rollenerwartungen und -zuschreibungen erfahren, von der Rolle des lange erwarteten Seelsorgers bis hin zum Sozialarbeiter, der dem Patienten endlich die richtigen Ratschläge für seinen Rentenantrag gibt.

In bezug auf die Rollendefinition durch seine ärztlichen Kollegen allerdings spielen 2 spezifische Aspekte immer wieder eine entscheidende Rolle, die es für die Arbeit des Liaisonpsychotherapeuten zu bedenken gilt:

- Die Tätigkeit des somatischen Mediziners besteht nicht nur aus der diagnostischen, therapeutischen, pharmako- und technikbezogenen Arbeit, sondern in hohem Maße trotz der verbreiteten Verhaltenskultur der Affektneutralität aus Gefühlsarbeit in der Arzt-Patient-Beziehung, in die oft genug auch noch die Gefühlsarbeit mit den Angehörigen hineinspielt. So entsteht eine spezifische Arzt-Patient-Beziehung, die eine wichtige Determinante in der ärztlichen Identität des Somatikers darstellt. In dem Maße, wie der Liaisonpsychotherapeut sich als Experte für Beziehungs- und Gefühlsarbeit im Krankheitsgeschehen versteht, impliziert dieses einen Angriff auf die ärztliche Identität des organmedizinisch tätigen Arztes. Dies löst erfahrungsgemäß Abwehr- und Schutzmechanismen beim Somatiker aus, die häufig in Gestalt von manifester Entwertung und Begrenzung der Rolle des Liaison-Psychotherapeuten und Psychosomatikers sich äußern.

- Die Aufsplitterung der Medizin in zahlreiche Spezialfächer und Spezialistengruppen vermehrt die Konkurrenz zwischen den Gruppen. So sind Krankenhäuser u. a. auch ein Ort ständiger Rivalitätskonflikte und Prestigekämpfe zwischen den verschiedenen Spezialitäten, die häufig in wechselseitiger Herabsetzung sich äußern. Der Psychotherapeut/Psychosomatiker, der aus seiner spezialistischen Subkultur kommt, in der oft ganz andere Aufstiegs- und Konkurrenzverhältnisse herrschen, ist in der Regel unvertraut mit den Kampf- und Konkurrenzbräuchen in der somatischen Medizin. Da er als Fremder in diese Subkultur eingetreten ist, bezieht er zu oft die auf ihn gerichtete Rivalität als Angriff und Ausgrenzung seines Expertentuns, obwohl diese eigentlich nur in die üblichen Kämpfe der Klinik zwischen den Gruppen gehört. Die Gefahr entsteht, daß er zu dünnhäutig wird, die Rivalitäten zu schnell als narzißtische Kränkung empfindet und damit in ein Selbstmitleid abgleiten kann, das ihn nicht befähigt, innerhalb der Kliniksorganisation tätig zu werden.

Die Tätigkeit des Psychosomatikers als Liaisonpsychotherapeut beinhaltet daher einen Arbeitsrahmen, innerhalb dessen er auf folgende typische Belastungen und Konflikte stößt, mit denen er regelmäßig konfrontiert wird.

Breite des Krankheitsspektrums

Der Liaisonpsychotherapeut wird häufig mit einem breiten Spektrum von organischen, psychosomatischen und psychischen Erkrankungen und Störungen konfrontiert, die oft ungefiltert zu ihm gelangen. In unserer Liaisonpsychotherapie in einem Allgemeinkrankenhaus werden wir in der Regel mit allen Arten von Erkrankungen befaßt, die von der Verarbeitung der Diagnose Krebs über Alters-, Sucht- und Sozialprobleme bis hin zu spezifischen psychosomatischen und psychoneurotischen Erkrankungen reichen. Das breite Krankheitsspektrum enthält einen gewissen Grad an Diffusheit, der einem im psychotherapeutischen Handeln oft erst einmal ratlos macht. Zugleich weiß man aber, daß alle vorgestellten Kranken einen mehr oder weniger intensiven Handlungsdruck nach sich ziehen, weil die vorstellenden und um Konsultation bittenden Ärzte, Schwester oder Pfleger erwarten, daß man auf ein bestehendes praktisches Problem in Diagnostik und Therapie und Pflege auch eine praktikable Handlungsanweisung erhält. Als Psychotherapeut gerät man zuerst einmal in eine Krise seiner eigenen Handlungsorientierung, weil man als Angehöriger einer psychotherapeutischen Klinik oder Ambulanz wohl Diagnostik betreiben kann, aber dann auch filtert, indem Therapieplätze geplant, programmiert und selektiv verteilt werden. Dies ist in einem somatischen Krankenhaus nicht möglich, weil an jeden eine Entscheidung in bezug auf medizinisches Handeln herangebracht wird. Der Liaisonpsychotherapeut muß sich also entscheiden, daß er je nach Fall und Problemlage zwischen den Fachstandards seiner Disziplin und allgemeiner Pragmatik oszilliert. Nur muß seine Pragmatik auch praktisch sein, beispielsweise sollte er ziemlich rasch lernen, wie man mit alten Menschen umgeht, die diffuse unklare Bauchbeschwerden präsentieren, hinter denen erst einmal nur diffuse psychische Probleme erscheinen, für die man erst einmal keine rechte Diagnose finden kann.

Überschreitung und Beachtung der jeweiligen Fachgrenzen

Während der Somatiker aufgrund der bestehenden Arzt-Patient-Beziehung beansprucht, nicht nur über die biologische Seite der Erkrankung etwas zu sagen, sondern über die psychische und psychsomatische Seite der Krankheit Hypothesen und Deutungen vorzunehmen, treten größere Probleme auf, wenn der Psychosomatiker/Psychotherapeut sich zur Frage der organmedizinischen Bereiche äußert und zur somatischen Therapie eine wertende Stellung einnimmt, wie z. B. über Chemotherapie oder Cortison etc. Hier wird ihm häufig die Kompetenz abgesprochen, obwohl es manchmal wichtig ist, daß *nicht die somatische Therapie* bewertet wird, sondern die psychodynamische Bedeutung und die daran gebundenen inneren Phantasien in bezug auf die durchgeführte Pharmakatherapie des Patienten berücksichtigt werden, für die der Liaisonpsychotherapeut ganz sicherlich Kompetenz beanspruchen kann.

Verortung des Liaisonpsychotherapeuten in der Organisation und Hierarchie

Diagnostische und therapeutische Prozesse sind in hierarchische Strukturen eingebunden. Die Kommunikations- und Informationsprozesse von unten nach oben werden meistens verengt und gefiltert, sie erfahren häufig eine selektive Interpretation, bis sie schließlich an der Spitze ankommen. Der Dialog mit der Spitze verdünnt sich für die Assistenzärzte wie für das Pflegepersonal nach obenhin immer mehr, ein Vorgang, der häufig auch den Liaisontherapeuten trifft. Für den Liaisonpsychotherapeut/Psychosomatiker entsteht ein Dilemma dadurch, daß er nicht in die Hierarchie der Klinik und nicht in die Linienorganisation eingebunden ist, sondern gegenüber allen anderen Gruppen die Stabsfunktion eines Experten innehat. Als Stab befindet man sich aber außerhalb der Kommunikations- und Machtprozesse, so daß die verschiedenen Gruppen innerhalb der Linienorganisation ihre Rollendefinition in bezug auf den Liaisonpsychotherapeuten häufiger erfolgreich in der Hierarchie durchsetzen können. Eine entscheidende Frage für den Erfolg der Liaisonpsychotherapie besteht darin, ob es dem Psychosomatiker gelingt, einen speziellen Kontakt und regelmäßige Kommunikation zur hierarchischen Spitze der Klinik herzustellen. Wir haben bei unseren eigenen Tätigkeiten und Untersuchungen von Kliniken immer wieder gefunden, daß es von der Beschaffenheit der Klinikspitze abhängt, inwieweit Außenstehende und Fremde innerhalb der Kliniksorganisation Einfluß nehmen können. Der Erfolg des Liaisonpsychotherapeuten wird im wesentlichen davon bestimmt, wie die ärztliche Leitung die psychosomatisch/psychotherapeutische Liaisontätigkeit definiert und in ihrer Effizienz beurteilt, welche Bedeutung sie dieser innerhalb der Zieldefinition der Organisation zuweist und ob sie sie wirklich will oder nur zu Legitimationszwecken mißbraucht. Für den Liaisontherapeuten besteht allerdings auch die Gefahr, daß er aus seiner Rolle des im Stab tätigen Experten heraustritt und versucht, sich in die Organisation der Klinik zu integrieren, was er allerdings mit einem hohen Preis bezahlt.

Das „going native" in Gestalt der Eingliederung an die Organisation impliziert, daß er allzu häufig die Sichtweisen der Organmediziner übernimmt und immer stärkere Abstriche an seiner psychosomatischen Betrachtungsweise vornehmen muß, darüberhinaus gerät er in die Gefahr, sich allzusehr in die Interessenkollision und -koalition der Linienorganisation hineinzubegeben und damit in die Alltagskonflikte der Gruppen verwickelt zu werden. Er kommt also nicht umhin, organisationsanalytische Kenntnisse der Klinik zu entwickeln, über die Interessen und Machtprozesse, über die Qualität und Struktur der Hierarchie Wissen zu sammeln, wobei er v. a. der Gefahr entgehen sollte, soziale Strukturen mit Begriffen der Psychopathologie zu erfassen (z. B. Kliniken zu diagnostizieren als Borderline-, hysterische, zwangsneurotische oder depressive Organisationsgebilde). Er muß also wissen, ob die Hierarchie in der Hand eines Chefs ist, der wie die „Spinne im Netz" die Organisation übersieht und im Griff hat, oder ob die Hierarchie so beschaffen ist, daß es zu viele „Häuptlinge" und zu wenige „Indianer" gibt, oder daß es zu wenige oder zu schwache Oberärzte bei einem zu fernen „Oberhäuptling" und zu vielen „Indianern" gibt. Er muß wissen, wie die Konkurrenz der Gruppen untereinander aussieht. All dieses hilft ihm, die Toleranzgrenzen der Organisation auszuloten in bezug auf Veränderungsmöglichkeiten, innovative Prozesse und Möglichkeiten der Kooperation zwischen Organmedizin und Psychosomatik. Ohne Organisationskenntnisse bleibt sein Tun häufig naiv, wenn er nicht weiß, „wo die Klaviere stehen und wie man auf ihnen spielt", dann bleibt er der naive Fremde, der allzu häufig passiv die Rollenzuweisung durch Ärzte, Kliniksleitung, Pflegepersonal und Patienten hinnehmen muß.

Wenn der Liaisonpsychotherapeut erfolgreich arbeiten will, dann gilt es folgende Bedingungen zu beachten:

- Er sollte die Arbeitssituation der organmedizinisch tätigen Ärzte kennen und nicht seine Arbeitssituation und Arbeitsweisen auf die organmedizinische Tätigkeit übertragen, d. h. er muß beachten, daß er es mit Ärzten zu tun hat, die unter einem ständigen Handlungsdruck stehen und sich aufgrund der Arbeitsplanung und Arbeitsteilung in einer chronischen Arbeitsüberlastung mit erheblichem Zeitdruck befinden. Das hat zur Folge, daß er die unterschiedlichen Wertigkeiten von Zeitstrukturen in der Arbeit der organmedizinischen Klinik beachten muß. Übersieht er die Belastungen der Ärzte und des Pflegepersonals, wird er zur unrealistischen Empfehlung kommen.
- Er sollte in der Lage sein, Organisationskenntnisse zu entwickeln, um den Rahmen der Interessenbedingungen und Hierarchiekonstellation für seine Tätigkeit einzubeziehen. Insbesondere sollte er niemals vergessen, daß es die hierarchische Spitze der Klinik ist, die im hohen Maße darüber entscheidet, ob eine Liaisonpsychotherapie wirklich stattfinden soll oder nicht.
- Er sollte wissen, daß er eine Funktion der Verunsicherung der ärztlichen Identität nach sich zieht, insofern sollte er die Toleranzgrenzen für Veränderung und Verunsicherung beachten.
- Er sollte in der Lage sein, Verfahren der Kurztherapie, der Fokalberatung, Krisenintervention, Gruppendynamik und Sozialtherapie einzusetzen, die ihn in einer Organisation, die auf Handlung abstellt, als praktisch ausweisen. Darüberhinaus sollte er in der Lage sein, das umliegende psychotherapeutisch-psychosomatische Versorgungsnetz zu kennen, das nach der Entlassung des Patienten aus der Klinik für weitere Psychotherapie angesetzt werden kann. Die Vermittlungstätigkeit nach außen wird allzu häufig vernachlässigt.

Und schließlich gilt es die philosophische Überlegung zu reflektieren, die der amerikanische Philosoph Henry David Thoreau so formuliert hat: "If a man came to my frontdoor in order to reform me, I would run out of my back door as fast as I could."

Literatur

Cumming J, Cumming E (1979) Ich und Milieu. Verlag für Med. Psychol. im Verlag Vandenhoek & Ruprecht, Göttingen (Beiheft zu Gruppenpsychother Gruppendyn, Heft 6)

Kernberg OF (1987) Innere Welt und äußere Realität. Anwendungen der Objektbeziehungstheorie. Hrsg. P. Zagermann. Internationale Psychoanalyse

Lindemann E (1985) Jenseits von Trauer. – Beiträge zur Krisenbewältigung und Krankheitsvorbeugung. Verlag für Med. Psychol. im Verlag Vandenhoek & Ruprecht, Göttingen

Lipowski ZJ (1983) Aktuelle Probleme des psychosomatisch-psychiatrischen Konsiliar- und Liaison-Dienstes. Psychother Med Psychol 33:3–14 (Sonderheft)

Nagel-Studer E, Held K, Friedrich H (1986) Das psychosomatische Konsilium im Allgemeinen Akutkrankenhaus. Dtsch Ärztebl 83/22:1607–1610

Pasnau R (1982) Consultation liaison psychiatry. Upjohn, Kalamazzo/MI

Strain JJ (1980) Psychological interventions in medical practice. Appelton-Century-Crosts, New York

Strauss A et al. (1985) Social organization of medical work. Univ of Chicago Press, Chicago London

Uexküll T von (1988) Der Traum von der Leib-Seele-Einheit – ist er vorbei? Bild der Wissenschaft 2:86–91

Diskussion zu Teil 3*

Herr Kayser, Stuttgart: Grundsätzlich möchte ich alles, was Sie gesagt haben, unterstreichen. Daß auch Sie über ein gewisses *Selbstmitleid* verfügen, habe ich amüsiert zur Kenntnis genommen.

Vor 20 Jahren hätten sich Ihre Forderungen relativ leicht realisieren lassen, und sicher wäre es im Interesse Aller besser gewesen, man hätte das Problem schon damals gelöst. Heute in einer Zeit, in der Geld und Betten knapp sind, sollten Sie fairerweise erwähnen, daß die Verfügbarkeit von Personal und auch die Verfügbarkeit von Betten nicht im Ermessen der Krankenhausleitung und noch weniger im Ermessen der Chefärzte liegt. Die Entscheidungen fallen ausschließlich durch die Krankenkassen und die Sozialministerien und zahlreichen Disziplinen der Medizin haben erhebliche Probleme. Ich möchte diese Behauptung untermauern durch die Erfahrung, die wir im Robert-Bosch-Krankenhaus Stuttgart mit der Einrichtung einer herzchirurgischen Abteilung gemacht haben. Obgleich dies die bisher einzige Herzchirurgie in Nordwürttemberg ist, haben wir kein einziges Bett hinzubekommen, sondern die herzchirurgischen Betten mußten aus dem Pool des Krankenhauses herausgeschnitten werden, bzw. eine Belegabteilung wurde geschlossen und die Verträge der Belegärzte wurden gekündigt. Dies, obwohl das Projekt der Herzchirurgie vom Staat Baden-Württemberg intensiv unterstützt wurde. Hier resultiert zum größeren Teil der Widerstand anderer Fachgruppen gegen eigene psychosomatische Abteilungen, denn kaum ein Fachbereich kann es sich leisten, noch Betten abzugeben. Hier geht es sicher nicht um die Einnahmeverluste der leitenden Ärzte, sondern um *strukturelle Probleme,* insbesondere auch der Weiterbildung und des Personalstellenplanes.

Nur wenn es gelingt, die *Kommunalpolitiker* von der *Notwendigkeit eigenständiger psychosomatischer Abteilung zu überzeugen,* und wenn sie dafür zusätzliche Mittel bereitstellen, kann die Integration der Psychosomatik im Allgemeinkrankenhaus konstruktiv vorangetrieben werden.

Herr Pontzen, Nürnberg: Sicherlich ist das, was Sie sagen, weitgehend richtig. In meinem Vortrag hatte ich erwähnt, wie wichtig es ist, mit dem jeweiligen Arbeitgeber einen guten Kontakt zu halten, weil die Entscheidungen über Stellen und Räume natürlich nicht bei der Krankenhausverwaltung und auch nicht bei den leitenden Ärzten liegen, sondern beim jeweiligen *Träger,* in Nürnberg bei den *politischen Mandatsträgern* im Stadtrat.

---

* Die Beiträge von Koch u. Siegrist sowie Friedrich konnten aus zeitlichen Gründen nicht mehr diskutiert werden.

Herr Bräutigam, Heidelberg: Wie schwer es ist, die Stelle für einen psychosomatischen Konsiliardienst aus dem Stellenpool einer Universitätsklinik für innere Medizin oder eines anderen Fachgebietes herauszuschneiden, erfahren wir immer wieder. Wir hatten vorgestern eine Diskussion zwischen Chefärzten und Vertretern der Bosch-Stiftung, die viele Jahre einen Psychologen finanziert hatte, der ganztätig auf einer onkologischen Station mitgearbeitet hatte, Konferenzen mit dem Pflegepersonal und den Ärzten eingerichtet hatte, selbst Patienten betreute. Er konnte nicht beweisen, daß es für die Krankenkassen ökonomisch günstig ist, daß es sich in kürzeren Liegezeiten niederschlägt - am ehesten in einem geringeren Verbrauch von Schlafmitteln, Schmerzmitteln und Tranquilizern. Daß aber *die Qualität des Krankseins* und *die Chance des Gesundwerdens* auf die Dauer mit dieser Art von Psychomedizin verbunden ist, die hier vertreten wird, das müssen wir gegenüber den politischen Trägern vertreten und Verantwortung dafür erwecken. Öffentlichkeitsarbeit, Information und Einwirkung auf die politischen Organe sind notwendig und - bis diese wach werden - Information der Öffentlichkeit und Unterstützung von Stiftungen.

Unterstreichen möchte ich die Bemerkung von Herrn Blankenburg, es sei für psychosomatische Konsiliardienste wichtig, die *Maßstäbe nicht zu hoch zu hängen.* Das Ausbildungssystem für Psychotherapeuten und Psychoanalytiker ist aber gerade nicht auf diese Form von unmittelbarer konkreter und begrenzter Hilfe ausgerichtet, sie demotiviert dazu, indem sie verführt, immer tiefer liegende und immer weiter zurückreichende Bedingungen anzuvisieren. Es ist eine berufspolitische Aufgabe für alle, die in den psychoanalytischen Fachgesellschaften oder in den Universitätskliniken ausbildend tätig sind, auf diese spezielle unmittelbare Aufgabe der Patientenführung hinzuführen. Es gibt Untersuchungen, die die Effektivität einer Konsiliartätigkeit daran messen, wieviele Patienten schließlich bei niedergelassenen Analytikern gelandet sind. Die Zahl war nicht groß, v. a. meine ich, daß eine solche Zielsetzung, jedenfalls was organisch Kranke betrifft, an den unmittelbaren Gegebenheiten und Aufgaben einer Konsiliartätigkeit vorbeiführt, auch an den Möglichkeiten der meisten hier gesehenen Patienten.

Herr Hüllemann, Prien: Es ist eine besonders glückliche Planung dieser Tagung, daß die Vorträge von Herrn Blankenburg und von Herrn Pontzen unmittelbar hintereinandergestellt wurden und gemeinsam diskutiert werden.

Herr Blankenburg hielt ein Grundsatzreferat, das von der tätigen, sehr einfachen und bescheidenen Erfahrung am einzelnen Patienten ausgeht. Herr Pontzen sprach von der Etablierung eines vorgegebenen psychosomatischen Konzepts in organmedizinische Bereiche, speziell in einer onkologischen Abteilung.

Herr Blankenburg berichtete über seinen Konsiliardienst mit Suizidpatienten, über die kurzen einmaligen Gesprächskontakte mit Patienten des Speyererhofs (Heidelberg). Außer diesen Gesprächen geschah „nichts". Der Konsiliarbericht hatte, außer daß er vielleicht im Arztbrief erwähnt wurde, keine Konsequenzen. Doch: „Ich hoffe, daß das Gespräch, das ich mit den Patienten führte, dem einen oder anderen etwas gegeben hat". Der psychosomatische Dienst wird also am jeweils einzelnen Betroffenen entwickelt - „vielleicht hat es dem einen oder anderen etwas gegeben" - unabhängig davon, ob das vorhandene (organmedizinische) System den psychosomatischen Zugang aufgreift oder unbeachtet läßt. Direkte Gegnerschaft zum psychosomatischen Angebot wird nicht berichtet.

Im Gegensatz zu diesem *psychosomatischen Einstieg von „unten"* her, vom Patienten her, berichtet Herr Pontzen von dem *Zugang von „oben"* her, *vom System her.* Herr Pontzen kann vorbildliche Erfolge aufweisen. Der onkologische Chefarzt stellt sogar einen Mitarbeiter aus dem Stellenplan der (organmedizinisch tätigen) Assistenten für die Psychosomatik zur Verfügung. Mit der Herzchirurgie bahnen sich ebenfalls Möglichkeiten der Zusammenarbeit an, problemlos. Aber andere lehnen ab, die Internisten scheinen es v. a. zu sein, wenn ich recht verstanden habe. Herr Pontzen gebraucht im Zusammenhang mit den Schwierigkeiten mehrmals den psychopathologischen Begriff des Narzißmus. Auch das *Krankenhaus selbst* wird unter diesem Aspekt als (möglicherweise) *narzißtische Institution* bezeichnet. – Vielleicht ist der Umgang mit der „narzißtischen Reaktion der anderen" für die psychosomatisch Tätigen der Preis, den sie zu zahlen haben, um ein vorgegebenes Konzept von außen und von „oben" in eine gewachsene organmedizinische Struktur einführen zu wollen. Im onkologischen Arbeitskreis hatten wir ja von ähnlichen Erfahrungen aus Köln gehört. In Köln scheiterte eklathaft der Modellversuch, ein vorgegebenes psychosomatisches Konzept im organmedizinischen Bereich zu integrieren.

Trotzdem ist der vorgegebene psychosomatische Konzeptweg von „oben" her in manchen Bereichen vorzeigbar erfolgreich, Beispiel Onkologie Nürnberg. Es wurde aber auch gesagt, daß wohl 10–15 Jahre vergehen, um ein solches psychosomatisches Konzept in die Organmedizin einzuführen. Das mag vielleicht daran liegen, daß in weniger aufnahmebereiten organmedizinischen Bereichen der Widerstand nun erst recht besonders unüberwindbar mobilisiert wird (der narzißtische Widerstand?), Beispiel Köln. Vielleicht hilft in dieser Not der Weg Blankenburgs von unten, die praktische Arbeit, der einfache Hilfsdienst oder Liebesdienst, der nur gut tut und nichts weiter. In diesem Zusammenhang möchte ich Herrn Jakob zitieren, der mir in der Pause folgende Anregung gab. Herr Jakob sagte: Für die *Ausbildung des Fachgebietes Psychotherapie* sollte man die Ausbildungsrichtlinien *erweitern:* Jeder Kandidat sollte nicht nur die psychologischen Supervisionsfälle nachzuweisen haben, sondern auch mindestens *3 Fälle mit schweren organischen Krank*heitsbildern, also nach Möglichkeit auch mit Karzinompatienten. Außerdem müßten *3 Patienten, die an einer Psychose leiden,* von dem Ausbildungskandidaten betreut werden. Ich bin der Überzeugung, daß eine solche praktische Arbeit in der Ausbildung die Verständigungsschwierigkeiten und v. a. die Widerstände zwischen psychosomatisch Tätigen und organmedizinisch Tätigen vermindern könnte. Vielleicht wären dann die Wege, bis sich Psychosomatik in der Klinik etabliert, in einem kürzeren Zeitraum zurückzulegen, nicht mehr in 10–15 Jahren, sondern in 5 Jahren.

Zusammengefaßt gibt es wohl diese beiden grundsätzlichen Zugangswege, um Psychosomatik in der Klinik einzuführen. Der Weg Blankenburgs ist der patientenzentrierte Weg, der Weg Pontzens der konzeptorientierte. Obwohl ich als Kliniker, in dessen Mittelpunkt immer der einzelne Patient steht, mehr zu dem Weg Blankenburgs neige, haben mich die Ausführungen von Herrn Pontzen sehr überzeugt. Ich glaube, die Beachtung beider Wege ist nötig, und es scheint ein besonders glücklicher Umstand zu sein, wenn man flexibel zwischen dem konzeptorientierten Zugang und dem patientenorientierten Zugang nach Zweckmäßigkeit entscheiden kann. Auch der systemorientierte Weg dient ja letztlich dem einzelnen, auch wenn das zunächst nicht so scheinen mag.

Herr Schweitzer, Heidelberg: Mich hat die Beschreibung Ihres Gefühls, als Steinbrecher zu arbeiten und von Ihren Kollegen als jemand angesehen zu werden, der eine besonders grobschlächtige Arbeit tut, noch einmal beschäftigt. Haben wir da nicht auch ein Problem im Aufbau der Berufskarrieren von Psychiatern, Psychologen und Psychosomatikern? Mein Eindruck ist: *je älter und qualifizierter* man wird, *um so leichter* werden tendenziell *die Patienten.* Holzschnittartig kann man das vielleicht so charakterisieren, daß junge Kollegen mit 27 Jahren in der Psychiatrie auf geschlossenen Aufnahmestationen für die schwerstgestörten Patienten zuständig sind. Wenn sie älter und erfahrener werden, sind sie irgendwann einmal Lehranalytiker und analysieren Patienten und Ausbildungskandidaten von relativ geringem Störungsgrad. Wenn das so stimmt, wenn man also mit zunehmender Qualifikation zunehmend leichtere Aufgaben übernimmt - ich sage das jetzt mal bewußt so provokant - dann verschärft sich das von Ihnen skizzierte Dilemma eben auch durch solche *beruflichen Laufbahnmuster.*

4. Berichte aus den Arbeitsgruppen

Arbeitsgruppe 1: Psychosomatik im Allgemeinkrankenhaus

Moderation: O. THEML/Karlsruhe und W. PONTZEN/Nürnberg
Berichterstatter: R. REFFERT/Heidelberg und J. SCHWEITZER/Heidelberg

Die Diskussion über „Psychosomatik im Allgemeinkrankenhaus" verlief im Spannungsfeld zwischen *hochgesteckten Erwartungen* und oft *ernüchternden täglichen Praxisbedingungen.* Neun vorbereitete Beiträge und einige längere Ad-hoc-Statements stimulierten die Diskussion mit etwa 30 Teilnehmern, v. a. Internisten, Psychosomatikern, einigen Psychologen sowie einigen Sozialwissenschaftlern.

Vorstellung der Kooperationsmodelle

In den vorbereiteten Statements wurden 8 unterschiedliche Kooperationsmodelle und 1 Umfrage unter internistischen Stationsärzten zur psychosomatischen Versorgungssituation vorgestellt.

Die Versuche, Psychosomatik in Allgemeinkrankenhäusern zu verankern, lassen sich in „hausgemachte" und (aus der Psychosomatik) „importierte" Modelle unterteilen. Erstere werden z. B. von psychosomatisch interessierten Internisten nach Erreichung der ärztlichen Leitungsposition eingerichtet.

Integration von psychosomatisch-psychosozialer Versorgung im Rahmen einer internistischen Abteilung

Es referieren Herr Schröder, Internist, sowie die beiden Psychologen Frau Orzin und Herr Schilling, alle aus Saarlouis.

Die entsprechende innere Abteilung umfaßt 100 Betten an einem Schwerpunktkrankenhaus der Akutversorgung mit insgesamt 500 Betten.

Im Rahmen von *Arbeitsbeschaffungsmaßnahmen* sind seit Sommer 1985 auf der inneren Abteilung jeweils 1, seit Januar 1987 2 Psychologen eingesetzt. Zur Zeit werden 2 Themen bearbeitet: Eine *Prävalenzstudie zur Erfassung psychischer Störungen* bei einer Zufallsstichprobe von mehr als 100 internistischen Patienten sowie der Aufbau einer Gesundheitserziehung im Krankenhaus unter besonderer Berücksichtigung verhaltensinduzierter Risikofaktoren.

Beide Psychologen sind in die Patientenversorgung integriert, seit Januar 1987 wurden ca. 200 Patienten betreut. Dabei ergaben sich zwischen 1 und 20 Gesprächskontakte pro Patient. Aufgrund der noch bestehenden Schwierigkeiten einer anschließenden Überweisung zu niedergelassenen Therapeuten und Beratungsstellen wurden einige Patienten im Rahmen ambulanter Betreuung weiter versorgt.

Der psychologisch-psychosomatische Dienst erstreckt sich neben Patienten mit den „klassischen" psychosomatischen Erkrankungen auch auf eine Vielzahl „psychosozialer" Problempatienten im Krankenhaus, im Bereich der *Onkologie* und der *Intensivstation.*

Beide Psychologen nehmen an den täglichen Veranstaltungen der Abteilung wie Röntgenbesprechung und Abteilungskonferenz, sowie an den wöchentlichen Stationskonferenzen und an Feiertagsdiensten teil. Sie sind somit für jeden kurzfristig erreichbar. Anforderungen und Rückmeldungen erfolgen aus diesem Grund meist informell und mündlich.

Darüber hinaus werden Schulungen im Bereich von „Psychosomatik und Gesprächsführung" sowie „Prävention und Risikofaktoren" durchgeführt.

Diese vergleichsweise reibungslos verlaufende Integration ist im Rahmen eines besonderen „Settings" zu sehen, das vor ca. 7 Jahren vorbereitet wurde und sich in grob 3 Phasen unterteilen läßt.

1) Der katholische *Träger des Hauses* bekennt sich zu einer *ganzheitlichen, patientenzentrierten Versorgung* und betreibt seit über einem Jahrzehnt intensive Mitarbeiterschulungen.
2) Der *Chefarzt der inneren Abteilung* (mit Zusatztitel Psychotherapie) und die Pflegedienstleitung legen die Grundstruktur einer patientenzentrierten Versorgung: modernes, integriertes Patientendokumentationssystem, dreigeteilte Visiten (nach dem Vorbild Ulm), regelmäßige Stationskonferenzen, bei Bedarf Einzelsupervision, Einbeziehung psychosozialer und tiefenpsychologischer Aspekte in die reguläre Ärztekonferenz.
3) Seit 1983 wurden insgesamt 5 gemischte *Balintgruppen* für interessierte Mitarbeiter aller Berufsgruppen der Klinik durchgeführt. Eine wesentliche „Keimzelle" war ein interdisziplinärer Arbeitskreis, in dem versucht wurde, die Grundlagen der patientenzentrierten Versorgung zu erarbeiten.

Zusammenfassend: Eine integrierte psychosomatische Medizin setzt ein bestimmtes *wohlwollendes „Setting"*, intakte Bezugsebenen der Beteiligten und eine Grundsatzentscheidung des Trägers und der Führungskräfte zu einer ganzheitlichen Medizin voraus.

Zur Bedeutung des psychosomatischen Ansatzes für den internistischen Stationsalltag im allgemeinen Krankenhaus

Herr Schmeling-Kludas, Internist aus Hamburg, geht in seiner Darstellung von einer durchschnittlichen inneren Station aus.

Auf nicht spezialisierten internistischen Stationen in allgemeinen Krankenhäusern werden ganz überwiegend *alte Menschen mit chronischen Leiden* behandelt. Bei dieser Patientengruppe sind *psychische Störungen besonders häufig,* eine Psychotherapie im engeren Sinne kommt aber *nur selten* als Behandlung in Betracht. Die Relevanz einer psychosomatischen Betrachtungsweise des Stationsalltages wird aus vielen Studien deutlich, sie lassen aber nur bedingt Rückschlüsse auf die psychosoziale Lage internistischer Patienten im allgemeinen Krankenhaus zu.

Die psychosoziale Situation von Patienten in der Klinik ist durch eine Vielzahl von Faktoren geprägt und beeinflußt, die man 4 Bereichen zuordnen kann:

1) *Patientenvariablen* (z. B. Alter, Schicht, medizinisches Wissen).
2) Die *Krankheit* und ihre Folgen (z. B. Krankheitsursachen, Ausmaß der körperlichen Beeinträchtigung, Verlauf und Prognose).
3) Die *Krankenhausumgebung* (z. B. Tagesablauf, Zimmerzuteilung, Mitpatienten und Beziehung zum Pflegepersonal und zum Arzt).
4) Belastungen durch *medizinische Maßnahmen* von der Blutentnahme bis zur Koronarangiographie.

Bisher ist nicht ausreichend untersucht, welche Auswirkungen die einzelnen Faktoren haben. Es gibt keine Studien darüber, wie die Patienten die unterschiedlichen Belastungen bewältigen und welche Bedingungen auf den Stationen die Bewältigung fördern und welche sie behindern.

Unter therapeutischen Gesichtspunkten kommt der *Arzt-Patient-Beziehung* im Stationsalltag eine entscheidende Rolle zu, weil der Arzt durch Aufklärung, Verständnis und Zuwendung die Bewältigung der Belastungen auf Seiten der Kranken erheblich erleichtern kann. Schwierigkeiten in der Arzt-Patient-Beziehung treten dann auf, wenn der Arzt das Verhalten eines Patienten nicht versteht, z. B. die Ablehnung einer Injektion durch einen Asthmakranken, weil es dem Arzt an Hintergrundwissen zur Entstehung dieses Verhaltens fehlt (Nähe-Distanz-Konflikte von Asthmatikern). Auch unmittelbar mit der ärztlichen Tätigkeit zusammenhängende Belastungen können zum Scheitern der Arzt-Patient-Beziehung beitragen, etwa der hohe Verantwortungsdruck, die Notwendigkeit, Kranken Schmerzen zuzufügen oder über eine schlechte Prognose aufklären zu müssen. Hinzu kommen noch Reaktionen auf Patientengefühle, z. B. die Todesangst eines Sterbenden oder z. B. wenn ein unheilbares Leiden beim Arzt Gefühle der Hilflosigkeit und Ohnmacht auslöst. All das kann den *Rückzug des Arztes vom Kranken* zur Folge haben, der zwar keine Psychotherapie, wohl aber einen Arzt braucht, der *emotional verfügbar* ist.

Der Psychosomatiker soll *akzeptierend* und *nicht fordernd* mit den ärztlichen Schwierigkeiten umgehen, die aus dem hohen Versorgungs- und Entscheidungsdruck im allgemeinen Krankenhaus resultieren. Ein erheblicher Teil der geschilderten Probleme dürfte aber weder Anlaß für ein psychosomatisches Konsil werden, noch die Teilnehmer von Balint-Gruppen beschäftigen, weil die *Alltagsprobleme der medizinischen Regelversorgung* manchmal auf den ersten Blick recht banal wirken. Den Zugang zu diesem Bereich könnten Forschungsprojekte erleichtern, in denen die psychosoziale Situation von Patienten und Ärzten untersucht wird. Bei der Entwicklung von Verbesserungsvorschlägen und Lösungsstrategien sollten von vornherein diejenigen einbezogen werden, die auf den Stationen im allgemeinen Krankenhaus die Patientenversorgung gewährleisten.

Institutionalisierte Kooperation zwischen psychosomatischen Fachabteilungen und verschiedenen Abteilung eines großen Klinikums

Es referieren Herr Breidert-Achterberg aus Gießen und Herr Scholz aus München. Der Gießener Beitrag zeigt, daß bei 600 Konsultationsanfragen es dort einen kleinen „harten Kern" von Ärzten der sonstigen Kliniken gibt, von denen die Mehrzahl der Anfragen stammt. Es handelt sich im übrigen um *kurze Kontakte* von 1–2 Gesprächen, bei denen häufig *Familienangehörige* mit gesehen werden. Im Beitrag aus dem Krankenhaus München-Bogenhausen sticht v. a. die klare Zuständigkeitsregelung hervor: Jeder konsiliarisch tätige Arzt oder Psychologe der dortigen, selbst mit 60 Betten ausgerüsteten psychosomatischen Abteilung ist *zuständigkeitsmäßig fest angebunden* an 1–2 internistische Stationen. Anfragen kommen gleich in das Postfach dieses Zuständigen, der daraufhin den Patienten auf der internistischen Station besucht, dort ein Gespräch mit zugehöriger Beratung durchführt und anschließend der internistischen Station einen Vorschlag zum weiteren Vorgehen unterbreitet. *Weniger befriedigende* Erfahrungen berichtete Herr Scholz über die Einführung einer *betriebsinternen Balint-Gruppe:* Von 30 zunächst interessierten Kollegen seien schließlich 2–4 regelmäßig gekommen.

Zahlenmäßig auf kleinerem Niveau, qualitativ aber befriedigend, scheinen Kooperationen zwischen kleineren Abteilungen, etwa für Medizinpsychologie (Herr Csef/ Würzburg) bzw. einer einzelnen niedergelassenen Psychoanalytikerin und Psychotherapeutin (Frau Krauss/Heidelberg) und somatischen Abteilungen zu verlaufen.

Psychosomatischer Konsiliardienst an der Universität Würzburg

Es referiert Herr Csef, Psychoanalytiker und Psychotherapeut aus Würzburg. An der Universität Würzburg existiert bislang *kein Lehrstuhl für psychosomatische Medizin* und auch keine eigenständige psychosomatische Abteilung. Die Vertretung des Faches erfolgt durch das Institut für Psychotherapie und medizinische Psychologie. Aufgrund fehlender personeller und räumlicher Ausstattung ist in der Patientenversorgung als Kooperationsform lediglich ein *psychosomatischer Konsiliardienst* möglich. In Zukunft soll das Fach Psychosomatik in das Fach innere Medizin integriert (vertreten durch Prof. H. Csef) und die Kooperation mit den Universitätskliniken intensiviert werden.

Die Initiative zur Kooperation (Konsiliarbesuche) vollzog sich bislang über folgende Wege:

1) Kooperation zwischen Psychosomatiker und Kollegen anderer Kliniken durch wechselndes Kooperationsangebot der zuständigen Klinik- bzw. Institutsdirektoren (Folge: Anforderung des Psychosomatikers zu Konsiliarbesuchen bei ausgewählten Patienten; Indikationsstellung durch den „somatischen" tätigen Kollegen).
2) Durch interdisziplinäre wissenschaftliche Forschungsprojekte geförderte Zusammenarbeit. Die Forschung diente somit quasi als „Trojanisches Pferd" (Diskussionsbemerkung von Herrn Bräutigam/Heidelberg) zur Einführung der Psychosomatik in die Klinik.
3) Sporadische/spontane Kooperationsangebote durch psychosomatisch interessierte Kollegen.

4) Kooperation über Kollegen, die sich in Weiterbildung zum Erwerb der Zusatztitel Psychotherapie/Psychoanalyse befinden.
5) Gelegentlich wurde der psychosomatische Konsiliardienst angefordert, um eine „Psychiatrisierung“ des Patienten zu vermeiden (Umgehung des vorhandenen psychiatrischen Konsiliardienstes).

Die beschriebenen Kooperationsangebote ergaben eine Zusammenarbeit bevorzugt mit folgenden Kliniken: Innere Klinik und medizinische Poliklinik (Onkologie, „psychosomatische Krankheiten“ im engeren Sinne), psychiatrische Klinik, neurologische Klinik und Frauenklinik (Onkologie, Sterilitätsbehandlung, funktionelle Sexualstörung).

Die *Erfahrungen* waren überwiegend *positiv,* insbesondere wenn der psychosomatisch tätige Kollege *das Gespräch mit dem Kliniker suchte* und den Dialog sowie den „fachlichen Austausch“ förderte. Beide Seiten fühlten sich nicht selten bereichert. Gefühle der Hilflosigkeit oder des „Überfordertseins“ im Umgang mit psychosomatisch Kranken oder „schwierigen Patienten“ kamen häufig zur Sprache. Insgesamt ergab sich der Eindruck, daß Kooperation, Verständigung und wechselseitige Anerkennung in der konkreten praktischen Zusammenarbeit (Kommunikation über ein „Drittes“, Triangulierung; die beiden kooperierenden Ärzte engagieren sich in einer gemeinsamen Aufgabe und bestätigen einander in gemeinsamen ärztlichen Lösungen für psychosomatische Fragestellungen) wesentlich besser zustande kam als bei theoretischen Diskussionen (Primat des „konkreten Falles“). *Schwierigkeiten* gab es besonders bei folgender Konfliktsituation: lästiger oder *schwieriger Patient soll „abgeschoben“ werden;* Versuch, psychische Störung als *„Alibidiagnose“* dem Patienten zuzuschreiben; konflikthafte „Bündnisse“ mit dyadischer Struktur, z. B. Bündnis psychosomatischer Patient und Sichausgeschlossen fühlen des Klinikers oder Bündnis der kooperierenden Ärzte gegen einen schwierigen Patienten; weiterhin institutionelle Probleme (Konflikte hierarchischer Strukturen).

Wechselseitige Anerkennung, Dialogbereitschaft, personale Begegnung, Verzicht auf „missionarischen Eifer“, Eingehen auf die Dimension des Leidens beim Patienten und „Einstieg“ über den konkreten Fall *förderten die Kooperation.*

Psychosomatischer Konsildienst an einem Heidelberger Krankenhaus

Frau Krauss, Ärztin und frühere Assistentin der psychosomatischen Klinik, ist jetzt niedergelassene Psychoanalytikerin in Heidelberg. Seit $1^1/_2$ Jahren ist sie als psychosomatische Konsiliarärztin in einem Krankenhaus mit einer internistischen, chirurgischen, gynäkologischen und urologischen Abteilung tätig. Bei Hören der vorangegangenen Vorträge sind ihr, wie sie sagt, die *erheblichen Ansprüche der Psychoanalytiker* an die Somatiker deutlich geworden, auch aus Vorgesprächen mit psychoanalytischen Kollegen über ihr Vorhaben ist ihr Eindruck, daß diese Kollegen am liebsten gleich die ganze Klinik verändern wollten oder, wenn dies nicht möglich sei, doch wenigstens die behandelnden Ärzte. Ihr ist klar geworden, daß sie dies nicht will, zu gut erinnert sie sich an ihre eigene Zeit als Stationsärztin und ihre Gefühle, als sie Konsiliarscheine ausstellte: Sie hat *Hilfe gebraucht,* diagnostische Klärung, einen Ratschlag, aber wollte nicht als Vorbedingung dafür erstmal verändert werden.

So hat sie ihre Arbeit mit dem Vorsatz begonnen, so offen wie möglich für das zu sein, was auf sie zukommen würde, und so flexibel wie möglich darauf zu antworten.

Ihre Konsiliartätigkeit ist auf ihre *eigene Initiative* hin entstanden. Vorausgegangen sind informelle Gespräche mit befreundeten Ärzten des Krankenhauses, die sie gelegentlich um Rat bei der Behandlung schwieriger Patienten fragten. Als Voraussetzung ihrerseits sieht sie ihre eigene klinische Tätigkeit während der Facharztausbildung sowie eigene Erfahrungen in psychosomatischen Kliniken an. Günstig für ihr Vorhaben hat sich sicher auch ausgewirkt, daß zwischen dem betreffenden Krankenhaus und der psychosomatischen Klinik in Heidelberg seit mehreren Jahren eine gute Zusammenarbeit besteht.

Ihre Tätigkeit sieht konkret so aus, daß sie an einem *festgelegten Vormittag* in der Woche *der Klinik zur Verfügung steht* und auch zunehmend regelmäßig für 1–4 Patienten pro Tag in Anspruch genommen wird. Die Patienten werden telefonisch vom behandelnden Arzt angekündigt. Nach dem Gespräch mit dem Patienten berichtet sie ausführlich darüber dem Stationsarzt, gemeinsam wird der Fall und die Konsequenzen, die sich aus dem Gespräch ergeben, erörtert und anschließend ein schriftlicher Befund fixiert. Drei Schwerpunkte ihrer Arbeit haben sich herauskristallisiert:

1) Diagnostik und evtl. Weitervermittlung bzw. Übernahme;
2) Beratung des behandelnden Arztes (im Sinne einer Art Supervision);
3) längerfristige Betreuung einzelner stationärer Patienten (in Ausnahmefällen).

Konsiliarisch angefordert wird sie von allen Ebenen der Hierarchie, d. h. von Chefärzten und Assistenzärzten. Ihr Eindruck ist, daß eine große Anzahl der so gesehenen Patienten *den Weg in die psychosomatische Ambulanz nicht schaffen,* deshalb empfindet sie ihre Tätigkeit öfter als eine Art „Ambulanz am Krankenbett“.

Nachteile dieser Art des Konsiliardienstes sieht sie darin, *zu wenig Zeit* für *Gespräche mit Schwestern* zu haben, gleichfalls bringt die häufig kurze Verweildauer der Patienten Probleme mit sich.

Die Vorzüge ihrer Tätigkeit liegen darin, daß sie als niedergelassene Psychoanalytikerin in Kontakt mit den sogenannten „Somatikern“ steht, daß sie Patienten sieht, die sie sonst nie in einer typischen Einzelpraxis sehen würde. Außerdem ist sie gezwungen, sich mit den Realitäten eines Klinikalltags auseinanderzusetzen und so besteht weniger die Gefahr, im psychoanalytischen Elfenbeinturm einer Einzelpraxis zu versinken.

Dies sind ihre ersten überwiegend positiven Eindrücke nach einer relativ kurzen Zeit, die Bewährung eines solchen Modelles steht, so weiß sie, sicher noch bevor.

Kooperation im Rahmen der Orthopädie und Psychosomatik

Herr Peseschkian/Mainz berichtet über eine Dissertation, die sich mit psychosozialen Aspekten bei Patienten mit lumbalem Bandscheibenvorfall befaßt.

In einem Erstinterview sind bei vielen Patienten Zusammenhänge zwischen Beschwerden und ihrer psychosozialen Situation aufgezeigt worden, die von vielen Patienten zwar zuvor schon mitgeteilt, aber häufig vorher nicht verstanden wurde.

Die von Herrn Peseschkian aufgeworfene Frage, ob nicht bei jedem Patienten während des stationären Aufenthaltes ein solches Interview durchzuführen sei, um die jeweilige psychosoziale Situation zu erfassen, wird in der Diskussion ziemlich einhellig abgelehnt. Argumente gegen ein solches Vorgehen sind u. a. der erhebliche Zeitaufwand, unkalkulierbare, weil unvorhersehbare Belastung für den einzelnen Patienten sowie fehlender Auftrag hierzu von Patientenseite. Der Beitrag von Herrn Friedrich, Medizinsoziologe, an dieser Stelle: *„Ich erlaube meinem Arzt keine psychosozialen Fragen."*

Als institutionelle Formen, die zwischen „hausgemachter" und „importierter" Psychosomatik einen Mittelweg gefunden haben, können die Beiträge von Herrn Deter (Internist und Analytiker Heidelberg/Mannheim) und Herrn Pontzen (Nürnberg) gesehen werden.

Ebenen psychosomatischer Versorgung in der medizinischen Klinik (Deter)

Die Intensität psychosomatischer Versorgung in einer medizinischen Klinik läßt sich in 3 verschiedenen Stufen beschreiben, die anhand der Inanspruchnahmedaten aus den Jahren 1982–84 in der medizinischen Klinik Heidelberg dargestellt wurden.

1) *Konsiliardienst:* Zwischen 1982 und 1984 wurden im psychosomatischen Konsiliardienst der Klinik 319 Patienten gesehen. Das waren bei 20964 behandelten Kranken 1,5% aller stationären Patienten. Die Inanspruchnahme durch einzelne Stationen schwankte zwischen 0,4% (Intensivstation) und 3,3% (gastroenterologische Stationen), je nach der Offenheit der behandelnden Ärzte für psychosomatische Fragen, aber auch der Intensität des fachlichen und persönlichen Kontaktes dieser Kollegen zum Konsiliararzt.
2) Parallel zum Konsiliardienst wurde auf einer allgemein-internistischen Station eine vertiefte psychosomatische Aktivität im Sinne des *Liaisonmodelles* angeboten. Die hier erhobenen Inanspruchnahmezahlen zeigten, daß von 1966 Patienten der Station 242 vom Liaisonarzt diagnostiziert oder mit- oder selbst behandelt wurden; 131 Kranke zeigten neurotische Fehlentwicklungen, darüber hinaus wurde der Liaisonarzt aber auch mit 111 Kranken konfrontiert, die massive Schwierigkeiten mit der Krankheitsverarbeitung hatten. Sie entwickelten Angst- oder Depressionssymptome, zeigten eine massive Krankheitsverleugnung oder eine maligne Regression. Der Anteil an sogenannten psychosomatischen oder somatopsychischen Kranken lag auf dieser allgemeininternistischen Station deutlich höher als nach der Inanspruchnahme des psychosomatischen Konsiliardienstes der übrigen Stationen angenommen werden konnte.
   Anhand einer *Stichprobe* von 55 aufeinanderfolgend aufgenommenen Patienten einer internistischen Station wurde der tatsächliche Bedarf an psychodiagnostischen und psychosomatisch-psychotherapeutischen Aktivitäten ermittelt. Bei 38 der 55 Patienten schien eine vertiefte ärztliche Diagnostik sinnvoll: Bei 55,5% der Kranken wurde eine biographische Anamnese mit einer psychosozialen Situationsanalyse und bei 20% der Kranken ein diagnostisches Familiengespräch oder eine Familienanamnese durchgeführt; 10,9% der Kranken wurden dem Arzt im psychosomatischen Liaisondienst zum Konsiliargespräch und 12,7% der Patienten in der Stationsbalintgruppe vorgestellt. Vertiefte ärztliche (therapeutische) Gespräche am Krankenbett, die einer guten Arzt-Patient-Beziehung, der intensiven

Anleitung zu einem richtigen Krankheitsverhalten und der psychischen Anpassung der Patienten an die Krankenhaus- und die allgemeine Krankheitssituation dienten, wurden bei 63,6% der Patienten für notwendig gehalten. Bei 36% der Stichproben wurden intensivere Gespräche im Sinne einer 20–50 min dauernden Psychotherapie von den *psychosomatisch ausgebildeten internistischen Stationsärzten* durchgeführt. Der *Liaisonarzt* untersuchte und behandelte *lediglich* 2 der 55 Patienten selbst.

3) Während der *Konsiliardienst als Basis* für eine psychosomatische Versorgung interner Patienten gelten kann, scheinen der *Liaisondienst* und psychosomatisch weitergebildete internistische Assistenzärzte die *psychosomatische Versorgung einer medizinischen Klinik* in günstigerer Weise zu gewährleisten.
Dieser Erkenntnis wurde von der Klinikleitung Rechnung getragen: Im weiteren Beobachtungszeitraum wurden Ärzte- und Psychologenstellen für die psychosomatische Liaisontätigkeit auf der Vergiftungsstation (Suizidententherapie), Intensivstation, Dialysestation und der hämatologisch-onkologischen Station eingerichtet.

Während die Psychosomatiker hier organisatorisch Teil der medizinischen Klinik sind, stellen die von Herrn Pontzen aus Nürnberg berichteten *„Klammerstellen"* eine andere Form der Verknüpfung dar: Mitarbeiter der dortigen, eigenständigen Abteilung für Psychosomatik arbeiten in der Regel auf Stellen, von denen ein *gewisser Anteil* aus dem Stellenplan der Psychosomatik, der andere Anteil aus dem *Stellenplan der jeweiligen Fachstation* finanziert wird. Zum Beispiel kann ein Assistent mit 30-h-Vertrag 20 h seines Kontingentes aus der internistischen Klinik, mit 10 h des Kontingentes aus der Psychosomatik finanziert werden.

Ausgangsbedingungen der Kooperation

"Normalerweise reicht auf einer organmedizinischen Station die Zeit nicht einmal für ein Arzt-Patienten-Gespräch. Wie Soll sie dann für das Gespräch zweier Ärzte unterschiedlicher Disziplinen reichen?" (Herr Koch, Medizinpsychologe).

"Ich mache gerne Sonographien, weil ich dann immer etwa eine Viertelstunde Zeit habe, um mit dem Patienten in Ruhe zu sprechen" (ein Internist aus dem Odenwald).

Zahlreiche Diskussionsbeiträge machten die gegebenen Randbedingungen einer solchen Kooperation deutlich: zeitliche Belastung, Personalfluktuation, Krankenhausfinanzierung und Betriebsgröße, aber auch Erwartungen und Wünsche von Assistenten und Chefärzten.

Frau Schleberger-Dein, Herr Stuhr und Frau Haag, Psychosomatiker und Psychoanalytiker der psychosomatischen Abteilung der Universität Hamburg, berichteten in ihrem Statement über die *„Ergebnisse einer Befragung von internistischen Stationsärzten/-ärztinnen in Hamburg zur psychosomatischen Bedarfs- und Versorgungssituation.*

Sie haben 1986 an 8 der 10 allgemeinen Krankenhäuser Hamburgs sowie am Universitätskrankenhaus bei den Stationsärzten der peripheren internistischen Abteilungen eine anonyme halbstandardisierte Befragung durchgeführt. Die Fragebögen wurden an 108 Stationsärzte verteilt. Die Rücksendequote betrug 43,5%.

Mit Hilfe dieser Befragung wollten sie einerseits eine Einschätzung der *psychosomatischen Bedarfs- und Versorgungssituation* aus *Sicht der vor Ort arbeitenden Ärzte* erhalten, andererseits die Bedürfnisse der Ärzte kennenlernen, die aus der täglichen Konfrontation mit diesen Patienten entstehen.

Nach dieser Befragung lassen die Einschätzungen der Stationsärzte hinsichtlich des Bedarfs an psychosomatischer Versorgung bzw. hinsichtlich des Anteils an psychosomatisch mitbedingten Erkrankungen auf eine *ermutigende Bereitschaft* zur Wahrnehmung psychischer und psychosozialer Faktoren in der Krankheitsätiologie schließen. Diese Aufgeschlossenheit gegenüber einer psychosomatischen Betrachtungsweise ist bei jüngeren Kollegen signifikant größer als bei älteren. Ihre Hypothese ist, daß das vor 10 Jahren eingeführte Pflichtpraktikum Psychosomatik in die medizinische Ausbildung hier eine positive Rolle spielt. Die *Unzufriedenheit der Ärzte* mit ihren Versorgungsmöglichkeiten psychosomatisch kranker Patienten auf Station liegt bei 90%. An psychosomatischer Weiterbildung haben ca. 20% v. a. in Form von Balint-Gruppen teilgenommen. Die Mehrheit hat keine psychosomatische Weiterbildung, wünscht sich aber entsprechende Möglichkeiten.

In den allgemeinen Krankenhäusern fehlt das Angebot eines psychosomatischen Konsils. Die Ärzte dort hätten dies für etwa 13% ihrer Patienten als hilfreich empfunden. Im Universitätskrankenhaus lag dieser Anteil mit 20% deutlich höher. Hierbei ist zu bedenken, daß die Universitätsklinik über eine eigene psychosomatische Abteilung verfügt.

Die 4 zur Auswahl angebotenen *Modelle zur Verbesserung* der stationären psychosomatischen Versorgung fanden folgende abgestufte Zustimmung: Deutlich favorisiert wurde das Konzept des „psychosomatischen Konsultationsdienstes"; mit großem Abstand folgten die Konzepte „Liaisondienst" und „der Kliniker als Psychosomatiker"; die geringste Zustimmung fanden die Konzepte „psychosomatische Station/ Spezialklinik" und die „internistisch-psychosomatische Krankenstation".

Zusammenfassend läßt sich feststellen, daß die Ergebnisse zahlreicher Prävalenzstudien – und für die Hamburger Station eine eigene Bedarfsanalyse – ihr Pendant in der großen *Unzufriedenheit der Stationsärzte* mit der derzeitigen psychosomatischen Versorgungssituation finden. Der Wunsch der Ärzte nach stärkerer Gewichtung der Psychosomatik in Aus- und Weiterbildung deute auch darauf hin, daß in Zukunft die Chance einer partnerschaftlichen Zusammenarbeit im Rahmen von Konsultations- und Liaisondienst größer sein wird.

Klinische Tätigkeit findet meist unter erheblichem Zeitdruck statt. Nach Frau Schleberger-Dein (Hamburg) beklagten 80% der Ärzte den *Zeitmangel* als Verhinderungsgrund einer realen psychosomatischen Orientierung. Das oben angeführte Zitat von Herrn Koch brachte diese Problematik besonders deutlich auf den Punkt. In *kleinen* Krankenhäusern mit geringer Personalausstattung scheint sich diese Problematik *noch verschärft* darzustellen. Ein an einem Kreiskrankenhaus tätiger Internist stellte die Frage, ob Psychosomatik evtl. nur in Großkrankenhäusern möglich sei. Als Gegenbeispiel wurde von Herrn Breidert-Achterberg ein kleines Haus im hessischen Vogelsberg angeführt, wo durch einen konsiliarisch tätigen Belegpsychiater sowie eine extern supervidierte Balint-Gruppe einiges möglich geworden sein. *Personalfluktuation* und andere unklare Zuständigkeiten behindern Kooperation außerordentlich, weil mangelnde Kontinuität ein stabiles Arbeitsbündnis erschwert. Wo solche Zuständigkeiten auf psychosomatischer Seite klar geregelt sind (wie Nürnberg und München-

Bogenhausen) und dort, wo in somatischen Kliniken bestimmte Ärzte über mehrere Jahre hinweg für den gleichen Bereich zuständig sind (Würzburg), verläuft dies wesentlich problemfreier.

Daß es keine Standardlösungen geben kann, offenbarte ein längerer Disput zwischen den Vertretern der „kleinen" und der „großen" Häuser. Während Herr Pontzen die politische *Forderung nach selbständigen psychosomatischen Abteilungen* an Allgemeinkrankenhäusern erhob, und auch Herr Scholz davon ausging, daß die *räumliche Nähe* zwischen Psychosomatik und Somatik entscheidend sei für den Erfolg der Kooperation, wiesen Vertreter kleiner Krankenhäuser in ländlichen Regionen darauf hin, daß in Häusern der Grundversorgung mit innerer und chirurgischer, allenfalls noch gynäkologischer Abteilung der Wunsch nach einer eigenständigen psychosomatischen Abteilung ganz *irreal* sei. Die nächstgelegene, für Kooperation in Frage kommende externe Psychosomatik sei für Krankenhäuser im Odenwald 80 km und mehr entfernt. Diese Kollegen interessierte vielmehr, wie man als Internist v. a. *die Zeit zum Gespräch* mit dem Kranken, in zweiter Linie *Möglichkeiten zur eigenen Weiterbildung* und erst in dritter Linie konsiliarischen Rat finden könnte. Sie waren offensichtlich geneigt, aus der Not (der Abwesenheit spezialisierter Psychosomatiker) eine Tugend zu machen, nämlich *Psychosomatik als genuine und selbstverantwortete Teiltätigkeit des Internisten* zu begreifen. Die zugespitzteste Kritik an Herrn Pontzens Formulierung nach selbständigen psychosomatischen Abteilungen lautet: Ist ein hochtechnisiertes, übersichtliches, seelenloses Großkrankenhaus mit mehreren Tausend Betten die Voraussetzung einer patientenorientierten, psychosomatischen Versorgung?

Einigkeit bestand zwischen diesen beiden Positionen darin, daß Psychosomatik bislang im Allgemeinkrankenhaus *am schwierigsten* durchsetzbar ist. Herr Friedrich wies darauf hin, daß im Kontrast dazu im Bereich der *Kurkliniken* immer mehr Psychosomatik aufgebaut werde. Warum die Einrichtung von Psychosomatik gerade im Allgemeinkrankenhaus, wo ja oft die Weichen für weitere Patientenkarrieren gestellt werden, so schwierig ist – dieser Frage wurde nicht systematisch nachgegangen. Einen Hinweis dazu lieferte Herr Theml mit seiner These, daß der Psychosomatiker meist mit einer *„somatisch überdiagnostizierten" Population* konfrontiert sei, daß er also erst am Ende eines langen, oft unnötig langen apparativ diagnostischen Prozesses eingeschaltet werden. Er zeigte sich aber skeptisch, ob das allgemeine Bedürfnis nach restloser Ausschlußdiagnostik durch frühzeitigere Einschaltung des Psychosomatikers überwunden werden könne.

Widersprüchliche Interessenlagen wurden an der Frage deutlich, inwieweit Psychosomatik zur Kostenersparnis beiträgt. Wenn psychosomatische Tätigkeit *Bettenbelegzeiten* einsparen hilft, profitiert davon evtl. die Krankenkasse, nicht aber der Krankenhausträger. Herr Friedrich wies darauf hin, daß durch psychosomatische Zusatzangebote das Versorgungsspektrum ausgeweitet und damit wiederum tendenziell mehr Betten gefüllt würden. Seitdem vor etwa 10 Jahren der „Pillenknick" die Belegungszahlen von Kinderkliniken drastisch habe schrumpfen lassen, könne sich sein Göttinger Team vor Kooperationsanfragen aus der Pädiatrie nicht mehr retten.

Neben diesen eher objektiven Faktoren sind Wünsche von Assistenzärzten und Chefärzten entscheidend. Während bei Assistenzärzten die Wahrnehmung eines großen Bedarfs mit den bereits erwähnten Zeit- und Weiterbildungsproblemen konfligiert (wie in der Untersuchung von Schleberger-Dein und Stuhr deutlich geworden), konnte Herr Koch aus einer größeren Fragebogenstudie berichten, daß Chefärzte v. a. eines nicht wünschen: *Weltverbesserer.* Offensichtlich ist auf chefärztlicher Seite mit dem Kommen eines Psychosomatikers oft die Befürchtung einer kritischen Position gegenüber der bisherigen Praxis und einem Impetus, künftig „alles anders zu machen", verbreitet. Das *erschwert die Kooperation* erheblich.

Problemlösungsversuche

> „Können nicht gemeinsame Forschungsprojekte ein guter Einstieg in die Kooperation sein, weil sie entängstigen? So eine Art Trojanisches Pferd, ... natürlich ein gutartiges, bei dem die Psychosomatiker nicht aus dem Bauch herauskrabbeln, um Troja abzubrennen, sondern um eine liebevolle Verschwisterung mit Trojas Bewohnern einzugehen?" (W. Bräutigam, Psychosomatiker).

Eine Reihe von Lösungsversuchen für die bislang beschriebenen Probleme sind oben bereits erwähnt worden. Diese und einige weitere Anregungen sollen hier zusammengefaßt dargestellt werden.

1) Als Initialzündung von Zusammenarbeit eignen sich *Forschungsprojekte* offensichtlich nur im *universitären Bereich,* wo sie mit den dortigen Interessenslagen und Karrieremustern gut verträglich sind. In Allgemeinkrankenhäusern scheint oft die Behandlung des Privatpatienten ein Zugang zu sein, weil hier die Kooperationspartner auf somatischer Seite konstanter sind.
2) Von *Liaisontätigkeit,* der allseits präferierten Kooperationsform, sollte nach Herrn Pontzen nur dann gesprochen werden, wenn die feste Anwesenheit eines psychosomatischen Mitarbeiters wenigstens halbtags in der somatischen Abteilung gegeben ist. Diesem Kriterium entsprechen zahlreiche, derzeit unter dieser Rubrik firmierende Kooperationsformen nicht.
3) Eine *Personalkontinuität* ist oft nur möglich in Gestalt der Chef- oder Oberärzte. Zumindest scheinen aber klare gegenseitige Regelungen darüber, wer für welche Kooperation zuständig ist, erforderlich zu sein.
4) Während bei großen Kliniken die Kooperation zwischen organischen Fachabteilungen und psychosomatischen, selbständigen Fachabteilungen die Form der Wahl zu sein scheint, geht es bei kleinen Krankenhäusern im ländlichen Bereich v. a. darum, den somatischen Ärzten *Zeit* und *Weiterbildung für eine psychosomatische Behandlung* zu geben.
5) Wichtig ist die Rückmeldung des Psychosomatikers an den Stations- oder Oberarzt der somatischen Abteilung. Mindeststandard dafür scheint ein Arztbrief, sinnvoller eine darüber hinausgehende *persönliche Rücksprache* zu sein. Wenig gelöst scheint das Problem der Rückmeldung an das Pflegepersonal zu sein, wie Frau Kraus konstatierte.
6) *Hausinterne Balint-Gruppen* als Weiterbildungsinstrument stoßen zwar oft auf großes anfängliches Interesse, erweisen sich aber *selten als dauerhaft* (Herr Scholz). Dies mag daran liegen, daß der erforderliche Mut zur persönlichen Artikulation oft nicht gegeben ist, wenn einerseits die entsprechenden Vorgesetzten ebenfalls anwesend sind; andererseits kann es ebenfalls Schwierigkeiten bereiten, sich vor

einem hausinternen Gruppenleiter, gerade über persönliche Dinge, freier zu äußern. Eine Lösungsmöglichkeit läge hier in der Verpflichtung eines externen Gruppenleiters.

7) Intensives *Zugehen* der *psychosomatischen Chefs auf die Chefs der somatischen Kliniken* einerseits und die Krankenhausträger andererseits scheint für eine dauerhafte stabile Absicherung von Kooperationsobjekten wichtig. Herr Pontzen berichtete, daß er den jeweils zur Neuberufung anstehenden Chefs sein Kooperationsangebot schmackhaft macht, da diese mit größeren Erfolgschancen bei ihren Behandlungen für entsprechende Stellen eintreten können. Ob die in Nürnberg vorfindbaren lokalpolitischen Konstellationen (ein Bündnis zwischen SPD und Grünen) für die Förderung der Psychosomatik stets die günstigsten sind, wurde nicht weiter diskutiert.

Forderungen an die Psychosomatik

Deutlich wurde in den Diskussionen, daß auch *die Psychosomatik sich ändern muß,* will sie den Anforderungen an eine solche Kooperation entsprechen. Während von einigen Teilnehmern davor gewarnt wurde, daß die Psychosomatik bei einer solchen Liaison ihre eigene Identität diffundieren könne und eine Bestimmung auf den Kernbereich der eigenen Tätigkeit vorgeschlagen wurde, regten die Kooperationsprotagonisten einige Veränderungen an. Herr Küppers als Internist meinte, der Psychosomatiker müsse sehr *flexibel* sein und dürfe *keine zu festen Modelle* im Kopf haben. Herr Koch wies auf Konzeptions- und Ausbildungsdefizite bei Kurzzeittherapien hin, die hier besonders wichtig seien. Herr Pontzen meinte, daß in der analytisch orientierten Weiterbildung zu wenig Kenntnisse über Psychosomatik im engeren Sinne sowie über Institutionen vermittelt werden. In ähnlichem Sinne plädierte Herr Bräutigam für eine verstärkte Bewegung der Psychosomatiker von den *Neurosen* zu den *somatopsychischen Problemen* von Langzeit- zu Kurzzeittherapiekonzepten, ferner für einen Austausch über die konkreten Nöte der somatisch behandelnden Ärzte in der alltäglichen Konfliktsituation. Er stellte auch das *Niederlassungsmuster psychoanalytischer Kollegen* in Frage: Wenn er höre, daß es in Heidelberg 120, in Saarbrücken hingegen nur 2 gebe, habe er ein schlechtes Gewissen.

Herr Pontzen plädierte dafür, Balint-Gruppen in die Provinz zu tragen, auch nach dem Scheitern des Ulmer Versuches, eine *psychosomatisch orientierte Krankenpflegeausbildung* zu erproben, mehr spezielle psychosomatische Weiterbildung für Ärzte anzubieten und auch die psychoanalytische Weiterbildung vermehrt für solche Themen zu öffnen.

Schlußwort der Berichterstatter

Der Zustand der Kooperation somatischer und psychosomatischer Medizin kann *nicht besser* sein als der Zustand der gegenwärtigen Medizin allgemein. Spezialisierung und fachspezifische Abschottung, Maximierung apparativer Technik in Diagnostik und Therapie sowie Arbeitsdruck, Zeitmangel und Personalfluktuation setzen bereits innerhalb der einzelnen Kliniken Bedingungen, denen sich auch Kooperationsformen nicht entziehen können.

Erfolgversprechend scheinen diese Probleme nur durch vertrauensvolle, auch *persönliche Arbeitsbeziehungen* zwischen einzelnen Mitarbeitern oder durch Schaffung tragfähiger, organisatorisch abgesicherter Strukturen auf *Leitungsebene* angegangen werden zu können.

Arbeitsgruppe 2: Onkologie

Moderation: D. Martz/Zürich; F. Meerwein/Zürich
Bericht: H. Becker/Heidelberg; H. Schmidt/Heidelberg

Die Arbeitsgruppe hatte ca. 40 Teilnehmer, wobei die Gruppe der somatisch arbeitenden Ärzte und die der psychosomatisch arbeitenden Ärzte und Psychologen (im folgenden zusammenfassend als Psychosomatiker bezeichnet) gleich stark vertreten waren.

Finanzierung

Die Arbeitsgruppe beginnt mit der Frage an Herrn Meerwein, auf welche Weise er die Zusammenarbeit zwischen Onkologen und Psychoanalytikern in Zürich zukünftig finanzieren wird. An dieser ersten Fragestellung entzündet sich eine grundsätzliche Diskussion über die Vorgehensweise, ein Kooperationsmodell zu initiieren. Herr Becker (Heidelberg) stellt hierzu die Hypothese auf, daß die Frage nach der Finanzierung als erstem Schritt einem typisch universitären Vorgehen entspricht. Es würden häufig nicht aus der Praxiserfahrung heraus Finanzierungsmöglichkeiten erschlossen, sondern über Drittmittelanträge oft praxisferne Modelle entwickelt, ohne primäre Erforschung der jeweiligen Praxis. *Forschungsorientiertheit,* die von einer *Karriereorientiertheit* nicht zu trennen ist, müsse nicht aber könne ein *erschwerender Faktor* für eine Kooperation sein, solange sie als unbewußtes Motiv eingeht.

Herr Meerwein berichtet sehr eindrucksvoll über seine Versuche, eine öffentliche Förderung zu erreichen und darüber, wie er ausschließlich, auch im persönlichen Kontakt, fast kränkende Absagen erhält, ihm deutlich gemacht wird, daß *die Prioritäten in der medizinischen Versorgung* in anderen Bereichen liegen. Nach dieser grundsätzlichen Absage habe man sich in Zürich zu einer Stiftung entschlossen, die jedoch ein ständiges Mobilisieren über den Kontakt zu privaten Geldgebern beinhalte.

Praxiserfahrung aus Sicht von Onkologen und Psychosomatikern

Anhand des Kooperationsvorbildes zwischen dem Onkologen G. Martz und dem Psychoanalytiker F. Meerwein wird die Bedeutung der Beziehung der Kooperationspartner als Basis für ein Gelingen diskutiert. Herr Martz berichtet, daß *sich die Onkologen ungeheuer entlastet fühlten, eine Supervision zu haben.*

Der Internist und Onkologe M. Schaadt (Köln) gibt ausführlich einen Bericht über einen vorläufig gescheiterten Kooperationsversuch mit einer Gruppe von Psychosomatikern um Herrn Köhle[1]. Das Projekt begann mit sehr vielen Erwartungen und Wohlwollen, auch gerade der Leiter der jeweiligen Abteilungen. Aus der Sicht des Onkologen, Herrn Schaadt, bestand das Angebot der Psychosomatiker fast ausschließlich aus einem *Supervisionsangebot* ohne einen unmittelbaren Kontakt zwischen Psychosomatikern und onkologisch Kranken. Das onkologische Team hatte das Gefühl, mit den zum großen Teil schwerkranken Patienten im realen Umgang völlig *alleine gelassen* zu sein, zum Beispiel in Krisen oder wenn es ums Sterben geht, den Patienten unmittelbar begleiten zu müssen, während die Psychosomatiker nur mittelbar beratend zu festgesetzten Zeiten anwesend waren und im übrigen mehr oder weniger den Onkologen eine eigene psychoanalytische Ausbildung empfahlen. Es wurde deutlich, daß ein schon bestehendes Kooperationskonzept, durch Drittmittel gefördert, auf die Praxis übertragen werden sollte. In der Diskussion wurde die Hypothese erarbeitet, daß eine Kooperation, die v. a. aus einem Supervisionsangebot besteht, die Gefahr in sich birgt, daß der Psychosomatiker unberührt von der Praxis über Supervision zum Besserwisser wird. Dieses Konzept kann ohne Kränkung und Enttäuschung nur gelingen, wenn *eine gemeinsame Basis* entweder durch eine *persönliche Beziehung* zwischen den Kooperationspartnern wie in Zürich bereits besteht oder sich zunächst über eine *gemeinsame praktische Arbeit* mit Patienten, die dann später in eine Supervision münden kann, entwickelt.

Die Nürnberger Arbeitsgruppe um Herrn Pontzen, vertreten durch einen Psychosomatiker, einen Onkologen und eine Gestaltungstherapeutin, berichtet über ihren jetzt *mehrjährigen Aufbau einer Kooperation.* Trotz vieler Rückschläge und Krisen hat sich in Nürnberg bewährt, daß es die Psychosomatiker nicht mit einer Supervision bewenden ließen, sondern sich *in das Alltagsgeschehen* einer onkologischen Station hineinbegaben und umgekehrt die Onkologen sich in psychosomatischen Fragestellungen kompetent machten.

Herr Dietz (Nürnberg) betont, daß der psychosomatische Mitarbeiter versuchen sollte, eine *Balance* zwischen den Entlastungs- und Versorgungswünschen der medizinischen Institution und ihrem notwendigerweise mitarbeiterteam- und weiterbildungszentrierten Ansatz einzuhalten. Dabei werde zu Anfang jeder Zusammenarbeit mit der Institution oder einzelnen Mitarbeitern der Delegationswunsch mehr im Vordergrund stehen, mit zunehmender gemeinsamer Erfahrung der zweite Gedanke. Dieser „Balanceakt" stehe im Widerspruch zu „fertigen" Forschungskonzepten, erfordere auch vom psychosomatischen Mitarbeiter eine gewisse Sicherheit in Bezug auf seine Rolle in der Institution. Eine *vorsichtige, nicht missionarisch-eifrige Entwicklung der Zusammenarbeit* und struktuelle Veränderung sei jedoch sehr zeitintensiv, habe in Nürnberg bisher 7 Jahre in Anspruch genommen. Diese Zeit des Sichhineinfindens, der Entängstigung, scheine Schwierigkeiten vermeiden zu lassen, die die plötzliche

---

[1] Köhle (1988) Integrative Psychosomatische Medizin in der Inneren Klinik: Ein gescheiterter Versuch in Köln. In: Klußmann R (Hrsg) Stoffwechsel. Der Kranke mit Adipositas etc.... Springer, Berlin Heidelberg New York Tokyo
Schaadt M (1988) Versuch einer Integration des psychosomatischen Arbeitsansatzes in der stationär-internistischen Krankenversorgung: Anmerkungen aus der Sicht des internistischen Oberarztes. In: Klußmann R (Hrsg) Psychosomatische Medizin im interdisziplinären Gespräch. Springer, Berlin Heidelberg New York Tokyo

Konfrontation medizinische Klinik – psychoonkologische Arbeitsgruppe mit sich bringen könne. Eine Vielzahl von Veröffentlichungen oder großer Raum für theoretische Arbeit sei bei diesem Konzept nicht zu erwarten. Dies sei wohl im akademischen Rahmen oder unter dem Druck zeitlich befristeter Modelle schlecht tolerierbar.

Herr Kappauf (Internist, Onkologe und Psychotherapeut in Nürnberg) berichtet über seine Erfahrungen innerhalb der Nürnberger Arbeitsgrupe, daß der *Versuch der Integration* somatisch-onkologischer und psychoonkologischer Arbeit in einer Person hinsichtlich der *beruflichen Identität* nicht einfach sei. Der *„Psychoonkologe"* dieser Richtung setze sich *zwischen zwei Stühle* und fokussiere Spannungen zwischen Onkologen und Psychotherapeuten auf sich. Dem „Nuronkologen" werden weiße Flecken seines alltäglichen Patientenumgangs aufgezeigt. „Nurpsychotherapeuten" werden daran erinnert, daß durch ein psychosomatisches Medizinverständnis die Dichotomie zwischen somatischer und psychischer Betreuung nicht aufgehoben ist. Außerdem müsse klargestellt sein, daß dieser „Psychoonkologe" weder „Superonkologe" noch „Supertherapeut", aber auch nicht „internistischer Amateurtherapeut" sei. Die psychotherapeutische Weiterbildung des Onkologen solle als gleichwertig mit sonstigen Qualifikationen der onkologischen Kollegen (z. B. Zytogenetik, experimentelle Therapieansätze) gewertet werden. Die Arbeit des „Psychoonkologen" soll eingebettet sein in eine *interprofessionelle psychosomatische Arbeitsgruppe*, die ihm *Rückhalt* und *Sicherheit* gibt und vor konkurrierender Überforderung hinsichtlich wowohl onkologischer als auch psychotherapeutischer Kompetenz schützt.

Herr Hüllemann (Internist und Psychotherapeut in Prien) schildert, wie er als ärztlicher Direktor einer medizinischen, psychosomatischen und Rehabilitationsabteilung über gemeinsame Veranstaltungen und Konferenzen mehr somatisch orientierte Ärzte mit psychosomatischen Sichtweisen in Verbindung bringen kann.

Herr Schwarz (Arzt und Psychoanalytiker in Heidelberg) betont noch einmal, daß seiner Erfahrung nach das *Pflegepersonal* bei der Kooperation eine gewisse *Schrittmacherfunktion* einnimmt. Die Gesamttendenz in Richtung auf mehr Kooperation werde in der Onkologie durch den allgemeinen Trend unterstützt, sich vermehrt auf Palliativtherapien einzulassen. Im chirurgischen Kontext bewege sich die Zusammenarbeit oft eher auf der Ebene einer „friedlichen Koexistenz", im internistisch-onkologischen Bereich drohe die Gefahr einer Rivalität um den Patienten.

Herr Becker berichtet, daß es nach seinen bisherigen Erfahrunge durch die unterschiedlichen *Krankheits- und Gesundheitstheorien* von psychoanalytisch orientierten Psychosomatikern und vorwiegend naturwissenschaftlich orientierten Somatikern bei dem Versuch einer Kooperation und nicht lediglich Koexistenz zu einer *Auseinandersetzung* und *Krise* kommen müsse. Die Reflexion der Arzt-Patient-Beziehung, die Reflexion eingefahrener Strukturen des Rollenverständnisses und Karrieredenkens und auch das Angehen von Tabus im Bereich von Behandlungszielen führe in der Kooperation nicht selten zu Verunsicherungen und zu Phasen, in denen eine Kooperation dann zum Scheitern komme.

Motivation, Heil- und Heilungserwartungen

Von seiten der „Somatiker" steht die Frage an die Psychosomatiker im Raum, was deren *Motivation* sein könnte, im Bereich der Onkologie zu kooperieren. Es zeigt sich, daß die ursprüngliche Motivation von seiten der Psychosomatiker nicht selten *persönliche Erfahrungen* mit Krebskranken in der Familie sind und darüber auch Tendenzen zu einer „missionarischen Tätigkeit" auftauchen, die für eine Kooperation, wenn sie unhinterfragt bleiben, sehr hinderlich sind. Die Motivation von seiten der „Somatiker" sind oft die Bereiche Schuld und Angst, Affekte, die bei onkologischer Arbeit einen wesentlichen Stellenwert haben. Geäußert wird diese Motivation als Wunsch nach Verständigungshilfen im Umgang mit den Patienten.

Im folgenden werden v. a. Vermittlungsschwierigkeiten zwischen Somatikern und Psychosomatikern im Rahmen der Kooperation diskutiert, deren unterschiedliche Ausgangspunkte und Zielsetzungen unter den Begriffen Heils- und Heilungserwartungen. Die immer wieder bekundete Klage über *Spachbarrieren* hat ihre Ursache vielleicht auch darin, daß die Bereitschaft der Somatiker, sich in das Krankheitsverständnis der Psychosomatik einzudenken, eher unterschätzt wird.

Frau Hünnebeck (Kunsttherapeutin, psychosomatische Abteilung Nürnberg) berichtet dazu von anfänglichen Verständigungsschwierigkeiten, die sie teilweise dadurch überwinden konnte, daß das onkologische Team über *Eigenerfahrung* in *Gestaltungstherapie* einbezogen wurde, was die Verständigungsschwierigkeiten erheblich reduzierte.

Gerade im Bereich der Onkologie behindert die Heilungserwartung sowohl die Arzt-Patient-Beziehung als auch die Kooperation zwischen Somatikern und Psychosomatikern im besonderen Maße. In Fortsetzung seines Vortrags vom Vormittag führte Herr Martz im Sinne der *Einteilung zwischen Falke und Taube* seineNachsorgestrategie näher aus: Sie seien inzwischen dazu übergegangen, z. B. Patientinnen mit einem Mammakarzinom *nicht mehr regelmäßig zu Nachsorgeterminen einzubestellen,* basierend auf der Erkenntnis, daß hier seit Jahrzehnten *keine Fortschritte hinsichtlich der Lebenserwartung* gemacht wurden. Sie gingen hier sehr individuell vor, machten nur noch Nachsorgetermine für die jeweilige Patientin aus, wenn sie es selbst wünsche und es darüber zu einer psychischen Entlastung komme. Sie verhielten sich jedoch andererseits wie die Falken bei Patienten z. B. mit einem *Hodenkarzinom.* Hier empfehlen sie sehr dicht aufeinander folgende Nachsorgetermine, da bei einem Rezidiv durchaus noch Heilungschancen bestehen. Dieses Vorgehen entspricht heute noch nicht den regelhaften Empfehlungen onkologischer Zentren in der Bundesrepublik.

Zusammenfassung

Die Erhellung des *Motivationshintergrundes* sowohl von somatischer als auch von psychosomatischer Seite schien ein wesentlicher Faktor für das Gelingen einer Kooperation. Zu hohe Erwartungen von seiten der Somatiker einerseits, missionarischer Eifer oder ein reines Supervisionskonzept als Einstieg von seiten der Psychosomatiker andererseits scheinen eher hinderlich zu sein. Das besonders in universitären Einrichtungen übliche Vorgehen, aus Forschungsinteresse und über Drittmittel theoretische Modelle auf die Praxis zu übertragen, scheint Kooperationsmodellen unterlegen, wo sich der Psychosomatiker in die Alltagspraxis der jeweiligen Einrichtung hineinbegibt. Das heißt Kooperationsforschung muß auch immer mit der Erforschung der jeweiligen individuellen Praxis verbunden sein. Bei den beschriebenen unterschiedlichen Kooperationsformen wurde deutlich, daß es immer wieder zu erheblichen Krisen und Rückschlägen, vorwiegend aufgrund unterschiedlicher Strukturen und Krankheitstheorien, nicht nur kommt, sondern kommen muß. Das Gelingen einer Kooperation ist somit auch von deren *Dauer* abhängig, die *Früchte* zeigen sich oft erst nach 5–6 Jahren. Der Stellenwert der Kooperation zwischen somatischer und psychosomatischer Medizin scheint in der öffentlichen Meinung und bei den Trägern im Vergleich zur apparativen Medizin noch immer erheblich geringer zu sein, so daß man im Augenblick nur in seltenen Fällen von einer öffentlichen Förderung einer Kooperation ausgehen kann.

Arbeitsgruppe 3: Gastroenterologie – Colitis/Morbus Crohn

Moderation: G. E. FEURLE/Neuwied und J. KÜCHENHOFF/Heidelberg
Bericht von der Diskussion: W. KRUSCHITZ und D. NORMANN, Heidelberg

Die Arbeitsgruppe hatte ca. 35 Teilnehmer, überwiegend waren im stationär-psychosomatischen Bereich tätige Klinikärzte und Psychologen anwesend, des weiteren niedergelassene Internisten bzw. Allgemeinmediziner. Das Gespräch wurde von J. Küchenhoff eröffnet, wobei er auf die Zusammenarbeit der Psychosomatischen Klinik Heidelberg mit der inneren Medizin (Medizinische Poliklinik Heidelberg) und Chirurgie hinwies, insbesondere auf ein bestehendes Forschungsprojekt über Krankheitsverarbeitung bei M.-Crohn-Patienten. Es wurden zunächst kurz die vorgesehenen Themenbereiche der Diskussion vorgestellt, diese umfaßten insbesondere wünschenswerte bzw. bereits bestehende Kooperationsmodelle sowie die Frage nach dem Bedarf an Kooperation. Die Arbeitsgruppe wurde zunächst eingeleitet von 4 aufeinander folgenden vorbereiteten Statements, anschließend begann die Diskussion, wobei teilweise bereits vorbereitete Diskussionsvoten zu erwarten waren.

Statements

1) G. E. Feurle, Internist und Gastroenterologe, Neuwied (früher Medizinische Poliklinik Heidelberg): er eröffnete seinen Beitrag mit dem Hinweis auf die „Beweislust und Beweisnot" der somatischen Mediziner. Er nannte 3 grundlegende Fragen, die ihm bezüglich chronisch-entzündlicher Darmerkrankungen in dieser Hinsicht wichtig erscheinen.
   Er schlug vor, zunächst darüber zu diskutieren, ob die Colitis ulcerosa oder der M. Crohn *psychosomatische Krankheiten* seien. Er stellte die Frage, ob sich z. B. die Colitis ulcerosa in ihrem psychosomatischen Erscheinungsbild von anderen schweren chronischen Erkrankungen unterscheide. Es gebe keine Differenz darüber, daß bei vielen Patienten mit Colitis ulcerosa und M. Crohn ein psychotherapeutischer Bedarf besteht. Ob dieser aber Folge der langwierigen schweren, rezidivierenden Erkrankung im Adoleszentenalter ist oder als psychopathogener Faktor *ätiologisch* beteiligt ist, sei *ungewiß*. Die Untersuchungen aus den 60er und 70er Jahren halten nach Ansicht von Herrn Feurle heutiger Kritik nicht stand. Es finde sich ein hoher Prozentsatz psychiatrischer Krankheiten in dem selektionierten Kollektiv, viele Schizophrene etc., es werde nicht zwischen Colitis ulcerosa und M. Crohn unterschieden und es existiere ferner nicht einmal ein Ansatz einer Kontrollgruppe. Auch in einer aktuellen Arbeit,[1] in der bei Patienten mit M. Crohn eine Korrelation zwischen somatischer Ausprägung der Krankheit und psychiatrischen Befunden

[1] Andrews H, Baczak P, Allan RN (1987) Psychiatric illness in patients with inflammatory bowel disease. Gut 28:1600–1604.

beobachtet wurde, *fehle eine Kontrollgruppe.* Es sei ohnehin schwierig eine Vergleichsgruppe aufzufinden mit Krankheiten, die im Jugendlichen- oder Adoleszentenalter jahrelang und schubweise ablaufen. Zahlenmäßig sei dies schwierig, denn jugendliche Rheumatiker, jugendliche Dialysepatienten, Hämophile oder Patienten mit multipler Sklerose seien seltener und unterschieden sich zudem in vielen Aspekten von Patienten mit M. Crohn oder Colitis ulcerosa. Zur Frage, ob sich Patienten mit Colitis ulcerosa und M. Crohn von chronisch Kranken anderer Ursache psychologisch überhaupt unterscheiden, seien ihm nur 2 Arbeiten bekannt.[2] Bei M. Crohn fanden Helzer et al. (1982) keinen Anhalt für eine Häufung psychiatrischer Symptome, bei Colitis ulcerosa aber einen etwas höheren Prozentsatz von Patienten mit Depression und Zwangscharakter. Ganz abgesehen davon, daß es sich hier um eine psychiatrische Untersuchung handele und ganz abgesehen von den Problemen der Kontrollgruppe, sage auch diese Studie seines Erachtens nichts darüber aus, ob es sich bei den psychopathologischen Befunden um *Krankheitsfolgen* oder *Krankheitsursachen* handele. Es sei wichtig, dieses Nichtwissen klar herauszustellen, denn wenn er eine Vorlesung zum Thema „chronische entzündliche Darmerkrankungen" halte, dann behaupte die Hälfte der Studenten, daß es sich hierbei um psychosomatische Erkrankungen handele. Meist gelinge es ihm nicht, die Studenten an ihrer Ansicht zweifeln zu lassen.

Zusammenfassend wollte er noch einmal darstellen, daß es *keine wissenschaftlich gesicherten Erkenntnisse* gebe, ob sich M. Crohn und Colitis ulcerosa psychopathologisch von vergleichbaren langwierigen schweren Erkrankungen *unterscheiden.* Noch viel unsicherer sei man bei der Frage, ob psychopathologische Phänomene bei der *Krankheitsentstehung* beteiligt sind oder eine *Krankheitsfolge* darstellen. Der Befund, daß Patienten mit starken körperlichen Beschwerden und M. Crohn häufiger psychiatrisch krank zu sein scheinen,[1] beantworte diese Frage ebenfalls nicht.

Herr Feurle fragte weiter, warum man sich beim Diskutieren von Kooperationsmodellen überhaupt in besonderer Weise mit diesen beiden Krankheitsbildern befassen solle, zumal sich evtl. Besonderheiten dieser Patienten, wie oben ausgeführt, so schwer erfassen ließen. Falls sich die *Notwendigkeit von Kooperation* im Verlaufe der Diskussion dennoch als spezifische Notwendigkeit bei Colitis ulcerosa und M. Crohn herausstellen sollte, stelle er die Frage, wie eine solche Kooperation in der Praxis durchgeführt werden solle. Herr Feurle machte an dieser Stelle eine kritische Anmerkung, die die seiner Erfahrung nach oft mangelnde Informationsweitergabe seitens des psychosomatischen Mitbetreuers betraf. Als *mögliche Kooperationsformen,* die es zu diskutieren gelte, nannte er die einfache Überweisung, das informelle Gespräch zwischen somatisch orientiertem und psychosomatisch orientiertem Arzt (sogenannte „Zwischenebene"), sowie die institutionalisierte Form der Kooperation in Form der Liaison. Als letzte und nach seiner Ansicht am besten geeignete Form der Zusammenarbeit nannte er die wissenschaftliche Kooperation, auch unter dem Gesichtspunkt der Notwendigkeit von "„beweisenden" Fakten bzw. Ergebnissen.

2) M. Betzler, Chirurg, Oberarzt an der Chirurgischen Universitätsklinik Heidelberg: er nannte in seinem Statement neuere Aspekte der chirurgischen Behandlung der

[2] Helzer JE, Stillings WA, Chammas S, Norland CC, Alpers DH (1982) A controlled study of the association between ulcerative colitis and psychiatric diagnoses. Dig Dis Sci 27:324–330.

Colitis ulcerosa bzw. des M. Crohn unter dem Stichwort *„Lebensqualität"* und deren Verbesserung. Er wies auf das Ergebnis der amerikanischen nationalen Crohn-Studie der 70er Jahre hin (NCDDS), wonach nahezu jeder M. Crohn-Patient midestens einmal im Laufe seiner Erkrankung sich einem chirurgischen Eingriff unterziehen müssen.
Zur Chirurgie des M. Crohn nannte Herr Betzler als besondere Schlagworte die *individuelle, technisch verfeinerte Chirurgie.* Er wies darauf hin, daß sich die Komplikationsrate in einem eigenen Krankengut (1981–1987) im Laufe der Jahre sukzessive verringert habe. Bevorzugt werde ein „konservativ-organerhaltendes" chirurgisches Vorgehen, wobei sowohl hinsichtlich Indikationsstellung als auch bezüglich Operationstechnik große Erfahrung eine unbedingte Voraussetzung sei. Die Operationsindikationen bei M. Crohn wurden kurz anhand von Diapositiven dargestellt.
Zur *Chirurgie der Colitis ulcerosa,* welche Herr Betzler als „eigentlich internistische Erkrankung" im Gegensatz zu M. Crohn bezeichnete, gab er ebenfalls Operationsindikationen an. Hervorzuheben ist hier auch die *Karzinomgefährdung,* die u. U. auch prophylaktische Eingriffe rechtfertige. Herr Betzler stellte kontinenz-‚sphinktererhaltende Operationsverfahren vor, die mit dem sogenannten „Goldstandard", welcher eine Proktokolektomie mit terminalem permanentem Ileostoma beinhalten, verglichen werden. Alternativen bieten sowohl das kontinente Ileostoma nach Kock sowie diverse Formen der direkten oder indirekten Kontinenzerhaltung. Betzler ging kurz auf die Komplikationen solcher operativer Eingriffe ein.
In einer abschließenden Zwischenbemerkung wies Herr Küchenhoff auf eine *Studie zur psychosozialen Rehabilitation* von *Anus-praeter-Patienten* hin, welche Mitte der 70er Jahre im Großraum Heidelberg in Kooperation zwischen der psychosomatischen Klinik Heidelberg und mehreren chirurgischen Kliniken durchgeführt wurde. Herr Küchenhoff wies darauf hin, daß diese mit über 500 Anus-praeter-Patienten durchgeführte Studie hinsichtlich ihres Forschungsvorhabens recht erfolgreich verlaufen sei und zu zufriedenstellenden Ergebnissen geführt habe. So habe sich generell die psychosoziale Nachsorge der betroffenen Patienten verbessert, als praktische Auswirkung wurde u. a. der Ausbildungsgang „Stomatherapeut" eingeführt, die Beratung durch einen Stomatherapeuten zu einer Dauereinrichtung erhoben.[3]

3) W. Nützenadel, Pädiater, Oberarzt an der Universitätskinderklinik Heidelberg, führte aus, daß die Diagnose „chronisch-entzündliche Darmerkrankung", insbesondere des M. Crohn, im Bereich der *noch nicht pubertierten Patienten* stark zugenommen habe. Die Gründe dafür seien einmal der absolute Anstieg der Inzidenz, aber auch eine Verschiebung der Manifestation in früheres Lebensalter. Die diagnostischen und therapeutischen Probleme im Bereich präpubertärer Patienten glichen wohl weitgehend denjenigen der Erwachsenen, würden aber kompliziert durch das Wachstums- und Reifungsproblem. Mehr als 30% aller pubertären Patienten zeigten diese *Wachstumsretardierung* teils passager, teils langjährig, wobei ein endgültiger *Kleinwuchs* durchaus resultieren könne.

[3] Küchenhoff J, Wirsching M, Drüner HU, Herman G, Köhler C (1981) Studie zur psychosozialen Rehabilitation von Anus-Praeter-Patienten. Psychother Psychosom 36:98–104.

Die *Ursachen* dafür seien wahrscheinlich vielgestaltig, wobei die unzureichende Kalorienversorgung sicher am bedeutsamsten sei. Sie sei bedingt durch eine im Vergleich zur Altersgruppe geringe Kalorienaufnahme (Symptom der Anorexie), durch einen erhöhten intestinalen Verlust von Protein und durch einen erhöhten Kalorienbedarf infolge Krankheitsaktivität (Entzündung). Andere Faktoren (endokrinologische Störungen) seien eher sekundär als zusätzliche Epiphänomene anzusehen. Die Bürde der Wachstumsretardierung bedinge weitere therapeutische Probleme. Sie begrenze einmal den Einsatz von Steroiden und erfordere Stimulation der Kalorienaufnahme, die meist nur über eine Sondenernährung erzwingbar werde. Sie kreiere eine Störung der pubertären Entwicklung, d. h. eine altersgemäße Reifung finde weder im somatischen noch im psychischen, sexuellen und sozialen Bereich statt. Im *Familienbereich* erfolge oft ein *„Überholtwerden"* durch jüngere Geschwister, ein Stehenbleiben in infantiler Beziehung zu den Eltern, ein enges durch Krankheit und ihre Symptome bestimmtes Verhalten zu den Eltern sowie eine Elternhaltung, die ihrerseits häufig stark beschützend und zugleich bevormundend sei. Im Rahmen der Gleichaltrigen würden Freundschaften aufgegeben, die Teilnahme am Wettbewert innerhalb der Arbeitsgruppen (um Leistungen in der Schule, im sportlichen Bereich, beim Tanzen, bei der Attraktivität für das andere Geschlecht etc.) entfalle. Resignation und Rückzug auf die familiären Bezugspersonen seien deshalb auch zwangsläufig. Die Benachteiligung bei der Berufsfindung sei fast immer gegeben. Der Umgang mit diesen Patienten ergebe den Eindruck, daß intrafamiliäre Konflikte sehr dominierend wirken können und ihre Lösung oder Unauflöslichkeit den Krankheitsablauf durchaus mitbestimmen. Strategien der Prävention und Therapie dieser *aus der Reifungsretardierung erwachsenden Probleme* seien seiner Kenntnis nach bisher nicht entwickelt und erprobt worden.

4) W. Kruschitz, Oberärztin an der psychosomatischen Klinik der Universität Heidelberg wies zu Beginn ihres Beitrages auf ihre über 8jährigen Erfahrungen in Kooperation mit Herrn Feurle hin im Rahmen der psychotherapeutischen Betreuung von M.-Crohn- oder Colitis-ulcerosa-Patienten. Es sei notwendig, andere Interviewtechniken für solche psychosomatischen Patienten anzuwenden, sowie ein vertieftes Verständnis für den körperlichen Aspekt beim Patienten zu entwickeln. Frau Kruschitz nannte 3 in ihrem Statement besonders hervorgehobene Themenkreise: Zum einen die gelungene Kooperation aus der Sicht des Patienten, des weiteren die psychologische Betreuung der diagnostischen und medizinisch-therapeutischen Methoden sowie den *Umgang* mit den sogenannten *„normalen"* (pseudonormalen) *Patienten.*

Im psychosomatisch-somatopsychischen Kooperationsmodell werde die Trennung von seelischem und körperlichem Erleben oftmals durch den betroffenen Patienten selbst vorgenommen. Häufig werde im Bewußtsein des Patienten die Auslösesituation für die Krankheit ausgeklammert und von der körperlichen Befindlichkeit abgetrennt. Das geschehe häufig in gemeinsamer (unbewußter) *Verleugnung durch Patient und Arzt.* Typisch seien häufiger Arztwechsel von seiten der Patienten, um die Stabilität dieser gemeinsamen Verleugnung aufrecht erhalten zu können. Aufgabe für die Patienten (und die Therapeuten) sei die Integration somatischer und psychischer Aspekte seines Krankseins. Der Psychotherapeut sollte über die körperliche Befindlichkeit und die Körpervorgänge gut Bescheid wissen, sowie der

somatisch orientierte behandelnde Arzt über die seelischen Probleme seiner Patienten.
Die Untersuchungssituation habe eine besondere psychologische Bedeutung für den Patienten, z. B. weigerten sich Patienten mit M. Crohn auffällig häufig, sich solchen Untersuchungen zu unterziehen. Dies könne dadurch begründet sein, daß die Verleugnungstendenzen des Patienten durch diese sogenannten „objektivierenden" Untersuchungsmethoden gestört würden; ferner ist mit der besonderen Untersuchungssituation (z. B. Koloskopie) sehr oft eine Konfrontation mit analen (schmutzigen) Impulsen verbunden, die Schamgefühle des Patienten würden hierdurch angesprochen. Es komme ferner u. U. zu Überwältigungsängsten beim Patienten. Wichtig erscheine gerade in dieser Hinsicht eine *Kontinuität der Arzt-Patient-Beziehung,* also die Möglichkeit, daß sich eine Vertrauensbasis herausbilde.
Der „normale Patient" gehe primär zum somatischen Mediziner. In der Regel erfolge bei ihm keine Überweisung zum Psychotherapeut. Hier setzt die Forderung nach spezifischen psychosomatischen Untersuchungsinstrumenten ein, d. h. solche Patienten nehmen oft zu wenig wahr von ihren ureigensten Bedürfnissen. Der Psychosomatiker sei aufgefordert, eine für diese Patienten supportiv zur Verfügung stehende Sprache zu entwickeln (*„dem Patienten unsere Sprache leihen"*). Als Beispiel führte Frau Kruschitz Erfahrungen aus der langjährigen Psychotherapie einer M.-Crohn-Patienten an.

Allgemeine Diskussion

Herr Betzler (chirurgische Klinik Heidelberg) eröffnete die Diskussion mit seinem Hinweis auf das *Faktum der Unheilbarkeit* des M. Crohn. Dieser Krankheitsaspekt müsse vom Patienten adäquat intrapsychisch verarbeitet werden. Herr Betzler sah hierin einen psychologischen Ansatzpunkt für Kooperation. Die Unheilbarkeit sei ein Unterscheidungskriterium zur Colitis ulcerosa, welche letztendlich durch eine totale Kolektomie heilbar sei. Diese letztere Bemerkung führte zu einem Diskussionseinwand von Herrn Kiss (1. Medizinische Universitätsklinik Wien), Herr Kiss wies darauf hin, daß die Colitis ulcerosa auch nach einer totalen Kolektomie u. U. in Form von Begleiterkrankungen weiter bestehen können (Hinweise auf die Begleithepatopathie). Herr Feurle (Neuwied) wies in der Diskussion darauf hin, daß man auch beim M. Crohn in gewissem Sinne von einer Heilung, zumindest aber von einer Stagnation sprechen könne; aus eigener klinischer Erfahrung gehe er in der Regel davon aus, daß der M. Crohn nach ca. 10jährigem Verlauf in ein weitgehend inaktives Narbenstadium übergehe. Herr Nützenadel (Heidelberg) wandte ein, es sei notwendig, gerade bezüglich der Prognostik die große Variabilität der beiden Krankheitsbilder zu berücksichtigen. Herr Feurle führte dann in der Diskussion erneut seine Ausgangsfrage ein, ob sich beide chronisch entzündlichen Darmerkrankungen hinsichtlich ihrer psychosomatischen Aspekte von anderen Krankheitsbildern spezifisch unterschieden. Herr Gottfried (Verhaltenstherapeut in der Psychosomatischen Fachklinik Bad Dürkheim) äußerte sich zunächst beeindruckt von der Empathie, die aus dem Vortrag von Frau Kruschitz ersichtlich gewesen sei; was ihm jedoch nicht verständlich erscheine, sei die Beschränkung der Überlegungen von Frau Kruschitz auf chronische Darmerkrankungen. Er stellte die Spezifität der psychosomatischen Störung bei M. Crohn bzw. bei der

Colitis ulcerosa in Frage. Dem gegenüber sei es für seine eigene Arbeit in Bad Dürkheim ungleich wichtiger, persönlichkeitsspezifische Probleme sowie Probleme im familiären Umfeld einerseits gegenüber gelerntem Krankheitsverhalten (nicht colitisspezifisch) zu unterscheiden. Seiner Ansicht nach unterschieden sich sowohl Colitis ulcerosa als auch M. Crohn hinsichtlich dieser Kriterien nicht von anderen chronischen Erkrankungen.

Herr Zacher (Arzt und Psychotherapeut im Institut für Psychotherapie und Medizinische Psychologie Würzburg) wandte sich gegen die zu verzeichnende Tendenz, die spezifische psychosomatische Krankheitslehre bei M. Crohn immer mehr in den Hintergrund zu stellen. Er wandte sich an Herrn Feurle, der seines Erachtens letztlich die klassische psychosomatische Krankheitslehre, die sich an die Nosologie der Medizin anlehne, in Frage stelle. Es müsse zwar eigeräumt werden, daß weder die Untersuchungen zur kranheitsspezifischen Persönlichkeit, noch andere Ansätze, die z. B. versucht haben, bestimmte Auslösesituationen für den Ausbruch einer entzündlichen Darmkrankheit verantwortlich zu machen, eindeutige Resultate erbracht haben. Jedoch sei z. B. im Rahmen einer Dissertation in Würzburg untersucht worden, welche Erfahrungen und Eindrücke nichtpsychotherapeutisch tätige Ärzte bei ihren M.-Crohn-Kranken gewonnen haben. Die Ergebnisse deckten sich mit den Aussagen des Beitrages von Herrn Feurle: Es konnte weder die Theorie der krankheitsspezifischen Persönlichkeit, noch die einer spezifischen Auslösesituation Bestätigung finden. Stattdessen sei von individuellen und altersspezifischen lebensgeschichtlichen Aspekten berichtet worden, die nach Ansicht der Ärzte am ehesten für die Erkrankung mit verantwortlich gemacht werden könnten. Hiermit sei natürlich nichts über die Richtigkeit oder Unrichtigkeit eines theoretischen Ansatzes gesagt. Aber zusammen mit der Feststellung von Herrn Feurle, er würde dem Psychotherapeuten gerne anstelle des einen oder anderen M. Crohn Patienten so manchen Patienten mit einem anderen Krankheitsbild zuweisen, ergebe sich, daß die psychosomatische Forschung, wolle sie den Anforderungen der ärztlichen Praxis gerecht werden, nicht die auf den einzelnen Patienten zentrierte antropologische Konfliktforschung hinter die Erforschung spezifischer Krankheitsbilder zurückstellen dürfe.

Herr Pölzelbauer (Kinder- und Jugendpsychiater in der Städtischen Kinderklinik Heilbronn) wies auf die Spezifität der Auslösesituation (Trennungserlebnisse) bei Kindern hin. Diese Spezifität des auslösenden Ereignisses finde sich bei anderen chronisch-rezidivierenden Erkrankungen nicht. Bei männlichen M.-Crohn-Patienten sei außerdem gehäuft anorexiformes Verhalten beobachtbar.

Herr Nützenadel wandte ein, daß in den meisten Fällen begleitender Eßstörungen bei M. Crohn keine echte Magersucht vorliege, sondern es sich um eine Vermeidungshaltung des Patienten aufgrund häufiger postprandialer abdomineller Schmerzzustände handele.

Frau Kruschitz entgegnete, daß es bei M.-Crohn-Patienten durchaus auch „klassische" Anorexia-nervosa-Fälle gebe, welche hier jedoch im intentionalen Kontext verstanden werden sollten (Bewältigungsverhalten).

Herr Kiss wandte ein, daß Crohn-Patienten nie ein gestörtes „body image" aufweisen, man also von einer klassischen Magersucht nicht sprechen könne.

Auch an dieser Stelle der Diskussion wurde noch einmal deutlich, wie sehr die interindividuellen Unterschiede (Ausbreitungsgrad der Entzündung, Verlauf etc.) beim M. Crohn wie auch bei der Colitis ulcerosa eine Rolle spielen. Letztlich wird nur eine individuelle Beurteilung die Frage klären helfen, ob bei der beobachteten Eßstörung die Angst vor Schmerzen oder aber eine anorektische Entwicklung (oder beides) vorliegen.

Herr Küchenhoff (Psychosomatische Klinik der Universität Heidelberg) gab ein Zwischenresümee der Diskussion; es bilde sich offenbar die allgemeine Tendenz der Diskutierenden heraus, für beide Krankheitsbilder keine spezifische psychosomatische Genese im engeren Sinne (im Sinne der Konfliktspezifität) anzunehmen.

Herr Feurle leitete über zur zweiten in seinem anfangs gegebenen Statement formulierten Frage, wo es einen Handlungsbedarf für Kooperation gebe. Er wies darauf hin, daß insgesamt wohl eine multikausale Betrachtungsweise angebracht sei. Die beiden basalen psychologischen Modelle bzw. Krankheitstheorien der Psychosomatik wurden noch einmal kurz erwähnt (psychosomatisches Konzept im engeren Sinne, d. h. Konfliktspezifität der Krankheitsgenese gegenüber somatopsychosomatischen Wechselwirkungen im allgemeinen).

Herr Gottfried führte aus, daß er die Ansicht vieler Organmediziner, „das ist etwas Psychosomatisches", für einen Reflex aus der Sozialisation des Mediziners halte, womit insbesondere das Kausalitätsbedürfnis vieler somatisch orientierter Mediziner angesprochen wurde. Analoge Überlegungen gebe es heute ja auch schon für chronischen Rheumatismus, Intrinsic Asthma etc. Aus der Sicht des Patienten seien solche Überlegungen größtenteils irrelevant; es gehe vielmehr um krankheitsdependente Faktoren und deren Bewältigung.

Herr Wilke (Oberarzt an der Klinik für Psychosomatik und Psychotherapie der Medizinischen Universität Lübeck) wandte ein, daß das in den letzten Jahrzehnten angesammelte psychogenetische Verständnis nicht unreflektiert und pessimistisch über Bord geworfen werden sollte. Wichtig seien zur Verfeinerung des psychosomatischen Wissens insbesondere Remissionsuntersuchungen. Was sich bisher in solchen Remissionsuntersuchungen abzeichne, sei eine erhöhte Depressivität und Rigidität im Vergleich zu gesunden Kontrollpersonen. Er gab nochmals ein eindeutiges Votum für die klassische psychodynamische Sichtweise ab. Er zitierte hierzu eigene Untersuchungen an 45 Colitis-ulcerosa- und M.-Crohn-Patienten, deren Grad an psychosomatischer Gestörtheit nicht auffällig sei im Vergleich zu Kontrollpersonen. Colitis ulcerosa und M. Crohn seien testpsychologisch nicht sicher abgrenzbar. Dennoch sei es nicht zu leugnen, daß man oftmals bereits nach wenigen Minuten der Kontaktaufnahme mit solchen Patienten relativ zielsicher sagen könne, ob es sich um einen M. Crohn oder Colitis ulcerosa beim Patienten handele. Das Interaktionsverhalten (beim M. Crohn besonders depressiv, pseudounabhängig) lasse weitreichende Schlüsse zu.[4]

Herr Kiss kritisierte diese seines Erachtens „mutige Aussage". Auch die psychosomatische Medizin müsse sich der wissenschaftlichen Diskussion stellen. So sei es z. B. wichtig, gerade in der von Wilke referierten Untersuchungsanordnung eine blinde Auswertung einzuführen. Er sehe ein Problem darin, die „Pseudounabhängigkeit", den phantasierten oder tatsächlichen Objektverlust sowie auch die „Alexithymie" als vorurteilsgeprägte starre Etikettierungen den Patienten während des psychotherapeutischen Prozesses überzustülpen.

---

[4] Leibig I, Wilke E, Feiereis H (1985) Zur Persönlichkeitsstruktur von Patienten mit Colitis ulcerosa und Morbus Crohn, eine testpsychologische Untersuchung während der Krankheitsremission. Psychosom Med 31:380–392.

Herr Wilke wandte ein, daß zwar die v. a. mit dem Namen Alexander verbundene Lehre von der Konfliktspezifität psychosomatischer Krankheiten neueren Forschungsergebnissen nicht Stand halte, wie auch die Lehre von der sogenannten Alexithymie, die bestimmte Persönlichkeitsstrukturen und Defizite unterstelle, die man jedoch in der Praxis keineswegs durchgängig finde und die gelegentlich zu einem therapeutischen Defätismus führe, somit dem berechtigten Anspruch unserer Patienten nicht gerecht werde. Dennoch gebe es neben klinischen Eindrücken zahlreiche Untersuchungen, in denen seiner Ansicht nach ausreichend belegt sei, daß sowohl in der Entstehung wie auch im Verlauf chronisch entzündlicher Darmerkrankungen psychosoziale Faktoren von großer Bedeutung seien, die auch Einfluß auf den Therapieerfolg oder Mißerfolg haben. Er nannte v. a. Arbeiten von Groen, Karush, Engel und Feiereis für die Colitis sowie von Paulley, Liebig und Feiereis für den M. Crohn. In der Tat sei es ein durchgehender Mangel der meisten Arbeiten, daß sie krankheitsdependente, reaktive psychische Befunde nicht ausreichend von der prämorbiden Persönlichkeit abzugrenzen versuchen. Hier und besonders in der weiteren Therapieforschung bei M. Crohn sollte ein Schwerpunkt weiterer Forschungsaufmerksamkeit liegen. Ein weiterer, wenn auch für eine wissenschaftliche Untersuchung ungeeigneter Hinweis für die Wirksamkeit psychotherapeutischer Maßnahmen bei diesen Erkrankungen könne auch darin liegen, daß im norddeutschen Raum ein Großteil der Erkrankten (mehr als 2000) in eine psychosomatische Klinik internistischer Ausrichtung (Universität Lübeck) eingewiesen wurden. Insofern sei vielleicht bei den niedergelassenen Ärzten und Patienten selbst die Bereitschaft zu einem umfassenden Therapiekonzept größer als innerhalb der universitären Diskussion.

Herr A. E. Meyer (Abteilung für Psychosomatik und Psychotherapie der 2. Medizinischen Klinik, Universitätsklinik Hamburg-Eppendorf) wies auf die grundsätzlich verschiedenen psychosomatischen Operationanalisierungsmöglichkeiten hin. Die Theorie nach Alexander sei obsolet. Wichtig und unbedingt zu beachten sei aber die Synchronizität der Versuchs-Versagungs-Situation) bei Rezidiven sowie die allgemeine Erfahrung, daß „ein Patient mit Psychotherapie besser fährt als ohne".

Die Untersuchung von Reindell et al. wurde zitiert,[5] wonach sich Colitis ulcerosa und M.-Crohn-Patienten nach psychodynamischen Merkmalen unterscheiden ließen. Für den M. Crohn seien 2 differente Untergruppen festgestellt worden. Die Untersuchung erscheine jedoch methodisch anfechtbar.

In der Diskussion wurde schließlich mehrheitlich angenommen, daß die psychotherapeutische Wirksamkeit vermutlich wohl doch auf eher unspezifischen Faktoren beruhe. Sie sei jedoch andererseits nicht letztlich reduzierbar auf Fragen der Krankheitsbewältigung (Coping).

Herr Betzler machte an dieser Stelle der Diskussion noch einmal deutlich, daß es keineswegs in seinem Statement seine Absicht gewesen sei, Kooperationsfragen und insbesondere psychotherapeutische Ansätze als obsolet erscheinen zu lassen. Er habe lediglich klarstellen wollen, daß die chirurgische Behandlung eines chronisch Darmkranken heutzutage nicht automatisch eine Verstümmelung des Patienten impliziere, sondern daß eine sparsame Resektion im Sinne einer konservativen Chirurgie bei

---

[5] Reindell A, Ferner H, Gmelin K (1981) Zur psychosomatischen Differenzierung zwischen Colitis ulcerosa und Ileitis terminalis (Morbus Crohn). Psychosom Med 27:358–371.

M. Crohn und sphinktererhaltende OP-Verfahren bei Colitis ulcerosa zum therapeutischen Spektrum gehören.

Herr Feurle führte die Diskussion schließlich zurück auf die Frage, welche Patienten er wann zum Psychotherapeuten bzw. Psychosomatiker schicken solle.

Herr Wilke plädierte für eine basale psychosomatische Kompetenz aller Internisten. Im akuten Stadium der Erkrankung solle möglichst ein Arzt für alle Aspekte des Krankseins des Patienten verantwortlich sein. Wichtig sei es, den Patienten in diesem Krankheitsstadium nicht (zum Spezialisten) „wegzuschicken".

Herr Betzler nannte Ziele, die seines Erachtens wissenschaftlich zu erarbeiten seien. In Kooperation mit Psychologen bzw. Psychosomatikern sollten prospektive Studien durchgeführt werden mit der Fragestellung, inwieweit die Frühoperation die Lebensqualität positiv beeinflussen können. Für den Chirurgen sei von Interesse der Stellenwert der Frühoperation unter dem Kriterium der Erhöhung der Lebensqualität.

Von mehreren Seiten kam zu dieser Forderung nach perioperativer Lebensqualitätsmessung der Einwand, daß die Operation ein einschneidendes Ereignis darstelle, welches bereits seinerseits einen wesentlichen psychodynamisch relevanten Stellenwert erhalte.

Herr Jantschek (Klinik für Psychosomatik und Psychotherapie der Medizinischen Universität Lübeck) stellte die integrative Behandlungsform, wie sie in der Psychosomatikstation der Universität Lübeck praktiziert wird, vor. Notwendig sei es für den behandelnden Arzt, wie ein Chirurg denken zu können, zu einem anderen Zeitpunkt wie ein Internist, wiederum zu einem anderen Zeitpunkt „wie ein Psychotherapeut". Die internistische wie auch die psychotherapeutische Betreuung dieser Patienten liege in Lübeck in den Händen ein und derselben Person.

Frau Kruschitz kam noch einmal zurück auf die Frage von Herrn Feurle, welche Patienten er zum Psychosomatiker schicken solle. Generell gelte, daß alle Patienten geschickt werden sollten, die in irgendeiner Art und Weise „Schwierigkeiten machen". Insbesondere bezüglich der Frage der Operationsindikation sei es wichtig, daß der Psychotherapeut eine eigene Einstellung zur Operation entwickle. Er müsse über Umfang, Konsequenzen und Indikationsstellung solcher operativer Eingriffe informiert sein. Die Psychotherapeuten erhielten hierdurch eine wichtige Funktion gerade für den Fall, daß diagnostische und/oder medizinisch-therapeutische Maßnahmen vom Patienten (zunächst) verweigert werden. Hierzu sei erwähnenswert, daß insbesondere Patienten mit M. Crohn sehr mißtrauisch seien, Colitis-ulcerosa-Patienten dagegen eher mehr Compliance aufwiesen.

Herr Betzler schlug vor, ein generelles psychosomatisches Konsil für jeden Colitis-ulcerosa- und M. Crohn-Patienten im Sinne einer (unselektiven) Serviceleistung einzurichten, vergleichbar einer Lebersonographie bei allen Patienten mit Darmkarzinom. Nur dann, d. h. bei einer primär unselektiven Vorgehensweise bei der Bestellung eines Konsiliardienstes, sei es möglich, verwertbare Aussagen über die Notwendigkeit, die Effektivität und die Modalitäten eines psychosomatischen Konsiliardienstes zu erhalten.

Frau Schmelz-Schuhmacher und Herr Scheib (beide im Zentrum für psychosomatische Medizin in Gießen tätig) stellten das ambulante Liaisonmodell an der Universitätsklinik Gießen vor. Jeweils am Anfang einer Woche werde den dort arbeitenden Psychosomatikern Information darüber vermittelt, welche Patienten mit M. Crohn bzw. Colitis ulcerosa zu ambulanten Kontrollbesuchen in den nächsten Tagen zu erwarten sind. Solche Patienten werden mit begleitenden Gesprächen, durch autogenes Training oder im Rahmen familientherapeutischer Interventionen mit betreut.

Als Haupteinwand kam die Frage auf, ob solche konsiliarischen Tätigkeiten nicht generell auf alle Patienten mit chronischen Krankheiten auszudehnen seien. Es gehe weniger um das spezielle Krankheitsbild, welches die Indikation zu einer psychotherapeutischen Behandlung nahe lege, als vielmehr um unerwartete Komplikationen oder Reaktionen im Laufe der Krankheit. Jeder Somatiker müsse in der Lage sein, einen Psychotherapiewunsch freilegen zu können, soweit dieser (wenn auch oft verdeckt) im Patienten vorhanden sei.

Herr Küchenhoff wies darauf hin, daß Patienten mit chronischen Krankheiten oft schon sehr lange in Behandlung bei einem bestimmten Arzt (oft Internisten) sind. Es sei für jeden Internisten letztlich wichtig, den Punkt zu erkennen, wo seine eigene hausärztlich verstandene (integrative) Betreuung nicht mehr ausreicht, wo ein Konflikt sichtbar werde, der dann von einem Fachmann mit dem Patienten gemeinsam bearbeitet werden müsse.

Herr Betzler gab zu bedenken, daß es nach dem derzeitigen Kenntnisstand äußerst schwierig sei, zu entscheiden, welcher Patient eine Psychotherapie brauche bzw. wolle und welcher nicht. Die Selektionskriterien diesbezüglich seien noch zu unklar.

Herr Wilke plädierte für eine erweiterte biographische Anamnese bei allen M.-Crohn- und Colitis-ulcerosa-Patienten mit der Fragestellung, ob bestimmte biographische Aspekte eine Rolle spielen könnten für Auslösung und/oder Entwicklung der Krankheit.

Als Gegenargument zu diesem Vorschlag kamen Bedenken, daß nicht jeder Patient zu einer solchen vertieften Anamneseerhebung bereit sei. Der Unterschied zum von Herrn Betzler als Vergleich angeführten Lebersonogramm sei, daß die Bereitschaft des Patienten zu einem psychosomatischen Konsil die unbedingte Voraussetzung für verwertbare Ergebnisse sei.

Herr Kiss wies darauf hin, daß seiner Überzeugung nach Psychosomatik eine ärztliche Aufgabe sei. Er vertrat ein integratives Konzept (Internist als Psychotherapeut). M-Crohn- und Colitis-ulcerosa-Patienten sollten seiner Ansicht nach dort betreut werden, wo sie immer hingehen, d. h. vom langjährig behandelnden Hausarzt bzw. Internisten. Alle Internisten, die Patienten mit chronischen Krankheiten behandeln, sollten seiner Ansicht nach eine Basisausbildung für supportive Psychotherapie (nicht psychoanalytische Therapie) haben. Herr Kiss wies darauf hin, daß die wenigsten Patienten einer psychodynamisch orientierten Psychotherapie bedürfen, daß stattdessen eine stützende Begleitung, die ständig die Erörterung von Complianceproblemen mit einbeziehe, wichtig sei. Er wies in diesem Zusammenhang auf die wichtige Rolle der Selbsthilfsgruppen hin sowie auf die Rolle der übenden Verfahren (z. B. Entspannung, aktive Imagination). Solche Verfahren hätten für die Krankheitsbewältigung des Patienten oft mehr positiven Effekt als langjährige aufdeckende Psychotherapieverfahren. Familientherapie sehe er v. a. bei Kindern als wichtige therapeutische Maßnahme an. Es gehe darum, „sehr undogmatisch" zu schauen, was im Einzelnen angemessen sei. Gewiß gebe es keine (kleinere) Untergruppe, bei der tatsächlich biographische Faktoren (Verlusterlebnisse) eine im Sinne eines Krankheitsauslösers relevante Rolle spielen.

In diesem Zusammenhang wurde von den anwesenden Psychosomatikern aus Giessen eine geplante wissenschaftliche Studie kurz dargestellt. Mit den Effizienzkriterien Beruf, familiäre Veränderungen etc. solle demnächst untersucht werden, wie eine psychosomatische Begleitbetreuung sich im Vergleich zu einer rein medizinisch-somatisch betreuten Kontrollgruppe auswirke.

Herr Betzler gab ein Votum ab für Kooperation zwischen betreuendem Hausarzt und Operateur. Alle Patienten hätten seiner Erfahrung nach in der Regel „ihren" Bezugsmediziner (behandelnder Internist bzw. Hausarzt). Die Bezugsperson sei seiner Erfahrung nach in den seltensten Fällen ein Psychologe. Seines Erachtens sei es wichtig, daß Informationsaustausch zwischen Internist bzw. Hausarzt einerseits und Chirurg (der im Erleben des Patienten nur ein „Intermezzo" darstelle) andererseits stattfinde.

An dieser Stelle der Diskussion wurde noch einmal die Bedeutung des betreuenden Hausarztes diskutiert; wenn kein guter Kontakt zwischen dem betreuenden (somatisch orientierten) Arzt und seinem Patienten bestehe, dann scheiterten oft auch andere Bemühungen des Arztes, eine Psychotherapie einzuleiten. Psychotherapie sollte hierbei als Erweiterung und nicht als Spaltung der Arzt-Patient-Beziehung fungieren. Oft setze bei mangelnder Kooperation eine Trennung vom Hausarzt ein, welcher seinerseits negativiert bzw. abgewertet (der Psychotherapeut idealisiert) werde.

Herr Pölzelbauer beschrieb die enge Zusammenarbeit von Internist und Psychologen am Beispiel der Familiengespräche in der Kinderklinik Heilbronn, an welchen beide Therapeuten teilnehmen.

Frau Kruschitz führte aus, daß die schwierigsten Patienten in der Regel diejenigen seien, die mit rein körperlicher Beschwerdesymptomatik zum Therapeuten kommen. Solche Patienten seien jedoch auch für eine psychosomatische bzw. psychotherapeutische Behandlung zu gewinnen, sofern man zunächst auf das körperliche Symptomangebot eingehe. Die Konflikte erfahre man vom Patienten erst später.

Herr Jantschek zitierte die Umfrage der DCCV (Deutsche Morbus-Crohn/Colitis-ulcerosa-Vereinigung), bei welcher Patienten befragt wurden, ob sie Psychotherapie als hilfreich einschätzen; 80% der Befragten hätten mit ja geantwortet, hier finde sich ein nicht zu leugnendes Potential für psychotherapeutisches Handeln.

Herr Feurle berichtete, daß er im Rahmen seiner klinischen Arbeit bisher meistens solche Patienten zum Psychotherapeuten geschickt habe, die eine anorektische Symptomatik aufwiesen oder aber Patienten, bei denen eine Diskrepanz zwischen subjektivem Beschwerdebild und objektivierbarem orgnischem Befund auffiel. Des weiteren schicke er regelmäßig Patienten zu einem Psychotherapeuten, wenn sie familiäre Probleme im Gespräch angeben oder wenn familiäre Probleme augenscheinlich eine Rolle spielen. Es bestehe eine Notwendigkeit, die Patienten diesbezüglich zu selektieren, da beispielsweise im Raum Neuwied kein Psychotherapeut zur Verfügung stehe, die Überweisung demnach eine Fahrt nach Koblenz oder Bonn erforderlich mache.

Herr Kiss meinte in seinem kritischen Diskussionsbeitrag, daß der Wunsch nach Psychotherapie (für Feurle ein Indikationskriterium für Überweisung zum Psychotherapeuten) nicht allzu hoch eingeschätzt werden dürfe. Dieser Wunsch entspringe oft der Verzweiflung, in der sich ein chronisch kranker Patient befinde und führe dazu, daß der Betroffene jedes vermeintliche „Zipfelchen" einer Heilungschance nicht ungenutzt lassen wolle. Dieses dürfe nicht mit einer echten Psychotherapiemotivation verwechselt werden. Seiner Erfahrung nach sei es günstig, *mit* anstatt *gegen* die subjektive Krankheitstheorie des Patienten (Laienideologie) zu arbeiten. Die Unerträglichkeit des

Verlaufs und die ätiologischen Unklarheit der Darmerkrankung bedingten beim Patienten ein erhebliches Kausalitäts- und Steuerungsbedürfnis.

Herr Feurle wandte ein, daß er solche Fragen des Patienten nach der Ätiologie tunlichst vermeide. Er weise jedoch regelmäßig darauf hin, daß der M. Crohn eines Tages spontan wieder aufhören werde bzw. zumindest in ein beschwerdearmes Narbenstadium übertrete. Er wies in diesem Zusammenhang auf eine Studie von Hellers hin,[6] welcher M.-Crohn-Patienten über einen Zeitraum von 25 Jahren beobachtet habe. Der Autor habe festgestellt, daß die Mortalität nur in den ersten 10 Jahren im Vergleich zu gesunden Kontrollpersonen erhöht ist. Später sei die Mortalität sogar etwas geringer.

Herr Betzler wies darauf hin, welches Trauma in einer zu frühen, übertriebenen ausgeprägten Aufklärung des Patienten liegen könne; häufig spreche der Hausarzt bzw. der Internist schon in einem sehr frühen Krankheitsstadium davon, daß sich die Colitis ulcerosa chronisch progredient ausbreiten werde bis zum totalen Kolonbefall etc.

Herr Feurle bestätigte diesen Einwand von Herrn Betzler. Nur wenige Patienten entwickelten eine Pancolitis, in vielen Fällen bleibe die Colitis ulcerosa auf das Rektum beschränkt und habe somit einen ganz anderen Stellenwert im Erleben des Patienten und in der Krankheitsbewältigung.

Frau Kruschitz wies darauf hin, daß die subjektive Krankheitstheorie des Patienten besonders zu beachten und ernst zu nehmen sei. Sie stelle u. U. eine Möglichkeit für den Patienten dar, die Krankheit adäquat zu bewältigen. Die Patienten seien oft detailiert informiert, hätten sich über ihr Krankheitsbild belesen.

Herr Ehlers (Forschungsstelle für Psychotherapie der Psychotherapeutischen Klinik Stuttgart) betonte, es sei oft wirksamer, abstruses Denken beim Patienten zu verstehen anstatt es wiederlegen zu wollen.

Herr Betzler wies gegen Ende der Diskussion auf eine von der Heidelberger Chirurgischen Klinik organisierte Tagung hin, in welcher u. a. die Relevanz von Selbsthilfegruppen bei Colitis ulcerosa und M. Crohn dargelegt werden soll (Jahrestagung der Deutschen Gesellschaft für Verdauungs- und Stoffwechselkrankheiten im Herbst 1988).

Kritische Zusammenfassung der Diskussion in der Arbeitsgruppe und Schlußfolgerungen

Zur Frage des psychosomatischen Krankheitsmodells bei chronisch-entzündlichen Darmerkrankungen

Unter den anwesenden Psychosomatikern gab es keinen einheitlichen Standpunkt im Hinblick auf die Frage einer bestehenden „Spezifität" psychosomatischer Diagnostik (ätiopathogenetische Modelle) und Therapie (aufdeckende, konfliktorientierte Therapieverfahren gegenüber therapeutischer Beeinflussung der Krankheitsbewältigung). Diese mangelnde Einigkeit der Psychosomatiker bedingt Schwierigkeiten in der

[6] Hellers G, (1979) Crohn's Disease in Stockholm county 1955–1974. A study of epidemiology, results of surgical treatment and long-term prognosis. Acta chir Scand (Suppl) 490:16–30.

Verständigung mit den somatisch tätigen Fachkollegen (Internisten, Chirurgen, Pädiater). Eine „klare" Stellungnahme zur Frage, ob es sich bei Colitis ulcerosa und (mehr noch) beim M. Crohn um psychosomatische Krankheitsbilder im engeren Sinne handele, hätten die organmedizinisch orientierten Kollegen gerne erhalten; die Probleme der Differentialindikation zur Überweisung an den Psychosomatiker wären hierdurch zumindest z. T. zu beseitigen gewesen. Einigkeit in der Gruppe der Psychosomatiker bestand darin, daß Spezifitätsmodelle keinen alleinigen Stellenwert mehr in der psychosomatischen Diskussion haben; hierzu gehören Konzepte, die auf psychosomatischem bzw. psychoanalytischem Erfahrungswissen basieren (besondere Muster von Persönlichkeitsstrukturen, gehäuftes Auftreten neurotischer Auffälligkeiten in den Dimensionen Zwanghaftigkeit und Depressivität, Triebkonflikte, überzufälliges Auftreten bestimmter auslösender Situationen). Aus der Sicht psychoanalytischer Psychosomatik wie auch aus verhaltensmedizinischer Sicht haben sowohl in der wissenschaftlichen Forschung wie auch in der Therapie Probleme der Krankheitsbewältigung, somatopsychische Wechselwirkungen, Störungen in der Arzt-Patient-Beziehung immer größere Bedeutung (krankheitsdependente Faktoren). Diese Sichtweise enthält die Gefahr, daß die psychosomatische Kompetenz generell angezweifelt wird und mit ihr die seitens der Psychosomatiker unbestrittene Notwendigkeit eines spezifischen, besonderes sorgsam zu erarbeitenden Zuganges zum chronisch darmkranken Patienten. Dies führte zu teilweise eher utopisch anmutenden Forderungen, wie z. B. zum Postulat des omnipotenten Hausarztes, der auch die psychotherapeutische Führung des Patienten in jedem Falle übernehmen solle. Ein weiteres aus der noch mangelnden Einigkeit der Psychosomatiker resultierendes Problem stellt die Schwierigkeit der Differentialindikation der Überweisung an den psychosomatisch/psychotherapeutischen Fachkollegen dar.

Zur Frage der Differentialindikation der Überweisung an den Psychosomatiker

Die vorgestellten Lösungsmöglichkeiten, die durch das Dilemma des Fehlens eines spezifisch-psychosomatischen Ansatzes mitgeprägt waren, konnten nur teilweise befriedigen; so bestanden einige Forderungen darin, an Stelle des Psychosomatikers den Hausarzt zu stellen, somit eine interpersonale Kooperation überflüssig zu machen. Fraglich bleibt, wieweit diese Forderung im Rahmen des bestehenden medizinisch-psychosozialen Versorgungssystems und angesichts der begrenzten psychotherapeutischen Basisausbildung des in der Praxis tätigen Allgemeinmediziners realisierbar ist. Andere Vorstellungen tendieren dahin, eine spezifische Indikation zur Überweisung an den psychosomatisch arbeitenden Kollegen aufzuheben und *jeden* Patienten mit Colitis ulcerosa oder M. Crohn zum Psychosomatiker zu schicken. Hier bleibt kritisch anzumerken, daß bei Wegfall einer spezifischen Indikation seitens des überweisenden Organmediziners wesentliche Voraussetzungen für eine fruchtbare Kooperation wie auch für einen sinnvollen Zugang zum Kranken geopfert werden. Die kritische Frage nach der (schwindenden) Motivation des im Rahmen eines ubiquitär-unselektiv angewandten „psychosomatischen Servicedienstes" angesprochenen Patienten wurde laut. Es wurde in der Arbeitsgruppe sehr deutlich, daß die Differenztialindikation für die Überweisung an die Psychosomatiker wenig klar herausgearbeitet sind; diese Indikationskriterien sind auch wesentlich schwerer zu fassen, wenn sie sich nicht einfach auf die Diagnose der Krankheit beziehen, sondern aus anderen Kriterien heraus gestellt werden müssen: der Internist oder Chirurg sollte erkennen, wo die Konfliktbewältigung intraindividuell oder intrafamiliär unverständlich ist, wo die Krankheitsverarbeitung mangelhaft ist etc. Auffällig war, daß innerhalb der Diskussion die Indikationsfrage bezüglich der operativen Intervention kaum zum Gegenstand der Kooperationsvorstellungen wurde.

Zum psychosomatischen Wissenstand

Deutlich wurde in der Diskussion zwischen Somatikern und Psychosomatikern, daß eine Verbreiterung des psychosomatischen Wissenstandes für die Vorbereitung des Austausches zwischen Organmedizinern und Psychosomatikern unerläßlich ist. Die Psychosomatik muß sich mit der Tatsache abfinden, daß ihre Naturwissenschaftlichkeit nach wie vor angezweifelt wird; gleichermaßen wäre eine Rückbesinnung auf das reiche Erfahrungswissen, das der Begegnung mit dem psychosomatisch kranken Patienten entspringt und das einer selbstbewußten Darstellung seitens der Psychosomatiker wert ist, für die Zusammenarbeit von Organmedizin und psychosomatischer Medizin fruchtbar und vielversprechend im Hinblick auf eine patientengerechte Versorgung.

Arbeitsgruppe 4: Psychosomatik in der Intensivmedizin*

Moderation: B. KLAPP/Gießen
Bericht von der Diskussion: S. ZETTEL/Heidelberg

„Psychosomatischer Konsiliardienst auf einer Intensivstation ist *außerordentlich sinnvoll – aber vollkommen entbehrlich.*" Mit dieser Diskussionsbemerkung von Frau Mecke (Psychologin aus Heidelberg) läßt sich das Ergebnis der Arbeitsgruppe zum Thema „Psychosomatischer Konsiliardienst in der Intensivmedizin" kurz zusammenfassen. Diese Einschätzung spiegelte sich auch in der Zusammensetzung der Diskussionsteilnehmer: Lediglich 2 auf Intensivstationen tätige Ärzte, die übrige Gruppe bestand vorwiegend aus Psychologen und Krankenschwestern.

Herr Hannich (Psychologe aus Hannover) leitete die Diskussion mit einem Statement zur *psychischen Situation des Patienten* auf einer Intensivstation ein. Kennzeichnend seien u. a. eine ausgeprägte Abhängigkeit von Ärzten, Pflegepersonal sowie technischen Apparaturen und eine damit verknüpfte Einschränkung der Ich-Funktionen. Äußere Faktoren wie sensorische Monotonie, gestörter Schlaf-Wach-Rhythmus, fehlender bzw. zu seltener Kontakt mit Angehörigen, häufiger Personalmangel auf den Stationen und damit einhergehende Unterversorgung kämen erschwerend hinzu. Soweit der Patient nicht durch therapeutische Maßnahmen wie Medikation oder Beatmung in der Kommunikation eingeschränkt sei, sei er ständig kommunikativ verfügbar – ob er wolle oder nicht – es gebe kaum Möglichkeiten eines Rückzugs, einen weitgehenden *Verlust der Intimsphäre.* Die Intensivbehandlung schaffe für den Kranken schwierige Bedingungen, die psychische Störungen wie z. B. *Angstsyndrome, Depressionen* bis hin zu *deliranten Syndromen* zur Folge haben könnten.

Trotzdem berichten fast alle Betroffenen in katamnestischen Befragungen eher über *positive Erfahrungen,* überwiegt das Gefühl des „Gerettetwordenseins". Unangenehme Erinnerungen scheinen verdrängt bzw. durch Gefühle von Schuld, Dankbarkeit sowie sozialer Erwünschtheit modifiziert zu werden. Herr Klapp wies in diesem Zusammenhang darauf hin, daß gerade reanimierte Patienten zunächst eher unauffällig und angepaßt schienen. Erst in später erfolgten Langzeitkatamnesen zeige sich ein häufiges Auftreten massiver *Angstträume* gewaltsamen Inhalts und schwere *depressive Verstimmungen.* Der *Ehepartner* des jeweiligen Patienten werde ebenfalls über weite Strecken psychisch bzw. psychosomatisch schwer beeinträchtigt. Nach neueren Untersuchungen gebe es deutliche *Differenzen in der Einschätzung* der therapeutischen Maßnahmen sowie der permanenten apparativen Überwachung: Die betroffenen Patienten empfinden eher eine verstärkte Sicherheit, während das Arbeitspersonal diese Faktoren als belastend für die Patienten einstuft.

Dazu paßt auch eine übereinstimmende Beobachtung aller Teilnehmer der Arbeitsgruppe: Lediglich das *Krankenpflegepersonal* berichtet über erhebliche *emotionale*

---

* Die Arbeitsgruppe besteht aus 12 Teilnehmern

Spannungen und *psychische Probleme,* ist immer wieder auf der Suche nach Aufarbeitung der gefühlsmäßigen Erfahrungen und einer damit verbundenen Verminderung des eigenen Leidensdrucks. Es werde nicht alleine in körperlicher und technischer, sondern auch in psychologischer Hinsicht bis an die *Grenze seiner Leistungsfähigkeit* beansprucht. *Ärzte* scheinen – z. T. wegen ihrer nur kurzen Aufenthaltsdauer auf einer Intensivstation – überwiegend damit beschäftigt zu sein, den hohen *technischen Anforderungen* gerecht zu werden. Dazu Herr Mayer (Internist aus Kiel): Erst einmal müsse das Handwerk gelernt werden, später könne man sich mehr Zeit für psychologische Belange nehmen. Häufig stehe aber gerade dann schon wieder die Versetzung auf eine andere Station an.

Psychosomatischer Konsiliardienst auf Intensivstationen ist äußerst selten; häufiger wird ein psychiatrischer Konsiliarius zu Rate gezogen. Herr Zettl (Psychologe aus Heidelberg) wies darauf hin, daß sich ein auf Station gerufener Psychosomatiker oft in eine Art *Einzelkämpferposition* befindet; er werde zudem mit einer Vielzahl vollkommen heterogener Erwartungen der beteiligten Parteien konfrontiert. Gerade im psychosomatischen Konsiliardienst könne das Problem der *Klinikhierarchie* (z. B. Macht-Ohnmacht-Konflikte zwischen Pflegepersonal und Ärzten) für den betreffenden Kollegen schnell zu einem gefährlichen Fallstrick werden. Von mehreren Diskussionsteilnehmern wurde in diesem Zusammenhang auf das Problem der Reanimationen und lebensverlängernden therapeutischen Maßnahmen hingewiesen, zu dem der psychosomatische Konsiliarius oft aufgefordert werde, Stellung zu beziehen.

Der psychosomatische Denkansatz findet sich am häufigsten in *Balint-Gruppen* wieder, in denen das therapeutische Team (auch hier wieder überwiegend Krankenschwestern und -pfleger) Unterstützung sucht. Herr Klapp vermutete als Ursache für das häufige *Fernbleiben von Ärzten* u. a. deren hohe Ich-Idealforderungen: jederzeit auch kritische Situationen beherrschen, schnelle Entscheidungen treffen zu können. Kritische *Selbstreflektion* in der Balint-Gruppe führe aber eher zur Wahrnehmung eigener *Defizite* und damit zu *Verunsicherungen.* Deswegen werde die Teilnahme an solchen Gruppen häufig gemieden, bzw. von den Ärzten eher als Forderung denn als hilfreiche Entlastung erlebt.

Herr Hannich und Herr Haeberle (Psychologe aus Heidelberg) berichteten anschließend über die *erfolgreiche Durchführung* von Balint-Gruppen auf Intensivbehandlungseinheiten: Herr Hannich im Rahmen einer Universitätsklinik, Herr Haeberle an einem Kreiskrankenhaus. Entscheidend für das Gelingen sei in beiden Fällen der vom (Pflege-)Personal ausgehende Wunsch nach einer solchen Gruppe gewesen. Beide betonten jedoch, wie notwendig es sei, *Selbsterfahrung* in solchen Gruppen *zu vermeiden,* auch wenn sie von manchen Teilnehmern gefordert werden. Erfahrungsgemäß sei Selbsterfahrung ein „Gruppenkiller“; es müsse deswegen vom Leiter darauf geachtet werden, daß konsequent „am Fall“ gearbeitet werde, d. h. die Ausrichtung auf die gemeinsame Aufgabe im Mittelpunkt der Gespräche stehe. Immer wieder gehe es aber um Konflikte innerhalb des Behandlungsteams, die dessen Funktionsfähigkeit und Effizienz bedrohen.

Zusammenfassung

Die Intensivmedizin erhält eine zunehmende Bedeutung in der modernen Krankenbehandlung, und bereits mit ihren Anfängen wurden die enormen psychologischen Probleme in diesem Bereich deutlich. Sie betreffen das Behandlungsteam, die Patienten als auch deren Angehörige. Der *Schwerpunkt* der hier bisher von Psychosomatikern geleisteten Arbeit liegt dabei insbesondere in der *Beratung und Betreuung des Personals* der Intensivstationen, weniger in der Versorgung von einzelnen Patienten. Insgesamt handelt es sich bei der Integration der Psychosomatik in die Intensivmedizin bisher eher um zwar vielversprechende, aber häufig an bestimmte Einzelpersonen geknüpfte Ansätze. Von allen Seiten werden deren *Sinn und Notwendigkeit betont* – spätestens bei einer verbindlichen *stellenmäßigen Etablierung* finden solche Bekundungen jedoch ein *schnelles Ende.*

Arbeitsgruppe 5: Kooperation zwischen Humangenetik und Psychosomatik – „genetische Beratung"

Moderation: D. TARIVERDIAN und T. HERZOG/Heidelberg
Bericht von der Diskussion: T. HERZOG und D. TARIVERDIAN/Heidelberg

Die Arbeitsgruppe hatte ca. 40 Teilnehmer, überwiegend Humangenetiker, Psychologen und Sozialpädagogen mit speziellen Erfahrungen in der psychologischen Betreuung aus Beratungsstellen und Forschungsprojekten des gesamten Bundesgebietes, aber auch Ärzte, v. a. Pädiater, aus anderen Einrichtungen.

Einleitung

Vor dem Hintergrund der Kooperation der psychosomatischen Klinik und der humangenetischen Beratungsstelle in Heidelberg skizzierte Herr Herzog als Vertreter der veranstaltenden psychosomatischen Klinik das Anliegen der Arbeitsgruppe:

1) Bestandsaufnahme: Welche Formen von Kooperation zwischen Humangenetikern und psychosozialen Fachleuten sind erprobt, welche Erfahrungen in positiver und negativer Richtung wurden gemacht? Welche Wünsche, Erwartungen und Enttäuschungen sind vorhanden? Wie ist das Verhältnis der routinemäßigen Betreuung von Patienten bzw. Klienten zu separat finanzierten und ausgestatteten Forschungsprojekten unter den real existierenden oft auf allen Seiten sehr einschränkenden Bedingungen?
2) Benennung von Problembereichen und Desiderata.

Herr Tariverdian sprach dann kurz über Inhalt und Probleme der genetischen Beratung. Er wies auf die Definition des Committee on Genetic Counselling (1975) hin, wonach die genetische Beratung:

„... ein Kommunikationsprozeß (ist), der sich mit menschlichen Problemen befaßt, die mit dem Auftreten oder dem Risiko des Auftretens einer genetischen Erkrankung in einer Familie verknüpft sind. Dieser Prozeß umfaßt den Versuch einer oder mehrerer entsprechend ausgebildeter Personen, dem Individuum oder der Familie zu helfen.

1) die medizinischen Fakten einschließlich der Diagnose, den mutmaßlichen Verlauf der Erkrankung und der zur Verfügung stehenden Behandlung zu erfassen,
2) den erblichen Anteil der Erkrankung und das Wiederholungsrisiko für bestimmte Verwandte zu begreifen,
3) die verschiedenen Möglichkeiten, mit dem Widerholungsrisiko umzugehen, zu verstehen,
4) eine Entscheidung zu treffen, die ihrem Risiko, ihren familiären Zielen, ihren ethischen und religiösen Wertvorstellungen entspricht und in Übereinstimmung mit dieser Entscheidung zu handeln und
5) sich so gut wie möglich auf die Behinderung des betroffenen Familienmitgliedes und/oder auf ein Wiederholungsrisiko einzustellen."

Daraus leitet sich ab, daß im Rahmen einer genetischen Beratung neben der medizinisch-genetischen Fragestellung die psychosozialen Aspekte von großer Bedeutung sind.

Aufgrund des zunehmenden Umfangs der Beratung z. B. durch die Einführung der neuen diagnostischen Techniken und durch die wachsende Zahl der Klienten (1973 wurden in Heidelberg 73 Klienten gesehen, 1987 ca. 2150) einerseits, und der meist fehlenden Kooperationsmöglichkeiten mit den Spezialisten der psychosomatischen Medizin andererseits, können diese Aspekte nicht adäquat bei der Betreuung der Patienten berücksichtigt werden.

In einzelnen Beratungsstellen sind zeitlich begrenzte, z. B. projektgebundene Arbeitsgruppen entstanden, die sich mit diesen Problemen beschäftigen. Anderenorts versucht man, mit Hilfe einer Balint-Gruppe, wie in Heidelberg, diesem Mangel abzuhelfen.

Jedoch hat bis jetzt keiner dieser Versuche eine Kontinuität gehabt. Herr Tariverdian wies auf die Bedeutung einer kontinuierlich funktionierenden Kooperation mit Spezialisten der psychosozialen Medizin hin, damit in Zukunft die Betreuung der Klienten humangenetischer Beratungsstellen optimiert werden kann.

Frau Brandner, Psychiaterin und Psychotherapeutin aus der Psychosomatischen Universitätsklinik Heidelberg, berichtete einleitend über Erfahrungen mit der *Balint-Gruppe an der Humangenetischen Beratungsstelle Heidelberg,* die sie und Herr Herzog gemeinsam leiten. Diese Art der Kooperation zwischen der psychosomatischen Klinik und der humangenetischen Beratungsstelle besteht mit Unterbrechungen seit 5 Jahren, in der gegenwärtigen personellen Zusammensetzung seit etwa $1^1/_2$ Jahren mit Sitzungen in 14tägigen Abständen und der Möglichkeit telefonischer Kontaktaufnahme und direkter Überweisung von Klienten in die Ambulanzen der psychosomatischen Klinik bzw. der Abteilung für Psychotherapie und medizinische Psychologie.

In den Balint-Gruppensitzungen tauchte sowohl im Kontext der pränatalen Diagnostik wie auch dem der genetischen Beratung bei Verdacht auf erbliche Belastung oder genetisches Risiko immer wieder die *Frage des Beratungsauftrages* auf. Inwieweit wünschen die Klienten von den Beratern tatsächlich v. a. reine Informationsvermittlung, wollen sie mit diesen gemeinsam nach einer Entscheidung suchen, eine bereits getroffene Entscheidung bestätigt haben, sich von Verantwortung entlastet wissen hinsichtlich der Entscheidung, eine Schwangerschaft auszutragen? Und welchen Stellenwert haben andere als die manifest thematisierten Probleme, eben der latente Beratungsauftrag, der oft erst bei der Diskussion in der Gruppe ins Blickfeld rückt?

Dieses Thema des Beratungsauftrages ist um so brisanter wegen des *hohen Anspruchs der Berater,* „nondirektiv" beraten zu wollen und zu müssen, auch vor dem spezifisch deutschen historischen Hintergrund.

Ein weiteres Kernproblem ist die Frage nach der *Vermittlung objektiver Information* oft in Form von Wahrscheinlichkeitsaussagen in einer für beide Seiten emotional hoch gespannten *komplexen menschlichen Begegnungssituation,* für die angesichts der vielfachen divergierenden Aufgaben und Aspekte, die sie erfüllen soll, nur äußerst wenig Zeit zur Verfügung steht.

Angesichts dieser sehr schwierigen und belastenden Situation der Berater versuchten die Balint-Gruppenleiter, einen *geschützten Rahmen* anzubieten, um Raum zu geben für Mitteilung von persönlicher Betroffenheit, Reflexion eigener und gesellschaftlicher Normen und Werte, Diskussion der Schwierigkeiten bei der Erarbeitung des tatsächlichen Beratungsziels mit den Ratsuchenden. Zur Entlastungsfunktion der Gruppe gehört auch die Möglichkeit, sich Luft zu machen über die eigenen Gefühle hinsichtlich der Klienten, aber auch der jeweiligen konkreten Arbeitssituation.

Im *Entwicklungsprozeß dieser Gesprächsgruppe* ging es entsprechend der erst allmählich wachsenden Vertrautheit zunächst v. a. um die *Vermittlung von Informationen.* Die Gruppenleiter wurden als Psychiater zu psychiatrischen Fragen angesprochen. Zunehmend rückte dann der *Umgang mit Gefühlen,* deren Wahrnehmung, Mitteilung, Reflexion in den Vordergrund. Hier wurden die besonderen Belastungen in der genetischen Beratung, in der es oft keine einfachen Lösungen gibt, deutlich. Die Berater fühlen sich oft als Ärzte angesprochen, doch ohne Behandlungsauftrag, sehen oft Klienten, die von den behandelnden Ärzten in schwierigen Situationen an die Berater „abgeschoben" werden. Gefühle von Ohnmacht, Hilflosigkeit und Schuldgefühlen und korrespondierende Gefühle von Wut, Verärgerung und Rückzug auf die „harte somatische" Basis, auf die Kernaufgabe der Informationsvermittlung, zur Abwehr eigener Betroffenheit werden dabei mobilisiert. Immer wieder ging es um Ausmaß und Erfüllbarkeit der eigenen Ansprüche und um den Umgang mit dem Gefühl des Scheiterns oder des „Immer-nicht-genug-Tuns".

So ist eine wichtige Funktion der Gruppenarbeit das *Aufklären von Abwehrstrategien.* Besser wahrgenommen und in ihrer Schutzfunktion verstanden sollen diese so weit verflüssigt werden, daß sie Klient und Berater gleichermaßen vor Überforderung wie vor krassem Wechsel von Haltung und Vorgehen schützen, die Kontinuität der Beratungssituation ermöglichen. Hier liegt eine wesentliche Chance der Balint-Gruppe in der Spiegelung der Beratungssituation im kontinuierlichen und regelmäßigen Umgang miteinander, im Gegensatz zur mehr punktuellen Begegnung zwischen Beraterin und Klientenpaar.

Ein weiteres wesentliches Thema war die *unterschiedliche Repräsentanz der Geschlechter* in der Beratungssituation. So kam es in den vorgestellten Problemsituationen wiederholt zur Ausblendung des männlichen Partners wie zur Identifikation der in der Regel weiblichen Beraterin mit der ratsuchenden Frau. Das Ergänzungsverhältnis von weiblicher Balint-Gruppenleiterin und männlichem Balint-Gruppenleiter bewährte sich gerade hier immer wieder. Die Identifikation der Beraterin mit der ratsuchenden Frau wird verständlich, wenn man bedenkt, daß es um den Körper der Frau geht und die Hauptsorge für die Kinder, ob behindert oder nicht, aber besonders im Falle der Behinderung, in der Regel bei den Frauen liegt. Auch die Beratungstätigkeit selber, die neben der fachlichen Kompetenz v. a. die Bereitschaft und Fähigkeit, Situationen des Nicht-handeln-Könnens auszuhalten, fordert, wird, zumindest in Heidelberg v. a. von Frauen durchgeführt, möglicherweise auch ein Hinweis auf das Fortbestehen tradierter gesellschaftlicher Rollenteilung.

Für die *Zusammenarbeit in der Balint-Gruppe* ist entscheidend, sich behutsam, vorsichtig und offen den Kollegen in ihrem jeweils anderen Arbeitsbereich zu nähern, mit der *Einstellung von Lernenden* mit fundierter spezieller Kompetenz in einem für den anderen zunächst unvertrauten Bereich. Mit *klaren Rahmenbedingungen* als Schutz vor Überforderung und Überschätzung und *ausreichender zeitlicher Perspektive* als Voraussetzung für einen Entwicklungsprozeß wird eine solche Arbeit dann für beide Seiten sehr befriedigend und anregend, kann sich die Beratungssituation in der Balint-Gruppe spiegeln, werden auftretende Schwierigkeiten erlebbarer mit der Möglichkeit, neue Sichtweisen zu entwickeln und neue Wege in der Praxis auszuprobieren.

In der anschließenden *Diskussion* fand die Darstellung großes Echo. Insbesondere war für die überwiegend weiblichen Teilnehmer der Arbeitsgruppe die *Frage der Geschlechterrolle* und des Geschlechterverhältnisses brisant, ergaben sich viele Anknüpfungspunkte, angefangen von der Situation der Arbeitsgruppe selber, die von 2 Männern moderiert wurde, bis hin zu den hierarchischen Verhältnissen an vielen Einrichtungen.

Frau Reiff, Psychologin aus Ulm, wies auf die positiven Erfahrungen mit einer Gesprächsgruppe von Psychologen und genetischen Beratern in Ulm hin. Allgemein wurde ein *regelmäßiger Austausch in geschützten Rahmenbedingungen,* frei von hierarchischer Interferenz, als für die eigene Verarbeitung und Kompetenzerweiterung wesentlich gewünscht, fehlt es in den meisten Zentren aber an solchen Möglichkeiten, außerhalb von speziellen und zeitlich befristeten Drittmittelprojekten. Frau Schroeder-Kurth unterstrich die *schwierige Situation von Mitarbeitern in Leitungsfunktion,* die mit ihrer Betroffenheit und ihren Fragen wegen ihrer hierarchischen Funktion nicht an den institutsinternen Balint-Gruppen teilnehmen können, sich leicht alleine gelassen fühlen und sich deshalb Aussprachemöglichkeit außerhalb verschaffen müßten. Von Frau Brandner und Herrn Herzog wurde ausgehend von dem Vorgehen in psychosomatischen Kliniken auf die Problematik einer Gesprächsrunde hingewiesen, die einerseits dem offenen Austausch von Gefühlen, Empfindungen, Wahrnehmungen dienen soll, andererseits aber Dienstvorgesetzte mit weitreichenden administrativen Befugnissen über die nachgeordneten Mitarbeiter einschließt.

Frau Schroeder-Kurth, Direktorin der Abteilung Zytogenetik am Institut für Humangenetik und Anthropologie der Universität Heidelberg, eröffnete den Abschnitt mit spezieller humangenetischer Thematik mit *Anmerkungen zur Indikationsstellung in der genetischen Beratung vor der pränatalen Diagnostik.* Ihrer Ansicht nach treffen sich Psychosomatik und pränatale Diagnostik

1) bei der *Indikationsstellung,* die als Begründung für die ärztliche Gewebeentnahme und Untersuchung gefordert werden muß, ebenso aber gesellschaftlichen Kriterien standhalten muß,
2) durch die *Schlüsselposition der Ärzte,* die durch ihre Zustimmung oder Ablehnung über den Spielraum der medizinischen Indikationen, über die Auswahl der Krankheiten mit der Entscheidungsmöglichkeit zum Schwangerschaftsabbruch und auch über eine Ausweitung der pränatalen Diagnostik auf sog. psychische Indikationen entscheiden und
3) durch die Probleme, die aus dem Beruf des Arztes und Beraters entstehen, der seine *Entscheidungen* und Begründungen im Einzelfall vor sich selbst, gegenüber Kollegen und vor seinen ärztlichen Pflichten und Auflagen zu *vertreten* hat. Damit wird der zentrale Punkt berührt, wie der beratende Arzt mit den *Konflikten,* den *raschen Entscheidungen,* dem *Druck* durch Schwangere und Paare in verschiedensten Konstellationen fertig werden kann.

Dabei kommt es zu unterschiedlichsten Bewältigungsversuchen: Rückzug in andere Fachgebiete oder Rückzug in die Forschung aus Überforderung, aber auch Inanspruchnahme der entlastenden Wirkung von Balint-Gruppen, sofern diese dauerhaft institutionalisiert werden können.

Die Diskussion über die *Indikationsstellung* für die in der Öffentlichkeit ja sehr ambivalent diskutierte *Pränataldiagnostik* muß 2 Ebenen berücksichtigen: Den somatischen Anteil mit seinen objektivierbaren und quantifizierbaren einzelnen Begründungen und die psychischen Komponenten, wegen ihrer subjektiven Prägung schwerer faßbar und auf beiden Seiten, bei Arzt und Schwangerer, zu finden.

Die *somatischen Aspekte* bei der Indikationsstellung sind vergleichbar mit denen in anderen medizinischen Bereichen. Erleichtert wird die Indikationsstellung – ab einem Erkrankungsrisiko in der Größe von 1% für die Erkrankung des Kindes – durch die geringen methodischen Risiken bei der Gewebeentnahme. Eine solche Untersuchung zielt darauf ab, bei Überführung einer Wahrscheinlichkeitsdiagnose in die sichere Diagnose einer Krankheit die Möglichkeit des Schwangerschaftsabbruchs zu diskutieren. Hier kommt aber sehr schnell der *subjektive und gesellschaftliche Faktor* weit auseinander reichender Einschätzungen über Schweregrad und Bedeutung einer Krankheit im Sinne einer Abweichung von einer wie immer erstellten Norm zum Tragen.

Gerade die zunehmende Verfügbarkeit technischer Untersuchungsmethoden und das Grundrisiko einer Chromosomenerkrankung in jedem Alter der Schwangeren führen zunehmend zu Konflikten in den Beratungsstellen, wenn gut informierte und gut argumentierende Klienten auf *Pränataldiagnostik ohne medizinische Indikation* bestehen. Hier geht es oft um eine *diffuse Angst* vor einem behinderten Kind, die aus der bisherigen Biographie der Ratsuchenden herübergreift in eine subjektive Vorstellung des antizipierten Lebens mit einem solchen „Behinderer des eigenen Lebens". Zu den Aufgaben der Beratung gehört es deshalb auch, die Verhältnismäßigkeit solcher häufig gegenüber den objektivierbaren Gründen übermächtig dargestellten Nöte oder Dringlichkeiten zu diskutieren und ethisch zu problematisieren.

Besonders in diesen Bereichen der *„psychischen Indikation"* aus Furcht vor dem „nicht perfekten" Kind ist der Berater oft hilflos, bedarf die medizinisch-somatische Seite der Ergänzung durch psychosomatische Kompetenz.

So hat die genetische Beratung 2 Wünsche an die Psychosomatik und Psychologie:

1) *Entlastung der Berater* und Bereitstellung eines Rahmens zum Austausch der skizzierten Probleme etwa im Sinne eines Supervisionsmodells;
2) *fallbezogene intensivere Zusammenarbeit* in folgenden Fällen:
   - der genetische Berater stellt bei entsprechendem Wunsch der Schwangeren *keine Indikation* für eine pränatale Diagnostik;
   - die *Schwangere lehnt* bei hohem Risiko für eine Erkrankung die pränatale Diagnostik *ab;*
   - im Falle eines sehr beeinträchtigenden pathologischen Befundes *Hilfestellung für die Schwangere* und für den Berater;
   - die Betreuung der Schwangeren *nach einem erfolgten Schwangerschaftsabbruch.*

Auf die umfassende Einführung in die Problematik durch Frau Schroeder-Kurth folgten Berichte aus 2 Drittmittelprojekten in Ulm bzw. Gießen, in denen jeweils auf die psychologischen Aspekte der unterschiedlichen Methoden der Pränataldiagnostik, Amniozentese und Chorionbiopsie, eingegangen wurde.

Frau Reif, Psychologin an der Abteilung Klinische Genetik der Universität Ulm, führte im Rahmen des Sonderforschungsbereichs „Psychotherapeutische Prozesse" die Studie *„Verlauf und Auswirkungen genetischer Beratung"* (Reif u. Baitsch 1986) durch und untersucht in einem derzeit anlaufenden Projekt die *Rolle der Beratung im Zusammenhang mit der Chorionbiopsie und der DNA-Diagnostik.*

Im ersten Projekt wurden Tonbandaufnahmen von Beratungsgesprächen vor Amniozentese (fetoskopische Fruchtwassergewinnung, ca. 16.–17. Schwangerschaftswoche) und anschließende Gespräche mit Klienten und Beratern über die Beratung ebenso wie ein Katamnesegespräch nach 1 Jahr durchgeführt und ausgewertet. Wesentlich für die ausgesprochen gute Zusammenarbeit in diesem Forschungsprojekt war die Unterstützung des Leiters der Abteilung. Im Verlauf des Projektes tauchte bei den Beratern der Wunsch nach einer *Geprächsrunde* auf, um dort Probleme mit spezifischen Beratungen, Rollen- und Selbstverständnis, Wertorientierung und deren möglicher Einfluß auf die Klienten zu besprechen. Im Rahmen dieser Gesprächsrunde geriet zunehmend die Beratung vor Chorionbiopsie (transzervikale Aspiration von Choriongewebe, ca. 8.–11. Schwangerschaftswoche) in den Blickpunkt. Daraus entwickelte sich das zweite derzeit anlaufende Projekt, nachdem bei den Beratern das Bedürfnis entstanden war, auch solche Beratungsgespräche auf Tonband zu protokollieren und deren Ablauf näher zu untersuchen. Aufgrund der Drittmittelförderung kann diese Gesprächsrunde nun wöchentlich statt 14tägig stattfinden und ist institutionell und räumlich in die Beratungsstelle integriert.

Die Untersuchung soll das Geschehen in der Beratung und in der Folgeberatung genauer erfassen, dabei Fragen des Zeitpunkts und des Vorgehens sowie der Einbeziehung beider Partner berücksichtigen und Probleme der Nachbetreuung klären, schließlich soll sie die Dichotomie *„Beratung als Angebot"* gegenüber *„Beratung als Verpflichtung"* diskutieren und die *Bedeutung von Gruppen- und Einzelsupervision* für Beratungen und Berater abschätzen helfen.

Frau Prybylski, Psychologin am Institut für Humangenetik der Universität Gießen, berichtete über eine seit März 1986 laufende *Studie über die psychischen Aspekte der pränatalen Diagnostik an Chorionzotten* (im Rahmen des Forschungsprojektes „Pränatale Diagnostik an Chorionzotten", gefördert vom BMFT).

Dabei geht es um folgende Fragestellungen:

- *Was beeinflußt die Entscheidung,* eine Chorionbiopsie, eine Amniozentese oder keine pränatale Diagnostik durchführen zu lassen?
- Wie ist das *subjektive Erleben* der Untersuchung und ihre Akzeptanz?
- Können *psychische Belastungen* der Schwangeren bei der Chorionbiopsie im Vergleich zur Amniozentese verringert werden?

Methodisch kamen zum Einsatz ein gemeinsames Beratungsgespräch vor der pränatalen Diagnostik mit dem ärztlichen Berater, ein Gespräch unmittelbar nach der Chorionbiopsie in der Freuenklinik, Fragebogen nach Befundmitteilung und nach Geburt sowie ein Beratungsangebot der Psychologin bei Komplikationen, Abort oder Schwangerschaftsabbruch.

Wegen des im Vergleich zur Amniozentese früheren Untersuchungszeitpunktes und der damit verbundenen früheren Möglichkeit eines Schwangerschaftabbruchs bei pathologischem Befund wählten 88% aller Frauen die Chorionbiopsie. Die Frauen mit einer genetischen Risikoschwangerschaft beschäftigten sich innerlich über Erwarten mit der Entwicklung des Kindes in der 20. Schwangerschaftswoche und wählten wohl deshalb ausschließlich die Chorionbiopsie. Die neue Schwangerschaft rief die Erinnerung an den früheren Abbruch wach, und die Frauen nutzten das Gespräch mit der Psychologin z. T. auch für die Trauerarbeit.

Trotz der relativen Erleichterung darüber, daß bei pathologischem Befund mit Hilfe der Chorionbiopsie das Ergebnis so früh in der Schwangerschaft festgestellt werden konnte, erscheinen die psychischen Prozesse ähnlich wie bei einem späteren Abbruch, insbesondere auch die Schuldgefühle darüber, die Geburt eines kranken Kindes nicht akzeptieren zu können.

Die bisherige Erfahrung im Projekt zeigt deutlich, daß eine *Möglichkeit der intensiven psychologischen Betreuung* bei Schwangerschaftsabbrüchen als Folge pränataler Diagnostik durch Amniozentese wie durch Chorionbiopsie im Angebot der humangenetischen Beratung enthalten sein sollte.

In der anschließenden *Diskussion* dieses Themenabschnittes wird erneut die Frage des *Geschlechterverhältnisses* und der *Einbeziehung der Männer* in die Beratung thematisiert, nachdem in den vorangegangenen Referaten die Aufmerksamkeit ganz auf die Situation der werdenden Mutter gerichtet war. Nach der Erfahrung von Frau Prybylski überlassen Männer ihren Frauen oft die Entscheidung, drängen ihre Frauen aber auch oft zur Pränataldiagnostik, halten die Behinderung eines Kindes nicht so gut aus. Bei Chorionbiopsie sind die Frauen eher betroffen und emotional involviert. Je weiter die Schwangerschaft vorangeschritten ist, um so mehr können sich die Männer mit der Schwangerschaft und den daraus resultierenden Problemen identifizieren.

Es wurden dann folgende *Vorstellungen über die Aufgaben genetischer Beratung und über die Funktion einer eventuellen Kooperation mit der Psychosomatik* herausgearbeitet:

1) Der Berater als *therapeutischer Begleiter* von Problemfamilien, Frauen mit Problemschwangerschaften usw.
2) Der Berater als *„genetischer Handwerker"*, der alles andere delegiert, das Soziale an die Sozialarbeiter, das Psychische an die psychologischen Spezialisten etc.
3) Der Berater mit *umfassenden Kenntnissen,* der das ganze Problemspektrum wahrnehmen und handhaben kann.

Dabei wurde auch der *Wunsch nach direkter Übernahme* von Patienten durch Psychosomatiker geäußert, ebenso wie der Wunsch nach Supervision als Entscheidungshilfe, aber, wie deutlich wurde, auch aus dem latenten Bedürfnis heraus, Ambivalenzen auszublenden. Allgemein war ein großer Bedarf nach Entlastung und Hilfe bei der Verarbeitung der Beratungssituation spürbar.

Im folgenden Abschnitt über *humangenetische und psychosomatische Aspekte von Beratung und Diagnostik sowie Betreuung und Bewältigung bei Geschlechtschromosomenstörungen* berichteten Frau Bühren, Ärztin, und Frau Blin, Diplom-Pädagogin, aus dem Modellprojekt *„Zur psychosozialen Betreuung von Mädchen und Frauen mit Ullrich-Turner-Syndrom und deren Eltern"* der medizinisch-genetischen Beratungsstelle des Instituts für Humangenetik der Universität des Saarlandes. Neben der Darstellung der besonderen Thematik von Betroffenen gingen die Referentinnen ausführlich auf unterschiedliche Aspekte der Kooperation zwischen Humangenetik und Psychosomatik, aber auch zwischen anderen Berufsgruppen, ein. Das drittmittelfinanzierte Projekt wurde 1985 initiiert, als zunehmend deutlich geworden war, daß eine primär auf medizinische Fakten bezogene Beratung und überwiegend *somatische Betreuung* dieser Klientengruppe *nicht ausreicht*, um deren vielfältigen psychosozialen Problemen gerecht zu werden. Es werden Interdependenzprozesse zwischen den beim Turner-Syndrom vorliegenden genetischen Schädigungen, den somatischen Symptomen und verschiedenen Umweltfaktoren untersucht, und die durch einen qualitativen Untersuchungsansatz gefundenen Ergebnisse werden als Grundlage für die schrittweise Entwicklung einer Konzeption zur *Verbesserung der psychosozialen Versorgung* der Patientinnen und ihrer Angehörigen verwandt. Ausgangshypothese ist, daß Entwicklungsdefizite und Verzögerungen nicht ursächlich auf die genetische Grundstörung zurückgeführt werden können, sondern oft erst sekundär entstehen, sich daraus Ansätze für präventive und therapeutische Maßnahmen ergeben. Die Zielsetzung des Modellprojekts umfaßt deshalb neben der Erarbeitung und Verbreitung von Informationsmaterial auch die Entwicklung eines auf andere Institutionen übertragbaren Konzeptes zur Verbesserung der Beratung und Betreuung und zur bundesweiten *Etablierung von Selbsthilfegruppen* für die Betroffenen mit Ullrich-Turner-Syndrom.

Bei der Erprobung integrativer Zusammenarbeit zwischen einer Ärztin und einer Pädagogin mit unterschiedlichen Erfahrungs- und Arbeitsschwerpunkten zeigte sich in den vergangenen 3 Jahren, daß die für diesen Bereich charakteristischen komplexen Arbeitsanforderungen durch das vorhandene Spektrum gemeinsamer Qualifikationen effektiver erfüllt werden können als von jeder einzelnen Mitarbeiterin. Die umfassende Beratung erfolgt gemeinsam. Die unterschiedlichen beruflichen Vorkenntnisse ermöglichen es den Beraterinnen, die Probleme der Ratsuchenden ganzheitlicher wahrzunehmen, umfassender zu verstehen und eine Vielfalt von Problemlösungs- und Bearbeitungsmöglichkeiten anzubieten. Inzwischen sind klare fachliche Abgrenzungen nicht mehr möglich und meist auch nicht nötig, da jede der Beteiligten sich mit den Möglichkeiten und Ansätzen des anderen Fachgebietes bei dieser speziellen Problematik vertraut gemacht hat. Die Betreuten selber erleben es als Vorteil, Ansprechpartnerinnen aus unterschiedlichen Fachgebieten zu haben, mit denen das ganze Spektrum an Fragen von den streng medizinischen zu den sozialen geklärt werden kann.

Wesentlich für die Kooperation ist ein *Prozeßverständnis von Zusammenarbeit.* So folgte in Homburg auf eine konfliktträchtige Anfangsphase, in der eine gemeinsame Sprache und Zielsetzung gefunden werden und Konkurrenzverhalten bzw. Kompetenzstreitigkeiten erkannt und thematisiert werden mußten, eine Experimentierphase, in der der Einsatz der eigenen Fähigkeiten in gemeinsamen oder von einander abgegrenzten Aktivitäten erprobt wurde. Erst dann wurde eine Phase erreicht in der die beruflichen und persönlichen Fähigkeiten der einen Mitarbeiterin von der anderen als Ergänzung und Entlastung und damit als Erhöhung der eigenen Produktivität angenommen werden konnten und konstruktive gegenseitige Kritik als Chance für eine Änderung des eigenen Verhaltens und Verstehens erlebt werden konnte.

Bei der Kooperation mit den im Rahmen des Projektes etablierten Selbsthilfegruppen zeigte sich, daß die erhöhte Eigenkompetenz der an solchen Kontaktgruppen Teilnehmenden von manchen Klinikern als Bedrohung empfunden und mit Konkurrenzaktivitäten beantwortet wird.

Entscheidende Voraussetzungen für eine funktionierende Kooperation sind nach den Homburger Erfahrungen:

1) ausreichende Zeit, um die verschiedenen Entwicklungsphasen durchzumachen;

2) Unterstützung der Zusammenarbeit durch die jeweilige Leitung; nichtärztliche Mitarbeiter müssen dabei besonders unterstützt werden, da sie zunächst einmal einen schwereren Stand haben;
3) ausreichendes Engagement aller Beteiligten an der gemeinsamen Arbeit.

In der *Diskussion* wurde deutlich, daß viele Frauen bei einem XO-Befund wegen, oft auch von Gynäkologen mitgeteilter, Negativinformation über das Turner-Syndrom die Schwangerschaft abbrechen. Für die Homburger Arbeitsgruppe wurde es mit zunehmender Vertrautheit mit den betroffenen Familien immer schwieriger, in Richtung auf eine Indikation zum Schwangerschaftsabbruch zu beraten, wurde es immer wichtiger, auch die Möglichkeiten und positiven Perspektiven als Gegengewicht zu den meist negativen Erwartungen der Ratsuchenden zu unterstreichen, z. B. durch Vermittlung von Kontakten zu betroffenen Familien mit eher ermutigenden Erfahrungen.

Hier zeigten sich erneut die Schwierigkeiten, „nondirektiv" zu beraten, trotz bestimmter subjektiver Erfahrungen eines Beraters, verschärft durch die projektbezogene Spezialisierung, das Gespräch nicht in eine bestimmte Richtung zu steuern. Frau Blin vertrat dezidiert, die positive Seite des Austragens einer Schwangerschaft und des Umgehens mit einem Turner-Kind zu betonen, da man Emotion und persönliche Wertung nicht aus dem Beratungsprozeß heraushalten können. Frau Prybylski unterstrich das Grundproblem der Beratungssituation, daß die Zukunft unbestimmbar sei und alle, Berater wie Ratsuchende, lernen müßten, damit umzugehen.

Herr Riedesser, Kinderarzt aus Freiburg, betonte das geringe Wissen über Langzeitverläufe und deren Verarbeitung und den Einfluß der jeweiligen Patientenselektion auf die individuelle klinische Urteilsbildung und forderte deshalb Langzeitkooperationsstudien, um das erhebliche Forschungsdefizit auszugleichen.

Er problematisierte die Riesenansprüche von Beratern, die, wie im Bericht und in der Diskussion geäußert, eine langfristige Familienbegleitung anstreben und wies auf die damit verbundene Gefahr der Überforderung und Enttäuschung hin.

Der letzte Themenkomplex der Arbeitsgruppe betraf die *Chorea Huntington.* In die Problematik eingeleitet wurde durch ein ausführliches Referat von Frau Froster-Iskenius, Ärztin am Institut für Humangenetik der Medizinischen Universität zu Lübeck, über die *Problematik der Beratung, Diagnostik und Betreuung bei Chorea Huntington,* seitdem prinzipiell die Möglichkeit zu präsymptomatischen Testungen an Symptomträgern zur Verfügung steht. Spätes Minifestationsalter, vollständige Penetranz und Expressivität und fehlende therapeutische Interventionsmöglichkeiten machen die Aufklärung über das hohe Erkrankungsrisiko bei Angehörigen entsprechender Familien zu einer *sehr belastenden und für den Ratsuchenden beängstigenden Situation.* Deshalb ist zunächst die wichtigste Aufgabe des Beraters die Absicherung der Diagnose durch Familienanamnese, neurologische und radiologische Untersuchungen in einem mehrstufigen Prozeß. Besondere psychologische Probleme entstehen dadurch, daß 80% der Ratsuchenden nach dem Erkrankungsrisiko für eigene Kinder fragen, aber tatsächlich *selber Risikoträger* sind und in der Beratungssituation damit konfrontiert werden.

Zur Beratung kommen einerseits Ehepartner mit Fragen nach den begleitenden sozialen Momenten der Erkrankung, dem Sinn der Erkrankung und Nöten aufgrund der eigenen Ambivalenzkonflikte um Akzeptanz – Ausstoßung des kranken Partners. Die andere Gruppe sind die Risikopatienten selber, die meist nach dem Risiko der

Kinder fragen, aber implizit auch nach dem eigenen Risiko und auf die Beratung dann entweder mit *Akzeptanz* oder mit *Ablehnung* und *Verdrängung* der Situation reagieren.

Seit der Lokalisierung eines molekulargenetischen Markers 1983 stellt sich das Problem der präsymptomatischen Testung. Diese ist ethisch problematisch, da keine effektive Therapie vorhanden ist. Auch kommt es nur bei ca. 20% der Ratsuchenden zu einer Klärung, bei weiteren 60% zu einer immerhin genaueren Bestimmung der Risikosituation. Neben molekulargenetischen Voraussetzungen ist für die Durchführung der präsymptomatischen Testung unerläßlich, daß ausreichend viele Schlüsselpersonen im Stammbaum, also Familienangehörige, zur Blutentnahme bereit sind und daß eine psychologische Begleitung der Ratsuchenden während aller Phasen der Diagnostik gewährleistet ist. Die besonders sorgfältige psychosoziale Betreuung ist auch wegen der, möglicherweise krankheitsbedingten, hohen Suizidgefährdung der Risikopatienten, erforderlich. In der Bundesrepublik wird die präsymptomatische Testung bisher nicht durchgeführt.

Aufgrund einer kanadischen Pilotstudie über präsymptomatische Testung und eigener Untersuchungen in Lübeck an Huntington-Familien forderte die Referentin eine integrierte humangenetische, neurologische, radiologische sowie psychiatrisch-psychosomatische Betreuung der Familien als unerläßlich. Bei 20–30% der ratsuchenden Risikopersonen wurden entweder falsche Diagnosen gestellt oder war die Diagnose nicht hinreichend gesichert. Die Ratsuchenden waren mehrheitlich älter als erwartet, nämlich über 36 Jahre, und sorgten sich manifest v. a. um die eigene Lebensplanung, z. B. die berufliche Karriere, in geringerem Ausmaß auch um das Risiko für eigene Kinder. Ein Hauptgrund für die Teilnahme oder gewünschte Teilnahme an einer präsymptomatischen Untersuchung war die Erwartung, daß es in absehbarer Zeit eine Therapie des Krankheitsbildes geben werden.

In Kanada zeigte sich, daß wider Erwarten Risikopatienten mit negativem Testergebnis teilweise mit Schuldgefühlen reagierten („nun kriegt es meine Schwester"), während nicht selten die Reaktion auf einen positiven Test Erleichterung war. Die größten Ängste lösten nicht eindeutige Tests aus, die ja nach wie vor die große Mehrheit der Testergebnisse ausmachen, mit Reaktionen wie „Ihr wißt es und wollt es mir nur nicht sagen", „Jetzt hab' ich all das gemacht und weiß doch nicht mehr als vorher", aber auch „Ich habe alles getan, was ich konnte, um die Situation zu klären".

Nach den Lübecker Erfahrungen besteht ein Bedarf nach einer sicheren präsymptomatischen Testung. Beratungsziele können dabei nur sein, individuell die Lebensqualität zu verbessern, bei der Familienplanung zu helfen und Hintergrundinformationen für die Lebensplanung zu liefern. Ziel darf *nicht* sein, die Krankheit auszurotten oder die Genfrequenz zu senken. Eine Einführung der präsymptomatischen Testung in der Bundesrepublik ist wegen der besonderen geschichtlichen Situation schwierig, aber auch wegen bisher fehlender finanzieller und personeller Voraussetzungen für die unbedingt erforderliche psychosoziale Betreuung im Zusammenhang mit der Untersuchung zur Zeit nicht vertretbar.

Frau Sturm, Sozialpädagogin am Institut für Humangenetik der Universität Ulm berichtete anschließend ergänzend über 4 Jahre *Mitberatung bzw. -betreuung von etwa 20 Familien mit Chorea Huntington* als Sozialpädagogin in der genetischen Beratung und betonte die Notwendigkeit von mehr Integration medizinischer und sozialer

Dienste sowie den Bedarf an mehr Betreuungsmöglichkeiten für diese Familien, auch unabhängig von der Einführung der präsymptomatischen Diagnostik.

Herr Wolff, Humangenetiker und Psychotherapeut am Institut für Humangenetik der Universität Freiburg, berichtete über das *Freiburger Kooperationsmodell bei der Betreuung von Chorea Huntington-Patienten.* Seit 1984 ist in Freiburg eine Zusammenarbeit zwischen Neurologen (Denschel), Psychiatern (Oepen), der genetischen Beratungsstelle und einer Selbsthilfegruppe Betroffener etabliert, veranlaßt durch die mangelnde Betreuung der Familien und Risikopersonen in den verschiedenen einzelnen Kliniken bzw. Ambulanzen. In Freiburg gelten folgende Absprachen: Die psychiatrische Klinik sieht manifest Erkrankte und ist zuständig für die medikamentöse Einstellung, die neurologische Klinik führt elektromyographische Untersuchungen sowie neuropsychologische Untersuchungen zur Früherkennung durch. In der genetischen Beratungsstelle nehmen 2 Sozialarbeiter mit gesprächstherapeutischer Ausbildung an jeder Chorea-Beratung teil und betreuen die Familien, und Herr Wolff selber als Humangenetiker und Psychotherapeut ist zuständig für die humangenetische Seite und die eigentliche psychotherapeutische Betreuung. Alle arbeiten eng mit einer lokalen Selbsthilfegruppe zusammen.

Prinzipien dieser Kooperation sind:

1) Diagnose und Therapie streng von der genetischen Beratung zu trennen, wegen der oft verwirrenden Informationslage;
2) keine Diagnostik, auch keine neurologische Diagnostik, ohne Beratung durchzuführen;
3) unbedingt Personenkonstanz einzuhalten und klare Absprachen zu beachten.

Nach den Freiburger Erfahrungen ist der Bedarf an präsymptomatischer Diagnostik und Pränataldiagnostik geringer als oft behauptet, wohl wegen der guten Informiertheit der Probanden.

Trotz der guten Kooperation dieser 3 Universitätsabteilungen, bisher eher ein Ausnahmefall, ist die Ausstattung weiterhin nicht ausreichend, um den mit der Einführung der präsymptomatischen Testung verbundenen Aufgaben gerecht werden zu können.

Abschließend berichtete Herr Lange, Psychiater aus der Rheinischen Landesklinik in Düsseldorf über seine *Erfahrungen mit betroffenen Familien und Selbshilfegruppen.* Dabei ging er erneut auf das heikle Thema der Eugenik ein und wandte sich gegen die Vorstellung, man könne durch präsymptomatische Testung den Genpool verringern. Nach ausländischen Erfahrungen mit der präsymptomatischen Testung und eigenen Erfahrungen mit Huntington-Familien wird die Frühdiagnostik insgesamt positiv verarbeitet, wenn man darauf achtet, in einer unbedingt erforderlichen Langzeitbetreuung die Familien kompetent zu machen, mit ihrer Problematik umzugehen.

In der abschließenden *Diskussion* versuchten Herzog und Tariverdian die allgemeine Frage nach *Möglichkeiten und Erfordernissen der Kooperation von Humangenetik und psychosomatischer Medizin* aufgrund der Diskussionen und Berichte des Nachmittags zusammenzufassen und es wurde weitreichender Konsens erzielt zu folgenden Punkten:

1) In der praktischen genetischen Beratung stellt sich die Frage nach dem *Beratungsauftrag* als großes Problem. Dabei geht es einerseits um das Spektrum zwischen den

Alternativen „therapeutischer Auftrag" – „Auftrag zur Informationsvermittlung", wie er dem ursprünglichen Selbstverständnis der Beratungsstellen am ehesten entspricht. Es zeigt sich immer wieder in allen Arbeitsbereichen, daß diese Frage nach der Verantwortung für die Betreuung eine große Rolle spielt, besonders deutlich bei der Problematik von Turner- und Huntington-Familien. Andererseits geht es darum, wieweit der Berater, sowohl unter dem Informationsvermittlungs- wie unter dem „Therapieaspekt", neben dem manifesten auch den latenten Auftrag hören kann und soll. Die kontinuierliche Berücksichtigung und Klärung dieser Aspekte erfordert in besonderem Maße die Integration psychologisch-psychosomatischer Sicht- und Zugangsweisen in das Beratungsgeschehen.

2) *Gesprächsgruppen,* in denen Berater mit psychologisch kompetenten Gruppenleitern zusammentreffen, werden als hilfreich erwünscht, sowohl zur persönlichen Entlastung als auch zur Anregung und Wahrnehmungsschulung. Inwieweit solche Gesprächsgruppen darüber hinausgehende beratungsspezifische Kompetenzen vermitteln können, wurde unterschiedlich eingeschätzt.
3) Eine *direkte Kooperation in der Beratungsstelle* kann sehr sinnvoll sein, wenn sie von der Leitung getragen wird, von den Teilnehmern gewollt wird und ausreichend Zeit und ein geschützter Rahmen für das Austragen der unvermeidlichen Konflikte vorhanden sind. Das Ziel einer solchen direkten Kooperation kann sein, Familien und Fälle, in denen die eigene Beratungskompetenz ausreicht, besser unterscheiden zu lernen von solchen, bei denen andere Spezialisten hinzugezogen werden müssen. Neben der Problematik der Rahmenbedingungen stößt eine solche Organisationsform aber bald an die Grenze des derzeitig Finanzierbaren.
4) Zur Alternative zu solch einer „internen Kooperation", nämlich daß einzelne *genetische Berater sich auch psychotherapeutisch kompetent* machen, dem Vorschlag und Beispiel von Herrn Wolff folgend, gibt es kontroverse Meinungen. Frau Reif aus Ulm teilte die Sicht von Herrn Wolff und Herrn Endres, Humangenetiker aus München, daß die Zusammenarbeit mit Psychologen nicht dazu führen darf, die psychosozialen Gesichtspunkte ausschließlich den Psychologen zu überlassen. Auch die ärztlichen Berater müssen über Kompetenzen in diesem Bereich verfügen. Dies bedeute aber nicht notwendigerweise, daß die genetischen Berater eine Zusatzausbildung in Psychotherapie machen. Eine Teilnahme an Balint- oder vergleichbaren Gruppen könne hier aber ein sehr geeigneter Ansatzpunkt sein.
5) Eine *feste Kooperation mit externen Experten,* die über eine regelmäßige Gesprächsgruppe hinausgeht, wird als wünschenswert angesehen, scheitert aber oft an den Kapazitätsproblemen der kooperierenden Abteilungen sowie dem Fehlen weiterer Voraussetzungen.

Herr Herzog wies darauf hin, daß die Mehrzahl der berichteten Kooperationserfahrungen aus zeitlichen befristeten Drittmittelprojekten stammen. Um eine Zusammenarbeit auch unabhängig von besonders engagierten Einzelnen langfristig zu gewährleisten, müssen die jeweiligen lokalen Rahmenbedingungen realistisch eingeschätzt werden. In Heidelberg wurde großer Wert darauf gelegt, eine Kooperation anzubieten, die langfristig andauern kann, auch bei dem an Universitätskliniken allfälligen Wechsel von Personen. Die auf beiden Seiten oft sehr hohen Erwartungen und Ansprüche müssen ständig reflektiert werden, um sich vor Überforderung mit der Folge sicherer Enttäuschung – und in der Alltagsrealität dann oft Aufgabe der Kooperation – zu schützen. Das kann auch bedeuten, weniger als erwünscht und vielleicht erforderlich anzubieten, anstatt sich in Selbstüberforderung zu erschöpfen. Nur so kann allmählich eine tragfähige und dauerhafte Zusammenarbeit entstehen, zu der auf beiden Seiten die sorgfältige und wiederholte Klärung der Rahmenbedingungen, der hierarchischen Verhältnisse, der institutionellen wie der individuellen Motivation für eine solche Zusammenarbeit gehört.

Arbeitsgruppe 6: Dermatologie*

Moderation: S. BECKER und W. HARTSCHUH/Heidelberg
Bericht von der Diskussion: J. LINDER/Heidelberg

Nach Diskussion von Themenvorschlägen stand im 1. Teil der Arbeitsgruppe die Frage nach einigen Verhaltens- und Beziehungsaspekten bei Patienten mit *Psoriasis* (oft in *Abgrenzung* zu den Patienten mit einer *Neurodermitis*) im Mittelpunkt.

Frau Prof. Bojanowsky (Hautklinik der Universität Mannheim) stellte eine gemeinsame mit ihrem Mann (Prof. Dr. Bojanowsky) geplante *prospektive Studie* vor, die die Hypothese, daß *Psoriatiker* trotz ihrer somatischen und v. a. sozialen Handicaps selbstsicherer und mit robustem Selbstvertrauen sozial agieren, kontrollieren soll. Die dabei verwendeten psychologischen Testmethoden (mehrere Subskalen der Frankfurter Selbstkonzeptskalen von Deussinger) sollen mit einer psychodynamischen Analyse wie auch einigen wichtigen körperlichen Befunden verbunden werden. Der prospektive Charakter der Studie sei wichtig, so Frau Prof. Bojanowsky, damit die Stabilität der Persönlichkeitsmerkmale kontrolliert bzw. deren Abhängigkeit von der Aktualität der Krankheit und anderer Faktoren kontrolliert werden kann. Letzlich soll in dieser Studie untersucht werden, ob einige biochemische Veränderungen (Cortisolspiegel im Plasma, Kapicholaminwerte im Urin, intrakutane Testung von Neurotransmittern), die mit Life events als Streßreaktion bei einem Psoriasisschub im Zusammenhang stehen können, nachweisbar sind.

In der sich anschließenden Diskussion wurde angemerkt, daß es in den bisher durchgeführten Untersuchungen zu der Frage „Gibt es eine typische Persönlichkeitsstruktur der Psoriasispatienten?“ *keine eindeutigen Antworten* gefunden werden konnten. Frau *Becker* wies darauf hin, daß es jedoch möglich war, mit Hilfe des Freiburger Persönlichkeitsinventars (FPI) zu zeigen, daß Psoriasispatienten auffällig gefällig und kontaktfreudig sind. Prof. *Bosse* (Universitätshautklinik Göttingen) bestätigte diese Ergebnisse durch die klinische Beobachtung, daß Psoriatiker auf den Stationen häufig als „Stimmungskanone“ bzw. „Betriebsnudel“ gelten. Demgegenüber vertrat Dr. Hartschuh die Auffassung, daß Psoriasispatienten (hier in Abgrenzung zu Neurodermitikern) insgesamt unauffälliger, geduldiger und für den behandelnden Arzt leichter führbar seien.

Übereinstimmend wurde festgestellt, daß sich bei *Psoriasispatienten* ein hoher Prozentsatz von *Alkoholikern* findet. Prof. Bosse vertrat hier die Ansicht, daß Psoriatiker den Alkohol auch benötigen, um die mit der Krankheit verbundenen Konflikte und hier besonders die sozialen Auswirkungen bewältigen zu können. Daher scheue er persönlich bei vielen Psoriatikern ein striktes Alkoholverbot bzw. den Alkoholentzug.

---

* Die Arbeitsgruppe setzt sich aus 11 Teilnehmern zusammen: 4 Dermatologen, 4 niedergelassene Therapeuten, 1 Allgemeinmediziner, 1 Psychiater, 1 Psychologe

Dr. *Hartschuh* hielt dem entgegen, daß nach seiner Erfahrung Alkohol bei der Psoriasis eine Verschlechterung bewirken kann und er deshalb einen Entzug bzw. ein striktes *Alkoholverbot* für unerläßlich hält.

Frau Becker gab zu bedenken, daß bei dieser Beobachtung des Alkoholproblems bei Psoriatikern, die v. a. aus Universitätskliniken stammen, auch die Selektion der dort zur stationären Aufnahme kommenden Patienten bei der Beurteilung zu berücksichtigen sei.

In der Arzt-Patienten-Beziehung zwischen dem behandelnden Dermatologen und Psoriasispatienten zeigen sich einige Besonderheiten:

1) Laut Prof. Bosse legen Psoriatiker dem Arzt gegenüber ein „fast *exhibitionistisches Verhalten"* an den Tag: Sie zeigen rasch und unaufgefordert ihre Hauterscheinungen. Herr Hartschuh wies darauf hin, daß die Erstmanifestation einer Psoriasis (im Gegensatz zur Neurodermitis) im höheren Lebensalter auftritt und somit die Frage zu stellen sei, ob das rasche Zeigen der Hauterscheinungen bei Psoriasispatienten nicht auch mit einer geringeren Schamschwelle der älteren Patienten zu erklären sei.
2) Das von Prof. Bosse so bezeichnete „Schadensersatzphänomen": Es zeige sich bei einer im ambulanten Bereich *schlechten Compliance* der Psoriatiker und einer eher unkritischen Einstellungen der dermatologischen Therapie gegenüber, daß von diesen Patienten oft ein stationärer Klinikaufenthalt erzwungen wird, nicht nur bei einer akuten Verschlechterung der Erkrankung, sondern auch mit dem Bedürfnis sich versorgen zu lassen bzw. „auf Vordermann bringen zu lassen".
   Zum Begriff der *Compliance bei Psoriasispatienten* ergänzte Dr. Hartschuh, daß es nach seiner Erfahrung schwierig sei, den Patienten zu einer aktiven Unterstützung der Therapie zu bewegen:
   a) bei der Gewichtsreduktion (es gebe einen auffällig hohen Prozentsatz von adipösen Personen unter den Psoriasispatienten);
   b) beim Einhalten einer Diät;
   c) bei der Reduktion des Alkoholkonsums.

   Außerdem sei es seiner Meinung nach äußerst *schwierig,* bei Psoriasispatienten den *psychologischen/psychosomatischen Aspekt* der Erkrankung einzuführen. Psoriasispatienten würden zu einer doch ausgeprägten *Konfliktvermeidung* und Konfliktverneinung neigen.
3) Prof. Bosse wies darauf hin, daß Psoriatiker den Grad der *Entstellung* durch die Krankheit *schlimmer* und *bedrohender* erleben, als dies der behandelnde Arzt aufgrund der objektiven Befunde (Lokalisation, Größe der Herde) erwarten würde. Es sei bei jeder Behandlung eines Psoriatikers wichtig, um diese Tatsache zu wissen. Es sei in diesem Zusammenhang auch zu berücksichtigen, daß viele Psoriatiker in ihrem sozialen Umfeld unter real erlebten negativen Erfahrungen im Zusammenhang mit ihrer Erkrankung leiden.

Den zweiten Schwerpunkt des Arbeitskreises bildeten die beiden Fragen, *wann und wie* in die dermatologische Behandlung *Neurodermitikern* der psychosomatische Aspekt der Krankheit eingebracht werden soll.

Es bestand Einigung darüber, daß es im *akuten Schub* der Neurodermitis *unmöglich* sei, den psychosomatischen Aspekt einzuführen. Besonders Frau Becker wies darauf hin, daß zu diesem Zeitpunkt die Patienten oft in einer körperlich erschöpften Situation durch die Schlaflosigkeit und den quälenden Juckreiz seien.

Zu 1) Frau Becker vertrat die Meinung, daß ein günstiger Zeitpunkt zur Einführung des psychosomatischen Aspektes *nach dem ersten Schub* der Erkrankung in einer Phase der Ruhe und möglichst innerhalb der schützenden Einrichtung Krankenhaus zu finden sei.

Prof. Bosse wies darauf hin, daß er diesen Aspekt auch in einem lang dauernden ambulanten Kontakt mit dem Patienten behutsam und wiederholt einfließen lasse, wenn er das Gefühl habe, daß eine *tragfähige Arzt-Patienten-Beziehung* entstanden sei.

Zu 2) Es wurden kurz *2 Beispiele* referiert:

a) Frau Becker berichtete, daß ihr *Erstkontakt mit Neurodermitikern* über das Buch „Leben mit endogenem Ekzem“ (von einer Patientin mit Neurodermitis geschrieben) zustande komme. Sie habe die Erfahrung gemacht, daß Patienten häufig *beim Lesen* eigene Probleme, Empfindungen und Gefühle wiederfinden könnten. Sie lasse dem Patienten einige Tage Zeit, das Buch zu lesen. Danach finde das Erstgespräch statt. Häufig drehe sich dieses Erstgespräch in wesentlichen Teilen um das subjektive Erleben der körperlichen Symptome wie z. B. den Juckreiz.

b) Prof. Bosse erklärte, daß er dem Patienten die *Information* gebe, daß viele Patienten mit Neurodermitis die Beobachtung gemacht hätten, daß bestimmte Ereignisse einen Schub bzw. eine Verschlechterung der Krankheit auslösen könnten bzw. daß bestimmte Situationen mit einem verstärkten Juckreiz verbunden seien. Er fordere die Patienten dazu auf, bei sich zu beobachten, ob ein solcher „Wenn-dann-Zusammenhang“ bestehe. Falls der Patient einen solchen Zusammenhang erkennen könne, entscheide der Arzt gemeinsam mit dem Patienten, ob eine psychotherapeutische Mitbehandlung angestrebt werden soll.

   Oft sei es hilfreich für das Erkennen dieses Wenn-dann-Zusammenhangs, den Patienten auf das bei Neurodermitikern oft ausgeprägte blasse Munddreieck bei starker emotionaler Belastung, z. B. Ärger oder Überforderung hinzuweisen, das der Patient in den entsprechenden Situationen direkt im Spiegel betrachten könne bzw. dessen Abklingen nach Beruhigung der Situation.

   Prof. Bosse wies weiter darauf hin, daß ein neuralgischer Punkt in der stationären Behandlung des Neurodermitikers die Entlassung aus eben dieser stationären Therapie sei. Er beobachte oft einen sogenannten *„Drehtüreffekt“*: Ein erscheinungsfreier Patient wird aus der stationären Therapie ohne Vorbereitung auf die Zeit nach dem Krankenhausaufenthalt entlassen und kommt nach kurzer Zeit mit einer wiederum schweren Symptomatik zur stationären Aufnahme. Um diesem Effekt vorzubeugen, würde in der Universitätshautklinik Göttingen folgendes Vorgehen praktiziert: Vor der endgültigen Entlassung aus der stationären Therapie werde mit dem Patienten ein Wochenendaufenthalt im häuslichen Milieu angestrebt. Vor und nach dem Wochenende werde ein körperlicher, dermatologischer Status erhoben. Ebenso würden mit dem Patienten vor dem Wochenendaufenthalt mögliche Schwierigkeiten und Befürchtungen im Zusammenhang mit der Rückkehr in das häusliche Milieu besprochen. Nach Rückkehr in die Klinik würden Gespräche über die gemachten Erfahrungen mit dem Patienten geführt. Dieses führe zu einer signifikanten Reduktion des angeführten Drehtüreffektes.

In einem kurzen Überblick wurden am Schluß der Diskussion die Erfahrungen in der Zusammenarbeit zwischen Psychosomatik und Dermatologie dargestellt. Frau Becker wies noch einmal auf die gute Zusammenarbeit der psychosomatischen Klinik in Heidelberg (s. hierzu auch den von ihr auf diesem Kongreß gehaltenen Vortrag).

Prof. Bosse beklagte, daß es von *niedergelassenen Psychotherapeuten,* die Patienten aus der dermatologischen Klinik mitbetreuten, häufig nur eine *mangelnde Rückmeldung* an den behandelnden Dermatologen gebe sowie ein geringes Interesse der Therapeuten an den somatischen Aspekten der Krankheit und den somatischen Therapiemöglichkeiten. Um diesen Schwierigkeiten zu begegnen, habe es sich seiner Erfahrung nach bewährt, die in die Behandlung von dermatologischen Patienten einbezogenen Therapeuten zu gemeinsamen Veranstaltungen mit den Somatikern in die Klinik einzuladen, um Aspekte aus dem somatischen und dem psychischen Bereich der Erkrankungen gemeinsam diskutieren zu können.

Arbeitsgruppe 7: Infertilität – Reproduktionsmedizin*

Moderation: I. GERHARD/Heidelberg und M. STAUBER/München
Bericht von der Diskussion: C. MAYER und W. SENF/Heidelberg

Nachdem sich die Teilnehmer mit ihren Tätigkeitsbereichen vorgestellt hatten, kristallisierten sich den Vorschlägen entsprechend die folgenden Themen heraus: *1. das Kinderwunschpaar, 2. extrakorporale Befruchtung, 3. formale Kooperationsformen und Möglichkeiten zur Kooperation.* Der folgende Bericht gibt die Diskussion in der Arbeitsgruppe zur Kooperationsproblematik wieder, wobei vorweg angemerkt werden muß, daß die Kooperationsproblematik selbst letztlich eher *am Rande* thematisiert wurde und gegenüber der psychosozialen Problemsstellungen bei Kinderwunschpaaren und der ethischen Probleme bei der extrakorporalen Befruchtung zurücktrat.

Das Kinderwunschpaar

Einleitend wurden Erfahrungen und Probleme im Umgang mit Kinderwunschpaaren ausgetauscht. Die Diskussion machte offenkundig, daß *psychologische* und *psychosoziale Fragestellungen* für die gynäkologisch tätigen Kolleginnen und Kollegen eine *zentrale Rolle* spielen. Angesprochen wurden *die auffällige „Normalität"* steriler Ehepaare, die Tendenz dieser Paare, sich zu isolieren, die oft nur heimlich ausgetragenen Schuldzuschreibungen und Vorwürfe gegenüber dem Partner oder auch gegenüber dem Arzt, was zu empfindlichen Störungen der Arzt-Patient-Beziehung führen kann. Kritisch herausgestellt wurde der Umstand, daß der Fortschritt in der Reproduktionsmedizin oft erst die Bedürfnisse auf seiten der Patienten wecke und daß die Gefahr drohe, daß das *„Angebot den Bedarf schafft"*. So erfolge die Nachfrage nach einer Behandlung mit IVF (In-vitro-Fertilisation) von Paaren mit sog. ungeklärter Sterilität immer häufiger und immer früher im gesamten Behandlungsablauf. Als Begründung für den Behandlungswunsch werde regelmäßig vorgebracht: Man wolle nichts unversucht lassen und alle medizinischen Möglichkeiten ausschöpfen, um sich später keine Vorwürfe machen zu müssen. Darüberhinaus fordern gut informierte Paare von den behandelnden Ärzten immer direkter massiv eingreifende und den Zyklus stärker kontrollierende Methoden in der Hoffnung, dann endlich zu Erfolg zu kommen. Diese Haltung mancher Paare, „alles zu tun", wird auch von den gynäkologisch tätigen Kollegen eher als „unheimlich„, wie es eine Teilnehmerin ausdrückte, wahrgenommen. Entgegen dem sonst in der öffentlichen Diskussion so häufig vorgebrachten Hinweis auf das „große Leid der kinderlosen Paare" war diese Haltung mancher Paare „alles zu tun" oft wenig verständlich und wenig einfühlbar.

---

* Die Arbeitsgruppe hatte 22 Teilnehmer, überwiegend Gynäkologinnen bzw. Gynäkologen, 1 Theologe, 2 ärztliche Mitarbeiterinnen der Pro Familia, 1 Journalistin, 2 Mitarbeiter der Psychosomatischen Klinik Heidelberg.

Die Diskussion mündete bald in die Fragen: „Welche Kinderwunschpaare" müssen *psychologisch betreut* werden, welche nicht, und wie können sie ggf. schnell und sicher voneinander unterschieden werden?" Hierzu brachte Herr Martin (Heidelberg) Ergebnisse einer Untersuchung mit dem Thema „*Streß und Sterilität*" ein, bei welcher verschiedene psychologische Fragebögen eingesetzt wurden. Es konnten aber *keine* statistisch bedeutsamen *Unterschiede* hinsichtlich Streßerleben und Streßverarbeitung bei Paaren mit langjährig frustranem Kinderwunsch gegenüber einer Kontrollgruppe gefunden werden. In der anschließenden Diskussion wurde ein Problem deutlich: eine technische Medizin erwartet eine *technisch praktikable Psychologie*, die z. B. geeignete *Fragebögen* zur Verfügung stellen kann, mit deren Hilfe beratungs- und therapiebedürftige Paare von solchen Paaren sicher unterschieden werden können, die psychologisch nicht weiter betreut werden müssen. Die Notwendigkeit „objektiver psychologischer Instrumente", wie z. B. praktikable und möglichst kurze Fragebögen, wird damit begründet, daß nur dann die psychologische Behandlungsbedürftigkeit von Kinderwunschpaaren rechtzeitig erkannt und die Paare dann einer psychotherapeutischen Behandlung zugeführt werden könnten. Der wachsende Andrang von Kinderwunschpaaren könne überhaupt nur mit Hilfe praktikabler psychologischer Instrumente bewältigt werden. Hier fühlt der Gynäkologe sich von der Psychosomatik im Stich gelassen, es werde mehr Hilfe durch die Entwicklung geeigneter Instrumente erwartet. Von seiten der „Psychosomatiker" werden die Versuche, über objektive psychologische Untersuchungsinstrumente klinisch brauchbare Typologien zu entwicklen, die dem Arzt klinische Entscheidungen abnehmen, problematisiert und auf ihren „illusionären Charakter" hin kritisch befragt. Psychologische Untersuchungsinstrumente wie Fragebögen, Tests usw. seien *ungeeignet*, für psychologische und psychosoziale Fragen Entscheidungen zu finden, die letztlich nur innerhalb einer ärztlich diagnostischen Gesprächssituation getroffen werden können. Solche Forschungsansätze, die sich auf die Entwicklung geeigneter psychologischer Untersuchungsinstrumente einschränken, erwiesen sich als einer jener Kooperationswege, die letztendlich *enttäuschten*, Mißverständnisse zwischen Somatikern und Psychosomatikern aufrechterhielten und effektivere Formen der Kooperation behinderten. Eine *sinnvollere Perspektive* für eine wissenschaftliche Kooperation könne darin liegen, Forschungsansätze zu entwickeln, die das bisher eher wenig reflektierte *psychologische* und *psychosoziale Wissen der Gynäkologen* aufgreifen. So habe die in der Arbeitsgruppe geführte Diskussion auch immer wieder gezeigt, daß die gynäkologischen Kollegen durch ihren täglichen Umgang mit sterilen Ehepaaren über einen „*psychologischen Erfahrungsschatz*" verfügen, der für ihre psychosozialen Entscheidungen bereits Handlungsrelevanz besitzt, wobei die Kriterien jedoch meist implizit bleiben. Eine Teilnehmerin machte in diesem Zusammenhang anschaulich, wie sie selbst in ihrer Beratung von Kinderwunschpaaren von „eindeutig abraten" über „mit ungutem Gefühl akzeptieren" bis zu „mit guten Gefühlen akzeptieren" schwanke, ohne das genauer gedanklich oder argumentativ im einzelnen Fall begründen zu können. Gerade hier, so argumentieren die „Psychosomatiker" sei eine Möglichkeit gegeben, im Rahmen gemeinsamer Forschungsprojekte anzusetzen.

Kooperation – das war ein Ergebnis des ersten Teils der Diskussion – bedeutet, das *psychologische Wissen der behandelnden Ärzte* zu explizieren, einer psychosozialen Reflektion zugänglich und damit *nutzbar* zu machen. Das verlange von dem „somatischen" Arzt, sich der Reflexion seiner psychosozialen Interaktion mit dem Patienten zu stellen. Von dem „psychosomatischen" Arzt verlange eine solche Kooperation, die eigenen meist theoriegeleiteten Konzepte, die oft an der tatsächlichen Praxis vorbeigehen, mit den praxisnahen und handlungsrelevanten Aspekten zu konfrontieren und sich überhaupt erst einmal mit der geübten Praxis vertraut und kundig zu machen.

Extrakorporale Befruchtung (IVF)

Beim Thema „extrakorporale Befruchtung (IVF)" stand die Reproduktionsmedizin, die „alles möglich macht" in einer sehr kritischen Diskussion im Vordergrund. Zur eigenen Standortbestimmung wurde nach ethisch und auch rechtlich angemessenen Haltungen gefragt. Dazu wurden inhaltliche Probleme exemplarisch am Beispiel der heterologen Insemination (Befruchtung mit Spendersamen oder Spenderinneneizellen) diskutiert. Folgende Fragen tauchten auf: Könnte der scheinbar noch harmlose Schritt einer heterologen Insemination (harmlos, da Frauen doch schon immer die Möglichkeit gehabt hätten, sich von anderen Männern als dem Ehemann „fremdschwängern" zu lassen) nicht doch schon *der* Schritt zu weit sein? Wo bleibt in der medizinisch-technischen Intervention der *Akt der Zeugung* als einer *persönlichen Begegnung* zwischen Mann und Frau, mag sie nun glücklich sein oder nicht? Wird durch die „künstliche Fremdbesamung" nicht die Notwendigkeit aufgehoben, sich mit einem konkreten anderen und mit allen der Sexualität und Zeugung zugehörigen Aspekten auseinanderzusetzen? Wird nicht das *Grundrecht* jedes Menschen, über seine Herkunft aufgeklärt zu werden, willentlich verletzt durch die willentliche Anonymisierung des Spenders? Als wachsendes Problembewußtsein stand im Raum, ob eine scheinbar so einfache medizinische Handlung nicht doch durch die „Mechanisierung anonymer Zeugung" zu einer Veränderung bisher bestehender anthropologischer Größen führt. Diese Fragen blieben ohne eindeutige Antwort, jedoch wurden 2 grundsätzliche Positionen erkennbar: Die Mehrheit vertrat die Forderung, *jegliche Reproduktionsmedizin sofort zu stoppen,* zumindest bis alle ethischen und rechtlichen Fragen eindeutig und verbindlich geklärt sind; von anderer Seite wurde die *Weiterführung* der Reproduktionsmedizin befürwortet, jedoch unter sofortiger Einführung verbindlicher normativer *ethischer und rechtlicher Grundsätze* und *Grenzen.* Während es für die Teilnehmer, die nicht unmittelbar in der Reproduktionsmedizin tätig sind, leichter war, in diesem Diskussionsabschnitt ganz eindeutig die erste Position zu beziehen, sah sich die Mehrzahl der in der Reproduktionsmedizin tätigen Kollegen hingegen einerseits unter dem *Druck wachsender Erwartungen* der kinderlosen Paare, aber auch unter dem Einfluß einer voranschreitenden wissenschaftlichen Disziplin, als deren Experten sie gelten und die sie im wissenschaftlichen Diskurs vertreten müssen. Der Diskussionsverlauf ließ aber bei allen Teilnehmern immer wieder Zweifel deutlich werden, ob letztendlich überhaupt verbindliche Grenzen gefunden und eingeführt werden können.

Kooperation heißt - so das Ergebnis aus diesem Teil der Diskussion - bei den derzeitig gegebenen Möglichkeiten mit den zu erwartenden Entwicklungen in der Reproduktionsmedizin *andere Disziplinen einzubeziehen,* etwa der Philosophie, Soziologie, Jura usw. um die letztlich *politischen Entscheidungen* gemeinsam herbeizuführen.

Kooperationsformen und Möglichkeiten

Dieses letzte Thema wurde durch einen Bericht über die Erfahrungen einer Kooperation zwischen der Abteilung medizinische Psychologie der psychosomatischen Klinik der Universität Heidelberg und der Abteilung Endokrinologie der Universitätsfrauenklinik Heidelberg und hier speziell von den Kollegen des IVF-Teams und der Hormonsprechstunde eingeleitet (Frau C. Mayer/Heidelberg). In der sich anschließenden Diskussion wurde bald beklagt, daß es schlicht an geeigneter *psychosozialer Versorgungskapazität* mangelt. Dem steht die Notwendigkeit einer zumindest einmaligen psychologischen Beratung für jedes Kinderwunschpaar gegenüber. Schon aus der ökonomischen Perspektive, wie der wachsende Andrang von Kinderwunschpaaren bewältigt werden kann, wurde für einen *„integrierten Ansatz"* plädiert, d. h. für eine engere Kooperation zwischen Gynäkologen und Psychosomatikern. Allerdings löste an dieser Stelle die erneute Frage nach praktikablen objektivierenden Instrumenten, die psychologische und psychosoziale Entscheidungsfragen abnehmen sollen, wiederum eine *heftige Kontroverse* aus. Die dringende Notwendigkeit eines „integrierten Ansatzes" wurde dann mit dem Hinweis relativiert, daß sich inzwischen eine Vielzahl von Gynäkologen selbst psychosomatisch weiterbilden und psychologisch-psychotherapeutische Kompetenzen erwerben, was den fachfremden „Psychosomatiker" überflüssig macht. Zum Schluß der Diskussion klang eher zögernd an, daß eine sinnvolle Kooperation zwischen „Somatik" und „Psychosomatik" möglicherweise weitgehende *strukturelle Veränderungen* in den *traditionellen Kliniken* verlangt. Die „Psychosomatiker" mußten sich an dieser Stelle den Vorwurf gefallen lassen, daß sie sehr schnell dabei sind, strukturelle Veränderungen lediglich in den somatischen Kliniken zu fordern, wobei sie die ebenso notwendigen *strukturellen Veränderungen* innerhalb der *„Psychosomatik"* gerne übersehen.

Kooperation – so war das Ergebnis aus diesem Teil der Diskussion – bedeutet einerseits, brauchbare „integrierte Ansätze" zwischen Gynäkologie einerseits und Psychosomatik/Psychotherapie andererseits zu entwickeln und zum weiteren die Suche nach Forschungsansätzen, die dem *„Forschungsgegenstand"* – nämlich dem hilfesuchenden *Kinderwunschpaar* – gerechter werden, als es der traditionelle Wissenschaftsbetrieb bislang erlaubt. Das verlangt als ersten Schritt, daß die „Somatiker" und die „Psychosomatiker" ihre *gegenseitigen Vorurteile* miteinander klären.

Arbeitsgruppe 8: AIDS

Moderatoren: U. Clement/Heidelberg und H. Jäger/München
Bericht von der Diskussion: E. Weimer/Heidelberg

In der Arbeitsgruppe AIDS, die 22 Teilnehmer hatte, bezog sich die überwiegende Mehrzahl der vorbereiteten Statements zunächst nicht auf das übergreifende Thema der Tagung. Es wurden mehrere Forschungsergebnisse aus laufenden Projekten und Erkenntnisse aus Einzel- und Gruppentherapien (-beratung) mit HIV-Positiven referiert.

Die Tatsache, daß lediglich in dem Statement von Schneider und Pohlmann explizit die Möglichkeiten und Probleme der Kooperation zwischen primär somatisch und psychosomatisch orientierten Ärzten und Psychotherapeuten angesprochen wurde, deutet darauf hin, daß die *Kooperation* noch in *ihren Anfängen* steckt und die Ansätze einer beginnenden Kooperation bisher nicht genügend konzeptuell erfaßt wurden.

Aus den Diskussionsbeiträgen wurde außerdem ersichtlich, daß der *Informationsaustausch* etwa über das Krankheitsbild bei LAS, ARC und AIDS, die sekundäre *psychische Verarbeitung* der HIV-Diagnose, typische Probleme und Ängste der Infizierten, die Bedeutung der Abwehrprozesse bis hin zur *Diskriminierung* und *Stigmatisierung von Infizierten* im Vordergrund des Interesses stand.

Die Vorträge und Diskussionen waren thematisch gruppiert nach den Bereichen Forschung und Beratung.

Forschung

Herr H. Jäger (Städtisches Krankenhaus München-Schwabing) gibt einführend einen Überblick über die *somatischen Grundlagen der HIV-Infektion.* Er berichtet weiter über eine neuere amerikanische Studie zur Erkrankungswahrscheinlichkeit, in der gesichert wurde, daß innerhalb von 88 Monaten nach einer HIV-Diagnosestellung 36% an AIDS erkranken.

Der Referent berichtet weiter über die Prävalenz psychiatrischer Auffälligkeiten bei HIV-Infizierten, deren psychosoziale Probleme (Stigmatisierung, deutlich erhöhte Suizidalität) und Möglichkeiten der Therapie (Immunrestauration, Virustatica, Retrovir).

Abschließend verweist der Referent auf die *enge Zusammenarbeit* verschiedener Institutionen (Hausärzte, AIDS-Beratung) mit der Ambulanz und der Station für an AIDS erkrankten Patienten im Städtischen Krankenhaus München-Schwabing.

Die Diskussionsbeiträge bezogen sich v. a. auf die erwähnten empirischen Untersuchungen.

Frau A. Senf-Blum (Gesundheitsamt Heidelberg) berichtet über *Testindikation und -beratung* am Gesundheitsamt Heidelberg. Sie hob hervor, daß seit 1986 eine deutliche

Veränderung der Klientel zu verzeichnen ist. In der Anfangsphase (1985) nahmen *vorwiegend Homosexuelle und Fixer* Testung und Beratung in Anspruch. Seit 1986 lassen sich zunehmend mehr *heterosexuelle Männer und Frauen* im Alter zwischen 20 und 30 Jahren testen. Es kämen immer mehr Personen, bei denen *faktisch kein Risiko* erkennbar sei. Im Zeitraum von 1985 bis 1986 wurden 600 Personen getestet. Davon waren 20 HIV-positiv. 1987 wurden 2000 Personen auf HIV getestet. Bei 8 Personen war der Test positiv.

Probleme bei der Beratung seien Gefühle von Scham und Angst vor Überwachung. Offen sei die Frage, ob durch Beratung eine Veränderung im Sexualverhalten erzielt werden könne.

Zur Frage der Testindikation betont Frau Senf-Blum ihre Meinung, daß der *Test immer als Recht des einzelnen* dargestellt werden soll, *nicht als Kontrollrecht des Staates.*

Als subjektive Gründe für die Testdurchführung werden von Betroffenen riskantes Sexualverhalten und Schuldgefühle genannt.

Frau T. Hualla (Bamberg) berichtet über eine von ihr durchgeführte *empirische Studie* mit 60 *AIDS-Phobikern* zwischen Januar 1986 und Oktober 1987.

Ergebnisse:

- die Altersverteilung von Phobikern sei ähnlich der Verteilung der HIV-Infizierten;
- 70% der Phobiker gehören nicht zur Hauptbetroffenengruppe;
- als Gründe für die AIDS-Phobie konnten häufig außereheliche *sexuelle Beziehungen* identifiziert werden. Die Ängste tauchen als Strafe für außereheliche sexuelle Kontakte auf und entwickeln sich zu einer Phobie;
- typische Merkmale von Phobikern seien *zwanghaftes Verhalten* und *Mißtrauen gegenüber dem Testresultat.* Etwa 2/3 aller Patienten geben *körperliche Symptome* an; körperliche Symptome stützen die Phobie. Auslösende Bedingungen für Angstzustände: verdrängte Schuldgefühle, Berichte in Medien.

In einem Diskussionsbeitrag verweist Herr *Clement* auf die notwendige Differenzierung zwischen AIDS-Phobie, -Hypochondrie und dem AIDS-Paranoid.

Beratung/Therapie

Frau E. Weinel (Abteilung für Psychotherapie und Psychosomatik der Universitätsklinik Frankfurt) arbeitet als Psychoanalytikerin mit *AIDS- und AIDS-Vorfeldpatienten.*

In der Arbeit mit dieser Patientengruppe komme spezifischen Übertragungs- und Gegenübertragungsreaktionen und Änderungen des Behandlungsangebotes inklusive Veränderung des Settings eine besondere Bedeutung zu. Bei allen Patienten stelle sich zusätzlich die Frage, inwieweit die Aufdeckung von neurotischen Konflikten in einer bestimmten Phase der Erkrankung die psychische Abwehr und damit das innere Gleichgewicht dieser Patienten zusätzlich schwächt. Die Referentin zeigt am Fall eines homosexuellen, HIV-positiven Paares auf, daß die empathische Begleitung hilfreicher sein kann, als die deutende Bearbeitung des neurotischen Umganges mit der Erkrankung. Der *Therapeut* müsse häufig *Hilfs-Ich-Funktionen* übernehmen.

Ein weiterer wichtiger Aspekt bei Psychotherapie bestehe darin, den Infizierten darauf vorzubereiten, daß er die Infektion dem Partner mitteilen kann. Wichtig sei auch, den *Patienten von Schuldgefühlen zu entlasten.* Der Therapeut müsse auch darauf achten, welche Affekte abgespalten werden. Verleugnung könne eine wichtige stabilisierende Funktion haben.

Diskussionsbeiträge

Herr Jäger berichtet, daß Patienten zunächst wegen krankheitsbezogener Angst kommen, daß dann Partnerschaftsprobleme zunehmend wichtiger werden.

In Zusammenhang mit dem Thema der Schuld wurde die gesellschaftliche Dimension der Krankheit diskutiert. Bei AIDS sei die *Gesellschaft ständig in Form der Diskriminierung und Stigmatisierung präsent.* Dies könne zum sozialen Rückzug der Patienten führen. Dem Phänomen der Stigmatisierung könne begegnet werden durch Auseinandersetzung mit Homosexualität und dem Gefühl der eigenen Hilflosigkeit gegenüber der Krankheit.

Herr M. Hartmann (Hautklinik der Universität Heidelberg) berichtet aus der *AIDS-Sprechstunde* in der Hautklinik Heidelberg, die seit 4 Jahren besteht. Die AIDS-Sprechstunde soll eine intensive und spezialisierte Beratung sowie eine umfassende medizinische und soziale Betreuung gewährleisten. Wichtig sei eine *kontinuierliche Betreuung* durch den *gleichen Arzt,* um das Vertrauensverhältnis zwischen Arzt und Patient zu gewährleisten. Die AIDS-Sprechstunde sei oft die erste Anlaufstelle für Fragen zum Thema AIDS aus der Allgemeinbevölkerung und für Personen mit unterschiedlichen AIDS-Phobien.

In der AIDS-Sprechstunde werden *198 HIV-infizierte Patienten* betreut; *122 Patienten* befinden sich im Stadium des *Lymphadenopathiesyndroms, 26* haben bereits das *Vollbild AIDS;* 14 Patienten sind bereits verstorben; 109 Patienten gehören der *Risikogruppe der Homo- und Bisexuellen* an, 67 Patienten sind *drogenabhängig.* Vor jeder HIV-Antikörperuntersuchung werde eine intensive Beratung durchgeführt.

Bei Erstaufnahme eines HIV-Infizierten findet eine ausführliche medizinische Untersuchung, eine Beratung über den Verlauf der Infektion und eine Besprechung der psychosozialen Probleme statt. Jeder Patient wird auf die psychologische Beratungs- und Betreuungsmöglichkeiten der psychosomatischen Klinik und auf Selbsthilfeorganisationen (AIDS-Hilfegruppen) hingewiesen.

Von den HIV-infizierten Patienten werden eine *Beratung durch die psychosomatische Klinik* gewünscht, wenn sie die Diagnose nicht verarbeiten können, akute psychosoziale Probleme während des Krankheitsverlaufes auftreten oder Probleme aufgrund der Homosexualität bestehen.

AIDS-Phobiker und -Hypochonder wünschen häufig eine *kontinuierliche psychologische Betreuung.*

Diskussionsbeiträge: Im Anschluß an den Vortrag von Herrn Hartmann taucht u. a. die Frage auf, ob Erfahrungen mit *Positivengruppen* existieren. Herr Clement berichtet über eine von ihm geleitete Patientengruppe an der psychosomatischen Klinik, in der das Problem der Verleugnung von auf AIDS bezogenen Ängsten im Vordergrund stehe. Herr Jäger berichtet über eine AZT-Gruppe, in der v. a. Erfahrungen mit AZT (Azidothymidin) ausgetauscht werden. Herr Pohlmann berichtet, daß in seiner

Selbsthilfegruppe von Blutern die Angst vor dem Tode ausgeklammert werde. Es wurde weiter festgestellt, daß die Kontakte der Gruppenmitglieder innerhalb oft eine größere Bedeutung habe, als die therapeutischen Gruppensitzungen selbst.

Frau I. Hochscheid (Ärztin und Psychotherapeutin in einer Spezialambulanz der Universitätshautklinik Frankfurt) berichtet über ihre Erfahrungen im Umgang mit *HIV-positiven Patienten* im Rahmen einer *offenen Sprechstunde.*

In dieser Sprechstunde wird abgesehen von der medizinischen Untersuchung und Behandlung ein *ärztliches Gespräch* angeboten. Als Anlaß für das Aufsuchen der Ambulanz sind rezidivierende Hauterkrankungen, wie seborrhoische Dermatitis, Follikulitis, mukokutane Pilz- oder Virusinfektionen, sowie Angst vor Kaposi-Sarkomen.

Im Umgang mit den Patienten beobachtet die Referentin eine *auffällige Angepaßtheit in der Arzt-Patient-Beziehung,* die als spezifische Abwehrformation von Todesangst und Schuldgefühlen interpretiert wird. Dies gehe mit dem Wunsch einher, als guter Patient akzeptiert zu werden.

Spürbar werde *Angst und Depression* im Gespräch mit den Patienten, wenn diese über sich wiederholende Ereignisse aus ihrem Leben berichten, wie Tod und Trennung von Partnern, schwere eigene Erkrankung, sowie Erkrankung und Suizid engster Freude. Da diese Ereignisse in sehr kurzen Zeiträumen stattfinden, könne man hier von einer *psychischen Polytraumatisierung* sprechen, deren emotionale Verarbeitung nahezu unmöglich erscheine. Viele Patienten antworten darauf mit völliger Illusionslosigkeit bei einem unausgesprochenen Verbot von Irrationalismen oder Restitutionsphantasien. Diese *überfordernde Selbstdisziplinierung* komme einer Bestrafung gleich, mit der die eigene schuld- und konflikthaft erlebte Homosexualität in Verbindung zu stehen scheint.

Die anschließende Diskussion bezog sich auf die Frage, inwiefern die Polytraumatisierung (schwere eigene Erkrankung, Tod von Partnern usw.) und die Verarbeitung der Traumen sich auf die Entstehung dermatologischer Symptome, Müdigkeit und Abgeschlagenheit auswirkt.

Herr U. Clement (Psychosomatische Klinik der Universität Heidelberg) stellt ein *HIV-Projekt* vor. Nach bisherigen Erfahrungen aus tiefenpsychologischen Interviews und psychometrischen Tests sind folgende Problembereiche bei HIV-Infizierten hervorzuheben:

- die *Angst vor dem Erkrankungsbeginn* stelle eine erhebliche Belastung dar;
- *Störungen der narzistischen Balance;*
- die *Partnerschaft* sei *stärker gefährdet,* wenn nur ein Partner infiziert sei;
- die Frage nach der *Infektionsursache* sei *weniger bedeutsam* als ursprünglich angenommen;
- Sexualität: *sexuelle Depressivität* sei ein größeres Problem als die in Medien berichtete „Desperadomentalität HIV-Infizierter", die angeblich im promisken, verantwortungslosen Sexualverhalten zum Ausdruck komme.

Die anschließende Diskussion bezog sich auf die Frage, ob die erwähnte *„Desperadomentalität"* zu beobachten sei. Die Mehrzahl der Teilnehmer berichteten die Erfahrung, daß Impotenz oder Hyposexualität ein größeres Problem sei als Hypersexualität.

Frau G. Franke (Institut für Psychologie, Braunschweig) referierte eine von ihr durchgeführte empirische Studie über das *Ausmaß der psychischen Belastung* bei HIV-positiven und -negativen *homosexuellen Männern.*

HIV-negative Homosexuelle zeigen zwar keinen somatischen Leidensdruck, jedoch haben sie erhöhte Werte auf den Faktoren Depressivität und phobische Ängste.

HIV-positive Homosexuelle hatten im Stadium I der Walter-Reed-Klassifikation geringere Werte auf den oben genannten Faktoren im Vergleich zur Gruppe der HIV-negativen. Mit Fortschreiten des Krankheitsverlaufes war eine Zunahme somatischer Belastungen, depressiver Reaktionen und ängstlicher Anteile zu verzeichnen, so daß man insgesamt von einem Bild *hoher psychischer Belastung* sprechen kann.

Das Referat von Herrn M. M. Schneider (Abteilung für Psychotherapie und Psychosomatik, Psychiatrische Klinik und Poliklinik der Universität München) und Herrn H. Pohlmann (Abteilung für Hämostaseologie der Medizinischen Klinik Innenstadt der Universität München) berichtet über die *Kooperation bei der medizinischen und psychotherapeutischen Versorgung von HIV-positiven Hämophilen.* Die Notwendigkeit einer psychologischen Betreuung wurde akut, als aufgrund der Medienkampagnen das Bewußtsein über die Folgen der Infektion zunahm und das Vergessen und die Verleugnung der Diagnose seitens der Patienten nicht mehr möglich waren.

Probleme der Kooperation resultieren aus der Erwartungshaltung, die seitens der Internisten an den Psychosomatiker herangetragen werden:

- die Hilfe soll *effektiv* sein, d. h. sie soll möglichst schnell erfolgen und wirken;
- es soll *kein Bruch* entstehen, indem der Psychosomatiker hinzugezogen wird und die Erlebniswelt des Kranken in den Blickpunkt rückt;
- die Hinzuziehung des *Psychosomatikers* solle vom Patienten nicht als Stigma empfunden werden;
- der Psychotherapeut soll als *kameradschaftlicher Begleiter* auftreten, der das Vertrauen in den behandelnden Arzt unterstützt und verstärkt;
- Internisten befürchten eine *Destabilisierung* des Patienten durch Psychotherapie, er solle den Patienten stützend begleiten.

Diese Erwartungen sind nur schwer zu erfüllen, da viele Patienten befürchten, als psychisch krank abgestempelt zu werden. Andere wehren die mit der Erkrankung verbundene Gefühlsseite ab, wodurch die Infektion ein abstraktes Gesprächsthema bleibt. Ganz selten werde über den nahen Tod gesprochen.

Die Tätigkeit des Psychotherapeuten bewegt sich so in einem Spannungsfeld zwischen den Erwartungen des Internisten und des Patienten.

Die erste Aufgabe der Beratung liege in der *Motivationsarbeit.* Es gehe darum, dem Infizierten die Möglichkeit zu erschließen, von einem Gesprächsangebot Gebrauch zu machen. Erst dann könne die eigentliche Beratung anschließen.

In der aktuellen Beratungssituation kommen folgende Probleme immer wieder zur Sprache:

- der aktuelle *Umgang mit der Sexualität,* z. B. die Sicherheit von Kondomen;
- ein häufig nach wie vor bestehender *Kinderwunsch;*
- die Angst vor dem *Bekanntwerden* der HIV-Infektion; drohende Isolation;
- die *Angst vor* dem *möglichen nahen Tod* und die *Versorgung der Hinterbliebenen;*

- das Problem der *Suizidalität;*
- *die Möglichkeit eines wirksamen Mittels* gegen die HIV-Infektion.

Die angeführten Probleme bedürfen nach Ansicht von Herrn Schneider und Herrn Pohlmann einer stützenden Therapie seitens des Psychotherapeuten, dessen Vorgehen sich aus der Kenntnis der psychodynamisch unbewußten Prozesse ergibt. Ein psychoanalytisch fundiertes therapeutisches Handeln erfordere den Umgang mit unbewußten Ängsten, ohne diese unbedingt ansprechen zu müssen.

Die interdisziplinäre Zusammenarbeit habe sich in den letzten 2 Jahren intensiviert und verlaufe für beide Seiten befriedigender, seit der Psychotherapeut an den Ambulanzterminen teilnimmt.

In der abschließenden Diskussion betont Herr Jäger noch, daß mehr empirische Forschung v. a. im Bereich der *Psychoimmunologie* notwendig sei.

Fragt man abschließend, weshalb das Thema der Kooperation in dieser Arbeitsgruppe etwas *am Rande* blieb, so lassen sich 2 Gründe nennen:

1) Aus den oben dargestellten Statements wird ersichtlich, daß viele Ärzte, die in der medizinischen Versorgung von HIV-Infizierten tätig sind, über *Kompetenzen* im Bereich *Beratung/Psychotherapie* verfügen. Dadurch erübrigt sich bei einigen Fällen die Überweisung an psychotherapeutisch tätige Kollegen.
2) Zwischen den Institutionen, die eine somatische und die eine psychotherapeutisch-beratende Versorgung von HIV-Infizierten und AIDS-Patienten leisten, existiert eine Zusammenarbeit in Form der *etablierten Überweisungspraxis.* Der Patient wird vom Somatiker mit dem Verdacht einer depressiven Reaktion oder aufgrund *mangelnder Compliance* zum Psychosomatiker geschickt. Viele Infizierte nehmen den Termin aufgrund von *Stigmatisierungsängsten* („Ich bin doch nicht verrückt") und/oder geringer Motivation dann gar *nicht wahr.* Da diese Form der Zusammenarbeit traditionell institutionalisiert ist, findet in den seltensten Fällen eine Reflexion darüber statt, ob sie den Bedürfnissen des Patienten entsprechend in irgendeiner Form zu modifizieren ist.
   Eine Veränderung der Überweisungspraxis muß die Bestandteile der Trias Patient-Somatiker-Psychosomatiker sowie deren Interaktion berücksichtigen.
   Wir machen im HIV-Projekt der Psychosomatischen Klinik Heidelberg die Erfahrung, daß viele *Patienten* anonym bleiben wollen. Einige Infizierte weigern sich aus *Angst vor Registrierung* und *Aussonderung,* ihre soziale Identität preiszugeben. Diese Verfolgungsidee hat manchmal einen neurotischen Anteil. Sie ist jedoch ganz sicher auch eine Reaktion auf die *Diskriminierung* von HIV-Infizierten durch konservative Politiker und paranoide Tendenzen in der Bevölkerung, die im Haß und der Aussonderung (z. B. Kündigung des Arbeitsplatzes) von Infizierten zum Ausdruck kommt. Es ist denkbar, daß von Infizierten Psychotherapeuten als Agenten einer konservativen Politik wahrgenommen werden, so daß die *herkömmliche Überweisungspraxis* an diesen Übertragungsreaktionen scheitert und stattdessen eher Selbsthilfegruppen als hilfreich wahrgenommen werden.
   Ein weiterer Teil der Infizierten lehnt eine Betreuung durch Psychotherapeuten mit der Begründung ab, daß diese *den Virus auch nicht beseitigen* können. Diese Patienten erwarten keine Hilfe von seiten des Psychosomatikers, da die Rolle des Psychosomatikers nur unzureichend im öffentlichen Bewußtsein verankert ist.

Ein weiterer Grund, weshalb HIV-Infizierte den Kontakt mit Psychosomatikern vermeiden, ist mit der Befürchtung verbunden, daß durch *Psychotherapie die Abwehrstruktur labilisiert* wird und verdrängte (Todes-, Schuld-, etc.) Ängste mobilisiert werden. Außerdem wird die Befürchtung geäußert, daß der therapeutische Prozeß zu lange dauere und mit psychischen Schmerzen verbunden sei. In Anbetracht der doch erheblich verkürzten Lebensperspektive wird ein solcher Prozeß abgelehnt.

Eine Kooperation zwischen Psychosomatiker-Patient-Somatiker, wird, wie bereits im statement von Schneider und Pohlmann angesprochen, dadurch erschwert, daß die *Rolle des Psychosomatikers* im Arbeitsfeld AIDS noch *nicht hinreichend definiert* ist. Unklar ist, was Beratung leisten kann und soll. Welche therapeutische Hilfe kann der Psychosomatiker dem Patienten anbieten? Kann er die vom Somatiker zugewiesene Aufgabe übernehmen, die Compliance des Patienten zu fördern?

Eine Klärung dessen, was der Psychosomatiker bei HIV-Infizierten oder AIDS-Kranken leisten kann und will, würde auf Seiten der primär somatisch arbeitenden Ärzte Unsicherheit im Umgang mit Psychosomatikern reduzieren und die Selektion von Patienten für eine psychotherapeutische Versorgung der Patienten verbessern. Indem der *Psychosomatiker in aller Öffentlichkeit Stellung bezieht gegen Überwachung, Kontrolle, Aussonderung von HIV-Infizierten,* könnten die oben erwähnten Verfolgungsängste seitens der Infizierten abgebaut werden.

Die hier angenommenen Schwierigkeiten bei der Kooperation zwischen Somatikern und Psychosomatikern können nur beseitigt werden, wenn beide Seiten bereit sind, die sich *ergebenden Konflikte offen anzusprechen,* Erwartungen abzuklären und gemeinsam befriedigende Formen der Kooperation auszuarbeiten.

Verzeichnis der Moderatoren und Berichterstatter aus den Arbeitsgruppen

BECKER, Hans, Prof. Dr.
Psychosomatische Klinik,
Thibautstr. 2, 6900 Heidelberg 1

BECKER, Sophinette, Dipl.-Psych.
Psychosomatische Klinik,
Thibautstr. 2, 6900 Heidelberg 1

BRANDNER, Gabriele, Dr.
Psychosomatische Klinik,
Thibautstr. 2, 6900 Heidelberg 1

CLEMENT, Ulrich, Dr. phil. Dipl.-Psych.
Psychosomatische Klinik,
Thibautstr. 2, 6900 Heidelberg 1

FEURLE, G. E., Prof. Dr.
I. Medizinische Abteilung,
Stadtkrankenhaus Neuwied,
Marktstr. 74, 5450 Neuwied 1

GERHARD, Ingrid, Dr. med.
Universitäts-Frauenklinik,
Voßstr. 9, 6900 Heidelberg 1

HARTSCHUH, Wolfgang, Dr.
Universitäts-Hautklinik,
Voßstr. 2, 6900 Heidelberg 1

HERZOG, Thomas, Dr.
Abteilung für Medizinische Psychologie,
Landfriedstr. 12, 6900 Heidelberg 1

JÄGER, Hans, Dr. med.
Städtisches Krankenhaus,
Kölner Platz 1, 8000 München 40

KLAPP, Burghard, Prof. Dr.
Klinikum der Universität Gießen,
Klinikstr. 36, 6300 Gießen

KRUSCHITZ, Waltraud, Dr.
Psychosomatische Klinik,
Thibautstr. 2, 6900 Heidelberg 1

KÜCHENHOFF, Joachim, Dr.
Psychosomatische Klinik,
Thibautstr. 2, 6900 Heidelberg 1

LINDER, Johannes
Psychosomatische Klinik,
Thibautstr. 2, 6900 Heidelberg 1

MARTZ, G., Prof. Dr.
Universitätsspital Zürich,
Abteilung für Onkologie,
Rämistr. 100, CH-8091 Zürich

MAYER, C., Dipl.-Psych.
Abteilung für Medizinische Psychologie,
Landfriedstr. 12, 6900 Heidelberg 1

MEERWEIN, Fritz, Prof. Dr.
Mühlebachstr. 82, CH-8008 Zürich

NORMAN, Doris, Dr.
Psychosomatische Klinik,
Thibautstr. 2, 6900 Heidelberg 1

NÜTZENADEL, W., Prof. Dr.
Universitäts-Kinderklinik,
Im Neuenheimer Feld 150,
6900 Heidelberg 1

PONTZEN, W., Prof. Dr.
Klinikum,
Neurologisch-Psychiatrische Klinik,
Flurstr. 17, 8500 Nürnberg 91

REFFERT, Rainer, Dr.
Psychosomatische Klinik,
Thibautstr. 2, 6900 Heidelberg 1

SENF, Wolfgang, Priv.-Doz. Dr.
Psychosomatische Klinik,
Thibautstr. 2, 6900 Heidelberg 1

SCHMIDT, Hartmut, Dipl.-Psych.
Psychosomatische Klinik,
Thibautstr. 2, 6900 Heidelberg 1

SCHWEITZER, Jochen, Dr. phil. Dipl.-Psych.
Psychosomatische Klinik,
Thibautstr. 2, 6900 Heidelberg 1

STAUBER, M., Prof. Dr.
Frauenklinik,
Maistr. 11, 8000 München 2

TARIVERDIAN, G., Dr.
Institut für Anthropologie
und Humangenetik,
Im Neuenheimer Feld 328,
6900 Heidelberg 1

THEML, Harald, Prof. Dr.
St. Vincentius-Krankenhäuser,
II. Medizinische Abteilung,
Südendstr. 32, 7500 Karlsruhe 1

WEIMER, Ernst, Dipl.-Psych.
Psychosomatische Klinik,
Thibautstr. 2, 6900 Heidelberg 1

ZETTL, Stefan, Dipl.-Psych. Dipl.-Biol.
Psychosomatische Klinik,
Thibautstr. 2, 6900 Heidelberg 1

5. Panel- und Plenumsdiskussion zu den Arbeitsgruppen

Paneldiskussion

Leiter: W. BRÄUTIGAM, Heidelberg
Teilnehmer am Tisch: S. BECKER/Heidelberg, G. E. FEURLE/Neuwied, G. FRANKE/Braunschweig, B. KLAPP/Berlin, F. MEERWEIN/Zürich, M. STAUBER/München, H. THEML/Karlsruhe, G. WOLF/Freiburg

Herr Bräutigam, Heidelberg: Zum Ablauf der Diskussion schlage ich vor, daß zunächst aus den Arbeitsgruppen hier vom Tisch her berichtet wird, danach die Diskussion mit dem ganzen Saal folgt.

Was uns dabei interessiert ist, *wie* es überhaupt zu *Berührungen* zwischen den verschiedenen somatischen Fachgebieten und den Psychosomatikern gekommen ist. Waren es die Psychosomatiker, die in die Somatik reindrängten, oder war einfach ein *Bedarf von seiten der Patienten* gegeben, der dann von den Kranken, den Schwestern oder den behandelnden Ärzten an die Psychosomatiker weitergegeben wurde? Und welche Erfahrungen wurden dann in dem zusammenarbeitenden Dreieck von Patient, somatisch behandelndem Arzt und Psychosomatiker gemacht? Schließlich ist die Frage nach der *Kontinuität* der Zusammenarbeit zu beachten: gedieh sie nur im Rahmen eines von Drittmitteln unterstützten Forschungsprojektes oder in einer von bestimmten Personen eine begrenzte Zeit getragenen Initiative? – Sie sehen, v. a. interessiert mich: Wo sind die *Konflikte, die Widersprüche und Möglichkeiten* einer von beiden Seiten zu verbessernden und fruchtbaren zukünftigen Kooperation? Das was erreicht wurde, wollen wir ebenso zur Kenntnis nehmen, wie die entstandenen Schwierigkeiten. Wir brauchen kein Bild einer nicht existierenden Harmonie zu zeichnen.

Frau Franke, Braunschweig: Dann fange ich mal an. Mein Name ist Gebriele Franke, ich bin Diplompsychologin und arbeite in Braunschweig und München.

Die *Arbeitsgruppe AIDS,* für die ich hier spreche, ist vielleicht in gewisser Weise ein Ausnahme. Die gestrige Diskussion in der Arbeitsgruppe kann man so zusammenfassen, daß, ausgehend vom Thema AIDS, für alle, die auf dem Gebiet arbeiten, sehr wichtig und klar ist, interdisziplinär zu arbeiten und psychosoziale und medizinische Faktoren gleichrangig zu betrachten. Vielleicht ist es auch das junge Thema AIDS, das neue Thema AIDS, daß alte Probleme zwischen verschiedenen medizinischen Fakultäten noch gar nicht da sind; oder vielleicht schon von Anfang an versucht wird, gemeinsam diese großen Anforderungen zu bewältigen.

Herr Bräutigam, Heidelberg: Das klingt so, als ob alles schon bestens läuft, alte Probleme nicht da sind und neue nicht in Aussicht. Wir haben bei einer Fortbildungsveranstaltung mit der Dermatologie und dem Gesundheitsamt zum Thema AIDS hier ein enormes Übergewicht der Somatik mit ihren immer neuen Meldungen und Entwicklungen feststellen müssen, sodaß wir als Psychosomatiker ziemlich an den Rand gedrängt wurden.

Frau Franke, Braunschweig: Zum einen haben verschiedenste Mitarbeiter aus verschiedensten Ambulatorien und Krankenhäusern über ihre Arbeitsgebiete referiert. Ein

Bluterzentrum war vertreten und eine Beratungsstelle eines Gesundheitsamtes. Etliche Analytikerinnen sprachen über ihre Erfahrungen mit einzelnen Patienten; und ein wichtiges Thema war die Diskussion, inwieweit es möglich ist, in Gruppen zu arbeiten mit HIV-Positiven und mit AIDS-Patienten. Wie kann Beratung, Betreuung strukturiert werden, koordiniert werden, und wie kann interdisziplinäre Arbeit laufen, wobei ein wichtiger Problembereich die gegenseitige Überforderung war? Also die Erwartung von Medizinern an Psychologen oder Psychosomatiker, was auch die ganze Zeit schon hier auf dem Kongreß thematisiert wurde. Die zu hohe Erwartung an Menschen mit psychologischen Berufen; dann auch eine gegenseitige Zuschreibung von Problemen oder von der Auslösung von Problemen. Das war ein wichtiges Thema.

Ansonsten ging es um die Unterschiede innerhalb der Hauptbetroffenengruppen und die unterschiedliche psychosoziale Belastung dieser Gruppen und auch darum, wie man sich auf dem Forschungsgebiet quantitativ und qualitativ weiterentwickeln kann.

Frau Becker, Heidelberg: Ich will es kurz machen, weil der Bereich *Dermatologie* ja gestern schon lange verhandelt worden ist. Im ersten Teil der Arbeitsgruppe haben wir eigentlich nicht über Kooperation geredet, sondern sie ein Stück ausgeübt, indem wir uns über Psoriasiskranke unterhalten haben. Zunächst hatte jemand eine wissenschaftliche Untersuchung vorgestellt, dann haben wir aber gemerkt, daß man doch über die klinische Erfahrung besser über die Probleme im Umgang mit den Patienten reden kann. Im zweiten Teil ging es dann mehr über Probleme der Kooperation. Ein ganz wesentliches Thema dabei war, *wann und wie man anfängt, die Psyche in den Arzt-Patient-Kontakt einzuführen;* und auch, wann man dann evtl. jemanden überweist zu niedergelassenen Psychotherapeuten, aber v. a. wie man die Dosierung handhabt und wann man anfängt, diese psychischen Aspekte einzuführen. Das ist ein kompliziertes Thema, auch je nachdem bei welcher Patientengruppe, das hat uns dann die zweite Hälfte beschäftigt, wie man mit der Dosierung und wie man mit dem Zeitpunkt umgeht. Das war insofern auch ganz interessant, als erst einmal festgestellt wurde, wie wichtig es ist, *vorsichtig mit dem Wort umzugehen,* also bei den Patienten auch die Abwehr zu respektieren; hinterher haben wir dann festgestellt, daß das aber nicht nur für sprechende Maßnahmen gilt, sondern im Grunde auch für bestimmte konkrete körperlich-somatisch behandelnde Maßnahmen, daß man da im Grunde ebenso vorsichtig und dosierend umgehen und überlegen muß, wann man sie einführt.

Herr Bräutigam, Heidelberg: Ich benutze die Gelegenheit, etwas klarzustellen, was ich gestern nach dem Vortrag von Frau Becker gesagt habe: Somatischer Arzt und Psychosomatiker sollen nicht in eine Konkurrenz geraten, daß einer dem anderen in seinen Bereich hineinpfuscht und Patienten damit nur in Konflikte bringen. Ich verstehe jetzt Frau Becker dahin, daß sie unterschiedliche Überzeugungen im Hinblick auf Cortison und Chemotherapie bei Krebspatienten wohl mit den somatisch behandelnden Ärzten austauscht und auch versucht, ihre Meinung in die Entscheidung der Klinik einzubringen, daß sie aber ihre u. U. abweichende Auffassung den Patienten *nicht* zu verstehen gibt.

Herr Feurle, Neuwied: Wir haben gestern nach einigen Überlegungen ganz weise begonnen, mit der Feststellung, daß wir nichts wissen. Wer als Arzt 20 Patienten mit *M. Crohn* oder 50 oder gar 100 mit *Colitis ulcerosa* betreut und meint, er könne seine dabei gewonnenen Erkenntnisse auf die Gesamtheit der Crohn- oder Colitispatienten verallgemeinern, der irrt. Der Chirurg sieht nur die Schwerkranken, die ihm zur Operation überwiesen werden und die Notfälle. Er könnte zu dem Schluß kommen, alle Patienten seien so schwer krank.

Der Psychosomatiker, dem in der Regel nur solche Patienten überwiesen werden, von denen der vorbehandelnde Arzt glaubt, daß sie einer psychosomatischen Therapie bedürfen oder daß sie psychosomatisch krank seien, könnte zum dem Schluß kommen, alle Patienten mit M. Crohn und Colitis ulcerosa seien psychosomatisch krank oder es handele sich um eine psychosomatische Krankheit.

Auch der universitäre Internist sieht nur einen Teil des Spektrums. Er sieht z. B. die Schwerstkranken nicht, die direkt zum Chirurgen gehen, er sieht vielleicht Angehörige niedriger Klassen nicht, er sieht auch keine Leichterkrankten, bei denen die Diagnose nicht gestellt wird oder die vom Hausarzt behandelt werden.

Nach einigen Anfangsdiskussionen war es nicht schwer, in der Gruppe darüber Einigung zu erzielen. Einig war sich die Gruppe auch, daß bei einem gewissen Prozentsatz der Patienten mit Colitis ulcerosa und M. Crohn *das Bedürfnis besteht, psychosomatisch behandelt zu werden. Unklar war aber, wie hoch dieser Prozentsatz ist* und wie diese Subgruppe definiert ist. Da aus Praktibilitäts- und Kostengründen nicht alle Patienten dem psychosomatisch tätigen Arzt überwiesen werden können, haben wir uns überlegt, unter welchen Umständen und bei welchen Patienten eine Überweisung zur Psychotherapie ausgestellt werden sollte. Nach angeregter Diskussion stellten wir mit Hilfe von Herrn Dr. Kist, der sich mit dieser Frage schon früher beschäftigt hat, folgende Liste zusammen:

- Patienten, die eine psychosomatische Behandlung wünschen (man sollte alle danach fragen);
- Patienten mit evidenten psychologischen Störungen, wie Depression, Neurosen, Compliancestörungen, Anorexie bei M. Crohn und bei Colitis ulcerosa häufiger sei, oder ob es sich um anorektische Störungen handele, oder inwieweit diese krankheitsbedingt seien) etc;
- bei Störungen in der Familie, bei Familien- und Partnerschaftskonflikten und Krisen;
- bei Störung der Arzt-Patienten-Beziehung;
- bei Diskrepanzen zwischen Beschwerdebild und Befund;
- allgemein beim schweren Verlauf (?).

Je nach örtlichen und personellen Voraussetzungen können Internisten und Chirurgen mit Psychosomatikern auf verschiedene Weise kooperieren: per Überweisungsschein, durch gelegentliche Telefonate, durch zufällige Begegnungen oder durch eine institutionalisierte Kooperation.

Es wurde auch über *Barrieren* diskutiert, die den unbefangenen Kontakt von Internisten zum Psychosomatiker behindern. Der nicht psychosomatisch Tätige weiß meist nicht, ob er mit einem Arzt oder Psychologen verhandelt. Er erfährt nicht, was während der stundenlangen Sitzungen besprochen wird. Die Auffassung über die Krankheitsätiologie ist different. Die Psychosomatiker solidarisieren sich mit den Patienten, indem sie Zivilkleidung tragen, entfernen sich aber von uns, den Kollegen. Die gegensätzlichen Weltanschauungen innerhalb der Psychiatrie, Psychologie und

Psychosomatik verwirren den normalen Mediziner. Es wird eine unverständliche Sprache benützt. Patienten auf der psychosomatischen Station benehmen sich anders, es gibt dort Krach, nächtliche Feste. Also eine ganze Batterie von Barrieren, die zu überwinden sicherlich ein Hauptziel der heutigen Veranstaltung ist.

Herr Theml, Karlsruhe: Diese erste Arbeitsgruppe *Psychosomatik im Allgemeinkrankenhaus* ist ja eigentlich von Herrn Pontzen vorhin schon aufgegriffen worden, und in Absprache darf ich also nur noch aus somatischer Sicht etwas akzentuieren: Wenn Herr Pontzen meint, die Zusammenarbeit zwischen Somatikern und Psychotherapeuten sollte nicht zu sehr von *Einzelkämpfern* getragen werden, sondern man sollte sich vom Einzelkämpfer nicht zuviel erwarten, dann kam andererseits in unserer Gruppe doch heraus, das die *Somatiker froh wären,* es würde sich ab und an ein Einzelkämpfer in ihre Reihen wagen.

Ich glaube, daß die Tagung und auch unsere Arbeitsgruppe gezeigt hat, daß wir in einer Phase sind, die wir vor 10 oder 15 Jahren nicht so gesehen hätten. *Damals trat der Psychosomatiker und Psychotherapeut sehr selbstbewußt auf,* wo er überhaupt auftrat, so nach dem Motto: Denen können wir jetzt mal zeigen, was eine Harke ist. Und daher kommen manche Abwehrreaktionen. Und inzwischen scheinen wir irgendwie dazugelernt zu haben, daß einfach die Somatiker umso schwerer zu behandeln sind, je selbstbewußter ihnen der Psychosomatiker entgegentritt, und wir haben manche sehr schlaue und diplomatische Statements in unserem Arbeitskreis gehabt, wo die Psychosomatiker angeboten haben, auf diese Rigidität der Somatiker einzugehen. Etwa nach dem Motto: Wir wollen ja verstehen, daß die es auch nicht leicht haben, und wir wollen ihnen ein Hilfsangebot machen. Und ich muß sagen, aus der Sicht des Allgemeinkrankenhauses scheint mir das ein praktikabler Zugang.

Herr Meerwein, Zürich: In der *Arbeitsgruppe Psychoonkologie* erkundigte sich zunächst Herr Verres über die Umstände, welche in Zürich zur Gründung der „Stiftung für Psychoonkologie" geführt haben. Ich habe dann auf die Psychologiefeindlichkeit der zuständigen Regierungsinstanzen hingewiesen, welche die Einstellung entsprechender Fachkräfte am Universitäts-Spital Zürich verunmöglicht hat. Das Sammeln von Spendengelder in die Stiftungskasse gegen den politischen Widerstand von oben (nicht von der Klinikleitung) ist mühsam und zeitraubend.

Verschiedene Gruppenteilnehmer haben dann ihre Erfahrungsberichte zur Kooperation zwischen Onkologen und Psychosomatikern abgegeben. Daraus ergab sich die Frage, *in welcher Klinikstruktur* der Psychosomatiker besser arbeiten kann. Es wurde die Vermutung geäußert, daß in der Universitätsklinik die Arbeit des Psychosomatikers erschwert wird durch den Druck der Klinik, rasche Erfolge zu erreichen, aber auch durch das Forschungsinteresse, das die Klinik am Patienten hat und das auf anderer Ebene liegt als das Forschungsinteresse des Psychosomatikers. Aus diesen Gründen kann sich die Arbeit des Psychosomatikers in kleineren, z. B. städtischen Krankenhäusern, leichter abwickeln. Wenn sie aber gelingen soll, dann muß der Psychosomatiker einen langen Atem haben. Er muß bereit sein, sein Anliegen jahrelang gegen Widerstand zu vertreten, bevor er mit Erfolgen rechnen kann. Es wurden dabei Zeiträume von 5–8 Jahren genannt. Rascher kommt man in der Regel nicht ans Ziel. Auch soll der Psychosomatiker, der ja ein „Grenzgänger" ist, nicht als Einzelkämpfer arbeiten. Er soll durch ein kleines Team gestützt werden, das ihm ermöglicht, mit der

Frustration, die der andauernde Kampf gegen den Widerstand mit sich bringt und die zum Burnout führen kann, im Gruppenerlebnis fertig zu werden.

Dies war der Schwerpunkt der einen Hälfte der Diskussion. Der andere Schwerpunkt bezog sich auf die Frage, die von einem Onkologen gestellt wurde: *Was motiviert* eigentlich *den Psychosomatiker*, dem Somatiker *seine Dienste anzubieten*? Aus Köln wurde berichtet, daß die Kooperation mit den Chirurgen gescheitert sei, weil bei den Chirurgen Unklarheit darüber bestand, was die einziehenden Psychosomatiker von ihnen eigentlich wollten. Zwei Mitglieder der Gruppe gaben Selbsterfahrung, Erfahrung im Umgang mit nahestehenden Krebskranken als Motiv an, sich mit Schicksal, Krankheit und Behandlung Krebskranker besonders zu beschäftigen und die Ergebnisse dieser Beschäftigung in den gesamten Ablauf der therapeutischen Arbiet auf einer onkologischen Station einzubringen.

Ein dritter Schwerpunkt der Diskussion bezog sich auf grundsätzlichere theoretische Fragen. Herr Jacob schnitt die Frage der Wirkung kunsttherapeutischer Ansätze bei Krebskranken an, woraus sich eine kurze Diskussion über die rekonstruktiven Bedürfnisse des Selbst des Patienten und die Hilfestellung durch den Psychosomatiker, bzw. den Kunsttherapeuten, ergab. Herr Hübschmann warf die heikle Frage der Organisation der Zellstruktur und ihrer Bedeutung für Krankheitsentwicklung und Abwehrverhalten der erkrankten Persönlichkeit auf. Dies leitete über zum Thema des *Unterschiedes zwischen Heil und Heilung* und ob möglicherweise zwischen dem Psychosomatiker und dem Somatiker unterschiedliche Auffassungen darüber bestehen, was dem Patienten als Persönlichkeit Heil bringt und in welcher Weise sich Heil und Heilung möglicherweise unterscheiden. Hier liegt wahrscheinlich ein großer Konfliktbereich zwischen dem Somatiker und dem Psychosomatiker, der nicht einfach grundsätzlich gelöst werden kann, sondern der in jedem einzelnen Fall im Gespräch seine Antwort finden muß.

Herr Stauber, München: Ich arbeitete bis vor wenigen Monaten in Berlin als Leiter einer psychosomatischen Arbeitsgruppe an der Universitäts-Frauenklinik Charlottenburg. Gleichzeitig war ich dort zuletzt verantwortlicher geburtshilflich – gynäkologischer Oberarzt. Seit einigen Monaten bin ich an der 1. Universitäts-Frauenklinik München tätig und versuche hier eine psychosomatische Arbeitsgruppe aufzubauen.

Zu unserer Arbeitsgruppe mit dem Thema: *Infertilität – Reproduktionsmedizin.* Sie wurde von mir gemeinsam mit Frau Gerhard moderiert; 25 Kolleginnen und Kollegen haben darin teilgenommen, wobei die Hälfte Frauenärzte, die andere Hälfte Psychologen bzw. Psychotherapeuten waren. Nahezu alle Kolleginnen und Kollegen hatten Vorerfahrungen mit Paaren, die Probleme der Infertilität hatten.

Einleitend wurde die Notwendigkeit einer *Berücksichtigung psychosomatischer Aspekte im Fach Frauenheilkunde allgemein dargestellt,* da es dort einmal eine Reihe funktioneller Störungen gibt, die eine psychosomatische Begleitbetreuung notwendig erscheinen läßt. Betont wurde auch die Tatsache, daß gerade in der Frauenheilkunde auch Umbruch – und Lebensphasen betreut werden, die in sich psychosomatische Ereignisse darstellen, z. B. Schwangerschaft, Wochenbett, Klimakterium. Der Frauenarzt selbst komme auch nicht umhin, mit einer gewissen Sensibilität an die Patientinnenbetreuung in diesen Lebensphasen heranzugehen. In den letzten Jahren wurde dies zunehmend erkannt und z. T. auch verwirklicht. Als positive Beispiele wurden die geburtshilflichen Abteilungen erwähnt, die patientenorientierter geworden sind – so begleiten häufig die Väter ihre gebärenden Frauen, die Mütter haben zugang zu ihren Kindern auf der Wochenbettstation erhalten. Dies allerdings war nicht nur ein Verdienst der psychosomatischen Basisforschung, sondern mehr noch der Frauen selbst, die den Mangel an psychosomatischer Einfühlung in den Frauenkliniken monierten.

Das Thema der Infertilität und Reproduktionsmedizin droht z. Z. wegen der modernen *Techniken* zur *Behandlung steriler Paare* auszuufern. Da es dabei auch um das Wohl des Kindes geht, erscheint diese Thematik auch wichtig für den Psychosomatiker. In der Grupenarbeit wurde von allen Teilenhmern unterstrichen, daß man bereits beim Einstieg in die Kinderwunschbetreuung psychosomatische Gesichtspunkte berücksichtigen sollte. Beide Partner sollten dabei in das Erstgespräch einbezogen werden und Fragen der Kinderwunschmotivation, der Vita sexualis und des Leidensdruckes durch den nicht erfüllten Kinderwunsch angesprochen werden. Praxisnahe Beispiele wurden von den Teilnehmern der Gruppe vorgetragen. So wurde häufig beobachtet, daß gerade zum Zeitpunkt der Ovulation eine Vermeidung des möglicherweise zur Konzeption führenden Verkehrs auffiel. Aus der Universitätsfrauenklinik Heidelberg wurden von der Kollegin Maier Fallstudien schriftlich vorgelegt und dienten zur Illustration der Thematik des unerfüllten Kinderwunsches. Einen größeren Raum nahm auch noch die Diskussion der *Ambivalenz des Kinderwunsches* ein. Die Überlagerung eines bewußten Kinderwunsches durch eine unbewußte Ablehnung der weiblichen bzw. der mütterlichen Rolle wurde betont. Eine psychosomatische Begleitbetreuung von Kinderwunschpaaren erscheint neben der Möglichkeit einer Aufdeckung einer Psychogenese v. a. auch deshalb notwendig, da die rein organische Behandlung schon von dieser Patientengruppe als sehr belastend erlebt wird. Eine Reihe iatrogener Symptome sind möglich, so v. a. auch das Auftreten funktioneller Sexualstörungen. Die Technik der Insemination und der In-vitro-Fertilisierung sparen die sexuelle Ebene zwischen den Partnern häufig aus und es kommt zu einer Mechanisierung der Vita sexualis.

Zwei Untersuchungen, die den *Stellenwert des Kinderwunsches* für das Paar relativieren, wurden diskutiert. Die erste Arbeit von Schultz-Ruhtenberg befaßt sich mit der Verarbeitung des nicht erfüllten Kinderwunsches. Es wird hierin festgestellt, daß Frauen und Männer mit unerfülltem Kinderwunsch nur sehr schwer mit diesem oftmals besonders einschneidenden Trauma fertig werden. Auf der beruflichen Ebene war oftmals ein Rückzug zu bemerken. Auch gesellschaftliche Isolation war nicht selten. Besonders auffällig war eine *hohe Inzidenz von psychosomatischen Symptomen,* v. a. von Sexualstörungen.

Die zweite Untersuchung stammt von Becker und befaßt sich mit Paaren, die schließlich ihren Kinderwunsch erfüllen konnten. Dabei fiel auf, daß bereits in der Schwangerschaft eine Reihe psychosomatischer Symptome auftrat, die eine Ambivalenz im Schwangerschaftserleben deutlich machten. Die Inzidenz von Symptomen wie einer Hyperemesis gravidarum oder Frühgeburtsbestrebungen, lag deutlich höher als in einem Vergleichskollektiv. Auch die Symptome von Stillschwierigkeiten waren in der Gruppe von Frauen, deren Kinderwunsch nach langer Behandlungszeit in Erfüllung ging, häufiger. Die *Überlagerung des bewußten Kinderwunsches durch eine unbewußte Unsicherheit* wurde hieraus deutlich.

In der Gruppenarbeit wurden dann inhaltliche Interventionen für die Führung von Kinderwunschpaaren überlegt. Ein Stufenkonzept für die oftmals lange Kinderwunschbetreuung wurde diskutiert.

Einen großen Raum nahmen dann Überlegungen zur neuen Reproduktionsmedizin ein. Vor allem die *In-vitro-Fertilisation* zeigt Entwicklungen, die einen Mißbrauch ermöglichen können. Die Frage nach dem richtigen Gebrauch wird erörtert. Problematisiert wurde, daß man primär mit einer sehr strengen Indikation – nämlich irreversibel gestörten Eileitern – die Methode der In-vitro-Fertilisation begann, jedoch heute schon auch bei ungeklärten Sterilitäten dieses Verfahren ohne ausreichende Voruntersuchungen einsetzt. Es kamen auch eine Reihe ethischer Bedenken zum Vorschein, so z. B. die Möglichkeit zur Manipulation am Embryo oder auch die Forschung an frühen Embryonalformen. Schon heute sollten sich auch die Psychosomatiker über die modernen Entwicklungen auf diesem Gebiet Gedanken machen, bevor man den Weg nicht mehr zurückgehen kann. Das Berliner Modell, das die neuralgischen Punkte anspricht und vor einem Mißbraucht warnt, wird diskutiert. Dabei wird auf den Punkt hingewiesen, der ein Verlassen der Familienstruktur problematisiert. Dies kann erreicht werden durch eine Samenspende, Eizellspende, Embryonenspende, Leihmutterschaft usf. In der Diskussion wurde hierbei auch die *heterologe Insemination* problematisiert. Herr Senf trägt seine Erfahrungen zu diesem Thema vor und sieht derzeit keine günstige Beurteilung der heterologen Insemination von psychosomatischer Seite. Auch in der Gruppe wird die Tendenz deutlich, die heterologe Insemination nicht zu empfehlen.

Einige praxisnahe Vorschläge werden noch im Bezug auf die Kinderwunschbehandlung mitgeteilt. Der integrative Ansatz erscheint für den Gynäkologen wichtig. Er muß in den zahlreichen Untersuchungsschritten das Paar auch psychosomatisch begleiten. An verschiedenen Stellen der Behandlung (z. B. beim Auftreten von Sexualstörungen, bei der Verarbeitung des frustranen Kinderwunsches) kann eine zusätzliche fachpsychosomatische Behandlung notwendig werden. Als Einstieg für eine psychosomatische Begleitbetreuung von Kinderwunschpaaren bietet sich ein *Informationsgespräch mit mehreren Kinderwunschpaaren* an. Hier können neben den organischen Störungen auch die psychischen Aspekte einfließen.

Schließlich wird noch darauf hingewiesen, daß das Kinderwunschpaar schon *frühzeitig* auf den notwendigen *möglichen Verzicht* hingewiesen wird. Gesprächsgruppen können hier durch gegenseitigen Erfahrungsaustausch hilfreich sein. Den behandelnden Frauenärzten sollte deutlich gemacht werden, daß Kinderwunschbehandlung Sensibilität gegenüber beiden Partnern erfordert und eine Kooperation mit dem Psychosomatiker in vielen Fällen weiterhelfen kann. Daß die Frauenärzte aufgeschlossener gegenüber der psychosomatischen Denkweise geworden sind, zeigt das zunehmende Interesse an psychosomatischen Fortbildungstagungen. In keinem anderen primären organischen Fach gibt es so viele Ärzte, die sich in einer eigenen Gesellschaft zur Förderung psychosomatischen Gedankengutes zusammengeschlossen haben. Zur Zeit sind immerhin 700 Gynäkologen in der Bundesrepublik Mitglieder der „Deutschen Gesellschaft für psychosomatische Geburtshilfe und Gynäkologie“. Durch Balint-Gruppen und Fortbildungstagungen werden hier Möglichkeiten und Grenzen einer psychosomatischen Begleitbetreuung aufgezeigt. Auch die Kooperation mit Spezialabteilungen wurde dort wiederholt diskutiert.

Herr Bräutigam, Heidelberg: Ich bin immer wieder beeindruckt, daß da, wo die moderne Medizin in ihren technischen und operativen Möglichkeiten enorm in Entwicklung ist und Triumpfe feiert, daß dort psychologische Momente sich aufdrängen und nach psychotherapeutischer Ausbildung gefragt wird. Daß es 700 Gynäkologen in der Bundesrepublik gibt, die sich psychosomatisch fortbilden, ist mir eine ganz neue, aber sehr erfreuliche Zahl.

Herr Wolf, Freiburg: Die *genetische Beratung* ist ein verhältnismäßig junges Fach, und noch jünger sind die Beziehungen - zumindest in der Bundesrepublik - zwischen genetischer Beratung und Psychosomatik bzw. Psychotherapie. Unter anderem zeigt sich das darin, daß es in der Bundesrepublik nur 3 Ärzte gibt, die medizinische Genetiker sind und die Zusatzbezeichnung Psychotherapie haben. Um so erfreulicher ist es, daß im Rahmen dieser Arbeitstagung der Versuch gemacht wurde, die Erfahrungen über schon bestehende Kooperationsformen zwischen beiden Fächern zusammenzutragen und über wünschenswerte Kooperationsmodelle zu diskutieren.

In der Arbeitsgruppe wurde zunächst zu 4 Bereichen referiert, in denen Kooperation besteht oder wünschenswert erscheint:

1) Erfahrungen mit Balint-Gruppen mit genetischen Beratern;
2) pränatale Diagnostik und Schwangerschaftsabbruch aus genetischer Indikation;
3) Beratung bei Geschlechtschromosomenaberrationen, insbesondere bei Turner-Syndrom;
4) genetische Beratung bei Huntington-Krankheit, insbesondere Beratung von Risikopersonen.

Anhand dieser ausgewählten Bereiche wurden Modelle der Kooperation bzw. der Integration von Psychosomatik/Psychotherapie und medizinischer Genetik diskutiert. Dabei stellte sich heraus, daß eine solche *Kooperation gegenwärtig* bis auf wenige Ausnahmen *ausschließlich zeitlich begrenzt* und im Rahmen von drittmittelgeförderten Projekten an wenigen Beratungsstellen existiert. In diesen Projekten arbeiten Psychologen, Sozialpädagogen, Sozialarbeiter und Ärzte (medizinische Genetiker) zusammen.

Weitere Integrationsversuche bestehen darin, daß sich einzelne interessierte Ärzte, die in der genetischen Beratung arbeiten, auf dem Gebiet der Psychotherapie weitergebildet haben. Diese Weiterbildung wurde in der Regel aus der unmittelbaren persönlichen Erfahrung in der Beratungstätigkeit angeregt.

In der Diskussion kristallisierten sich 2 Problembereiche heraus, die einerseits Kooperationsbestrebungen angeregt haben, andererseits aber auch geeignet sind, diese zu hemmen. Von Seiten der Genetiker besteht ein verhältnismäßig *hoher Anspruch an die Qualität der eigenen Tätigkeit.* Dies wurde zumindest bei den in der Arbeitsgruppe versammelten Genetikern deutlich (wobei zu berücksichtigen ist, daß diese Auswahl aus dem Spektrum der Genetiker sich in der Regel schon intensiver mit psychologischen Aspekten der genetischen Beratung beschäftigt hat). Dieser Anspruch bezieht sich darauf, daß die Tätigkeit in der genetischen Beratung über die reine medizinische Genetik hinausgehen und eigentlich eine *umfassende Familienbetreuung* sein sollte, die sich möglichst über mehrere Jahre und u. U. sogar über eine ganze Generation hinzieht. Unmittelbar damit zusammen hängt der zweite Problembereich, daß die persönlichen und die institutionellen Defizite, beziehungsweise der schlichte Personalmangel und die daraus resultierende Überforderung, als schmerzlich erlebt werden und hieraus Schuldgefühle resultieren. An einzelnen Stellen hat das dazu geführt, daß über Drittmittel oder ABM Psychologen oder Sozialarbeiter angestellt werden, die dann quasi eine Alibifunktion für die gesamte Institution erfüllen. Nur vereinzelt hat das Erleben dieser Defizite zu Kooperationsbestrebungen geführt oder war der Anlaß für die Suche nach einer individuellen Weiterbildung.

Bei der Diskussion von möglichen bzw. wünschenswerten Modellen der Interaktion kristallisierten sich 2 Modelle heraus, die sich schlagwortartig als „Kooperationsmodell" und „Integrationsmodell" bezeichnen lassen.

Beim *Kooperationsmodell* beschränkt sich der medizinische Genetiker bzw. genetische Berater auf sein spezielles Fachgebiet, die medizinische Genetik. Alles was sich darüber hinaus an psychosozialer Problematik ergibt, delegiert er an Stellen außerhalb der Beratungsstelle oder an speziell qualifizierte Personen innerhalb der Beratungsstelle. Wenn man dieses Modell überall verwirklichen wollte, dann müßte eine Vielzahl neuer Stellen für Psychologen und Sozialarbeiter geschaffen werden. Die Beratung und damit letztlich auch die zu beratenden Personen werden damit in verschiedene Bereiche, z. B. den genetischen, den sozialen oder den psychologischen aufgeteilt. Es ist denkbar, daß ein solches Modell auch zu einer Verfestigung von bestehenden Strukturen beiträgt.

Bei dem *Integrationsmodell* sind 2 Varianten denkbar. In der 1. Variante arbeitet ein Psychologe oder Psychotherapeut in der genetischen Beratungsstelle, der in die tägliche Beratungsarbeit integriert ist. Voraussetzung hierfür ist, daß er von dem medizinischen Genetikern in seiner Kompetenz voll anerkannt ist. Erfolgreich könnte ein solches Modell nur dann sein, wenn die medizinsichen Genetiker bereit wären, sich von einem solchen Kollegen „infizieren" zu lassen und an sich selbst und ihrer Tätigkeit langsame Veränderungen zuzulassen. Die 2. Variante würde voraussetzen, daß ein genetischer Berater sowohl medizinischer Genetiker als auch Psychotherapeut ist, sich also in beiden Fachgebieten qualifiziert hat. Beide Aspekte könnten dann in die praktische tägliche Arbeit integriert und für die interne Supervision, ebenso wie für die Aus- und Weiterbildung, von Kollegen genutzt werden. Ein solches Modell ist an kaum einer Beratungsstelle in der Bundesrepublik verwirklicht, wurde aber von den meisten Teilnehmern für sehr wünschenswert gehalten. Je nach den lokalen Gegebenheiten wird man jedoch pragmatisch nach Zwischenformen zwischen den genannten Modellen suchen müssen. Als wichtigste Voraussetzung für die Verwirklichung wurde angesehen, daß von beiden Seiten aus die jeweilige Kompetenz anerkannt und akzeptiert werden muß. Darüber hinaus müssen beide Seiten lernbereit sein, der Genetiker im Hinblick auf die Psychotherapie und der Psychotherapeut im Hinblick auf die medizinische Genetik. Als Voraussetzung wurde weiterhin angesehen, daß der Anspruch an eine umfassende Familienberatung und langjährige Familienbetreuung auf ein Maß heruntergeschraubt wird, das eine pragmatische Umsetzung in Kooperation mit anderen Institutionen und Fachgebieten möglich erscheinen läßt.

Als ersten Schritt in Richtung auf eine Kooperation könnte man die *Bereitschaft der medizinischen Genetiker zur Supervision ihrer Beratungstätigkeit* ansehen, die ja an manchen Stellen auch schon parktiziert wurde bzw. wird. Das beinhaltet aber auch, daß die in Psychotherapie erfahrenen Supervisoren bereit sein müssen, sich auf die medizinische Genetik mit allen Problemen der genetischen und der pränatalen Diagnostik einzulassen.

Herr Bräutigam, Heidelberg: Darf ich nachfragen: Die Mitarbeiter in den genetischen Beratungsstellen, die in Supervision oder Balint-Gruppen kommen, sind das Genetiker, Wissenschaftler, oder sind das zusätzlich angestellte Hilfskräfte, etwa Psychologen auf Halbtagsstellen?

Herr Wolf, Freiburg: Die *Berater* sind *in der Regel medizinische Genetiker,* Mediziner also, die auch wissenschaftlich tätig sind. Es gibt einige wenige Stellen, auf denen Psychologen arbeiten, meist in Drittmittelprojekten, und die sind auch darauf angewiesen, in diesem Projekt wissenschaftlich vorwärts zu kommen. Sie sind nur ausnahmsweise in die tägliche Beratungsarbeit integriert.

Herr Klapp, Berlin: Die Arbeitsgruppe *Intensivmedizin* war mit etwa 10 Teilnehmern relativ klein. Dies war einerseits recht erfreulich, weil intensiv diskutiert werden konnte und ungefähr die Hälfte derer, die sich in der Bundesrepublik mit diesem Fragekomplex intensiver beschäftigen, anwesend waren. Besonders erfreulich war die Anwesenheit mehrerer *Pflegekräfte* aus dem Heidelberger Raum. Keineswegs die Erfreulichkeit und Bedeutung dieser Teilnahme schmälernd, sondern vielmehr *die Bedeutung des „Persönlich-miteinander-Könnens"* unterstreichend, stellte sich heraus, daß die Pflegekräfte vornehmlich deshalb gekommen waren, weil sie die Psychologin, die lange auf iherer Station tätig gewesen war und jetzt vornehmlich im Ausland weilt, wiedersehen wollten. Während die Pflegekräfte die Diskussion ausgesprochen bereicherten, fiel andererseits der Mangel an ärztlichen Teilnehmern in der Arbeitsgruppe auf.

Die Problematik in der Intensivmedizin ist allgemein ganz gut bekannt: Es geht in diesem Bereich wunschmäßig immer darum, eine als ganzheitlich bezeichnete Patientenversorgung zu betreiben. Dies ist ein Anspruch, der vornehmlich pflegerischerseits formuliert wird. Es gilt, ein Korrektiv zu schaffen zu den Apparaten, bzw. dem, „was die Apparate mit den Patienten und den Teamangehörigen machen". In der Regel sind diejenigen, die hierunter am stärksten leiden, die Pflegekräfte. Dies wurde in der Arbeitsgruppe vielleicht auch darin deutlich, daß keine Ärzte anwesend waren. Der Arzt, der am intensivsten mit der Intensivmedizin zu tun hat, war ich selbst.

Damit sind wir bei einem strukturellen Problem, zu dem ich später, in die allgemeine Diskussion überleitend, wenn die Frage nach dem Bedarf nach Kooperation zwischen „Somatik" und „Psychosomatik" gefragt wird, noch etwas sagen kann.

Ausgehend von diesen Wunschvorstellungen und deren auf einzelnen Stationen immer wieder beobachtbaren schlechten Realisierbarkeit hat es eine umfangreiche Diskussion um die Intensivmedizin gegeben, nicht nur öffentlich, sondern auch medizinintern. Dabei wird immer wieder überlegt, was man tun könne, wobei *der Stimulus* hierzu *immer wieder von den Pflegekräften* ausgeht, gelegentlich auch von einzelnen Ärzten, die ebenfalls unter dem verkürzten Dialog, der im intensivmedizinischen Bereich mit dem Patienten geführt wird, leiden. Gelegentlich, wenn die Standards der Funktionsfähigkeit gestört sind, es gewissermaßen im Team turbulent wird, die Krankheitsraten hochgehen, vermehrt Suizidversuche oder eine ausgesprochene Migration der Pflegekräfte auftreten, werden Ansätze der Teambetreuung auch von der Klinikleitung inauguriert.

Hierzu wurde in der Arbeitsgruppe ein aufschlußreiches Beispiel berichtet: Ein psychologischer Kollege führt seit knapp einem halben Jahr in einem kommunalen Krankenhaus eine *Balint-Gruppe,* die auf Betreiben des Krankenhausträgers eingerichtet wurde, weil eine ausgesprochene Migration der Pflegekräfte eingetreten war und die Station nicht mehr richtig geführt werden konnte, so waren von 5 Beatmungsbetten nur noch 2 ordnungsgemäß zu betreuen. Diese Balint-Gruppe steht also vor einer anspruchsvollen Aufgabe, vielleicht dadurch etwas erleichtert, daß das Krankenhaus sich die Gruppen auch ein wenig kosten läßt und somit eine gewisse Verbindlichkeit eingeht. Man kann dem Kollegen angesichts der gesamten Literatur und dem nicht gerade seltenen Scheitern solcher Ansätze derzeit nur Glück wünschen.

Fragt man sich danach, was von dem im intensivmedizinischen Rahmen psychologisch-medizinisch Wünschenswerten in der Praxis tatsächlich möglich und realisierbar ist, so muß man feststellen, daß dies jeweils örtlich ganz unterschiedlich ist. Allgemeine Rezepte gibt es nicht, vielmehr muß man sich stark nach den jeweiligen örtlichen Gegebenheiten orientieren, wobei insbesondere zu klären ist:

1) Von wem geht die *Initiative* aus, jetzt Psychosomatik, bzw. psychologische Beratung heranzuziehen;
2) wie stark werden solche Ansätze von der Kliniksleitung, insbesondere auch von dem für die Intensivstation verantwortlichen Oberarzt mitgetragen.
   Sodann lassen sich eine Reihe von Modellen vorstellen, z. B. die Einbeziehung des Psychosomatikers/Psychologen in die direkte Patientenbetreuung oder eine streng patientenzentrierte Teambetreuung, bzw. eine Verknüpfung beider dieser Ansätze. Dabei scheint eine Schwerpunktsetzung der psychosomatischen Arbeit in der Teambetreuung am aussichtsreichsten. Die günstigste Form zumindest im Anfang einer solchen Kooperation scheint eine *streng patientenzentrierte Teamberatung* zu sein. Weltweit ist es dabei allerdings problematisch, daß bei solchen Ansätzen die Ärzte sich in der Regel nicht engagieren. Dies beschränkt naturgemäß die Effektivität solcher Gruppen enorm und mündet nicht selten in Scheitern. Die wenigen mir bekannten mehr oder minder erfolgreichen, länger dauernden Gruppen finden sich dort, wo seitens der die Intensivstation dergestalt Konsequenzen gezogen wurden, sich selbst einen Beratungsdienst zu stiften. Dies ist zum einen in Münster der Fall, wo in der operativen Intensivmedizin mit Herrn Hannich ein Psychologe eingestellt wurde und sich so über lange Jahre ein Beratungsdienst in verschiedenen Modifikationen hat entwickeln können, inzwischen konnte sich der Kollege über ein intensivmedizinisches Thema habilitieren und erhielt eine Professur für klinische Psychologie und Psychosomatik im Verbund mit der Anästesiologie. Das zweite Beispiel findet sich in Berlin, wo mit der Arbeitsgruppe von Herrn Studt über ein starkes Engagement des intensivmedizinischen Oberarztes in der inneren Klinik seit langem ein Beratungskonzept gut gurchgehalten wurde. Weitere Beispiele sind Herr Meffert als Psychologe in der Kardiochirurgie in Hamburg oder ich selbst, der über viele Jahre internistisch und psychosomatisch auf der Intensivstation tätig war.

In der Diskussion der Arbeitsgruppe nahm noch folgende Problematik großen Raum ein: Im intensivmedizinischen Feld geschieht ständig oder als Regelfall etwas, was dort eigentlich nicht passieren sollte. Die Intensivstation ist ja zur Vermeidung von Sterbefällen konzipiert, es geht um den Ausgleich bzw. temporären Ersatz ausgefallener Vitalfunktionen, und nur so lange, wie sich eine Chance abzeichnet, daß die Patienten diese Funktion(en) wiedergewinnen, ist eigentlich Intensivmedizin indiziert.

Neben diesen intensivbehandlungsbedürftigen Patienten im engeren Sinne versorgt die Intensivstation Patienten, bei denen man antizipiert, daß ein Ausfall von Vitalfunktionen eintreten könnte – dies ist die Intensivüberwachung. Die Überwachung sorgt dafür, daß die Mortalitätsraten auf Intensivstationen erträglich niedrig sind, denn bei den intensiv behandlungsbedürftigen Patienten liegen die *Mortalitätsraten immer noch zwischen 40 und 75%,* je nach Patientengruppe. So stellt sich für die Behandelnden immer wieder die Frage, woraufhin sie eigentlich behandeln. Hier wurde von pflegerischer Seite eingebracht, daß sie „den Patienten gern wohin führen" wollen, daß sie „das Gefühl haben wollen, den Patienten begleiten zu können", wobei es für sich nicht zwingend sei, daß er lebend aus der Intensivstation herauskomme. Hier frage sich allerdings, wie es im Patienten und im Team aussehe, wenn ein Patient verstirbt, welche Möglichkeiten sich für das Team bei der Bewältigung von Sterbefällen bieten und wie sich Sterbefälle auf die Betreuung anderer Patienten auswirken. Hinsichtlich dieses *zentralen Problems,* mit dem es sich im Bereich der Intensivmedizin immer auseinander zu setzen gilt, tauchte dann die Frage auf, inwieweit Psychosomatik und wenn ja, in welcher Form hier etwas anzubieten hat.

Herr Bräutigam, Heidelberg: Sie haben das zwar eben in einem Nebensatz gesagt, Herr Klapp, aber ich möchte noch einmal, weil es mir bemerkenswert erscheint, nach Ihrer Identität fragen, wie man das heute so nennt. Was sind Sie eigentlich von Beruf?

Herr Klapp, Berlin: Als es in der Vorbereitung dieser Tagung darum ging, wer die Kooperation in der Intensivmedizin hier darstellen könne und ich rückfragte, welcher Part mir zugedacht sei, hörte ich, daß ich als eine Art Zwitterwesen zwischen Somatik und Psychosomatik angesehen werde, also meine berufliche Identität nicht klar erkennbar sei, wonach Sie ja eben auch noch einmal fragen. Für mich ist dies im Grunde genommen klar: Ich habe im beruflichen Feld zumindest 2 Identitäten, die ich ständig oszillierend versuchen muß, in aktuellen Situationen miteinander in hinreichende Deckung zu bringen. *Ich bin Internist und Psychoanalytiker,* und ich bin *kein Psychosomatiker.* Ich weiß nämlich nicht einmal genau, was Psychosomatik ist, schon gar nicht, was psychosomatische Medizin heißt. Dies ist ein Terminus, in dem das Biologisch-Medizinische gleich zweimal vorkommt. Eine doppelte Verneinung ist ja eine Bejahung. Was eine doppelte Bejahung, die in der Fachgebietsbezeichnung angelegt ist, bedeuten kann, weiß ich nicht. Psychoanalytisch gesehen ist es mir indes verdächtig und läßt sich vielleicht als verbale Überanpassung an etwas, womit man nicht gern zu tun haben will, verstehen. Ich selbst sehe mich primär als Arzt mit internistischer Weiterbildung, der weiß, daß er bei einer Vielzahl von Fragestellungen mit den Modellen und Arbeitsansätzen, die Physiologie, Biochemie, Pathologie, Pharmakologie u. a. zur Verfügung stellen, im klinischen Alltag allein nicht zurecht kommt. Also muß ich mich um weiteres Wissen und weitere Befähigung in den psychischen und sozialen Dimensionen bemühen. Dies gestaltet sich dann im Alltag immer wieder ausgesprochen schwierig.

Herr Bräutigam, Heidelberg: Das kann ich gut nachvollziehen, möchte im Hinblick auf Ihre neue Identität aber doch bemerken: Es scheint mir nicht nur individuell interessant, sondern charakteristisch für die Entwicklung der Psychosomatik, daß gerade Sie jetzt einen Ruf auf einen Lehrstuhl für psychosomatische Medizin in Berlin bekommen haben, daß jemand mit dieser „Zwitteridentität" von einer Fakultät in eine solche Position gerückt wird.

Wir sind jetzt, was hier den Tisch mit den Berichterstattern aus den Arbeitsgruppen betrifft, am Ende der Diskussion. Es sind unterschiedliche Beiträge gekommen, und mir ist das ganze breite Spektrum an Aufgaben, das die Medizin der Psychosomatik stellt, aber auch die Macht des Gegenstandes, wieder deutlich geworden: Die konkrete körperliche Krankheit, die organische Seite und das darauf gerichtete Fachgebiet bestimmen zunächst einmal die ärztliche und auch die damit gegebene psychosomatische Aufgabe.

Plenumsdiskussion

Herr Feurle, Neuwied: Ich hatte mich mit Rücksicht auf die noch fehlenden Statements kurzgefaßt, deshalb ist vielleicht das, was wir diskutiert hatten, nicht klar geworden. Aus der *Tatsache, daß wir nichts wissen,* folgt, daß wir nicht sagen können, ob die Colitis ulcerosa oder der M. Crohn von der Genese her psychosomatische Krankheiten sind. Es gibt keine Differenz darüber, daß bei vielen Patienten mit Colitis ulcerosa und M. Crohn ein psychotherapeutischer Bedarf besteht, aber ob dieser Folge der langwierigen, schweren, rezidivierenden Erkrankung im Adoleszentenalter ist oder als psychopathologischer Faktor ätiologisch beteiligt ist, bleibt unklar.

Die Untersuchungen aus den 60iger Jahren halten heutiger Kritik nicht stand (Einzelheiten hierzu s. Bericht der Arbeitsgruppe 3, S. 129ff.).

Es ist ohnehin problematisch, eine Vergleichsgruppe aufzufinden mit Krankheiten, die im jugendlichen oder Adoleszentenalter jahrelang und schubweise ablaufen. Zahlenmäßig ist dies schwierig, denn jugendliche Rheumatiker, jugendliche Dialysepatienten, Hämophile oder Patienten mit multipler Sklerose sind seltener und unterscheiden sich zudem in vielen Aspekten vom Patienten mit M. Crohn oder Colitis ulcerosa.

Zur Frage, ob sich Patienten mit Colitis ulcerosa und M. Crohn von chronisch Kranken anderer Ursache psychologisch überhaupt unterscheiden, sind mir nur 2 Arbeiten bekannt: Helzer JE et al. (1982) A controlled study of the association between ulcerative colitis and psychiatric diagnoses. Dig Dis Sci 27:513–518; Helzer JE et al. (1984) study of the association between Crohn's disease and psychiatric illness. Gastroenterology 86:324–330.

Bei M. Crohn fanden Helzer et al. keinen Anhalt für eine Häufung psychiatrischer Symptome, bei Colitis ulcerosa aber einen etwas höheren Prozentsatz von Patienten mit Depression und Zwangscharakter.

Ganz abgesehen davon, daß es sich hier um eine psychiatrische Untersuchung handelt, und ganz abgesehen von den Problemen der Kontrollgruppe, sagt auch diese Studie nichts darüber aus, ob es sich bei den psychopathologischen Befunden um Krankheitsfolge oder Krankheitsursprung handelt.

Es scheint mir wichtig, *dieses Nichtwissen klar herauszustellen,* denn wenn ich eine Vorlesung zum Thema chronische entzündliche Darmerkrankung halte, schreit die Hälfte der Studenten, daß es sich hierbei um eine psychosomatische Erkrankung handele.

Meist gelingt es mir nicht, die Studenten an ihrer Ansicht zweifeln zu lassen.

Zusammenfassend möchte ich also noch einmal darstellen, daß es keine wissenschaftlich gesicherten Kenntnisse gibt, ob sich M. Crohn und Colitis ulcerosa psychopathologisch von vergleichbaren langwierigen schweren Erkrankungen unterscheiden.

Noch viel unsicherer ist man bei der Frage, ob psychopathologische Phänomene bei der Krankheitsentstehung beteiligt sind oder Krankheitsfolgen darstellen.

Herr Bräutigam, Heidelberg: Zu Herrn Feurle möchte ich bemerken, daß er viele Jahre hier an der medizinischen Poliklinik Oberarzt war, die Gastroenterologie mit vielen chronischen Colitispatienten versorgte. Wir waren mit unseren Colitispatienten bei ihm immer gut aufgehoben und konnten mit ihm fruchtbar zusammenarbeiten. Wir hatten in ihm immer einen kritischen Partner, mit dem wir einen fruchtbaren Austausch hatten, auch informell beim Essen im Casino, was sich immer günstig auswirkte.

Wenn ich recht verstanden habe, ist es aus Ihrer Sicht für das Gespräch über Colitis- und M.-Crohn-Kranke hinderlich, daß wir als Psychosomatiker *eine spezifische Genese* als Ätiologie *zu leicht* bei den von uns untersuchten Patienten *als gesichert ansehen.* Das ist offenbar ein Hindernis in der Verständigung bei der Kooperation für Sie.

Aber die Studenten, die bei Ihnen in der Vorlesung die Psychosomatik chronisch entzündlicher Darmerkrankungen verteidigen, die kommen, meine ich, aus meiner Vorlesung. Ich stelle dort die Studien von Karush et al. und von Weinstock vor, die gefunden hatten, daß das Ausmaß der Persönlichkeitsstörung für den Verlauf mitbestimmend ist und daß eine kombinierte somatische *und* psychotherapeutische Betreuung auf die Länge nach 6 und 8 Jahren gegenüber Vergleichsgruppen ein besseres Ergebnis gebracht hat, als eine allein medikamentöse Behandlung.

Herr Klapp, Berlin: Ich möchte etwas zu dem von Herrn Feurle Gesagten ergänzen. Er sprach von Barrieren, an denen er inhaltlich etwas aufhängte. Wie sieht das aus mit dem Eingeständnis, daß wir sehr vieles nicht wissen? Ich kenne dies aus meiner klinischen Tätigkeit und gerade in deren früher Zeit. Innere Medizin zu lernen setzt einen großen physischen, intellektuellen und zeitlichen Aufwand voraus, und bei vielen Patienten bleiben Fragen offen, insbesondere was seine psychosoziale Situation anbelangt und deren Auswirkungen auf das Krankheitsgeschehen. Nicht selten mußten wir dann die Erfahrung machen, daß hinzugezogene Mitarbeiter aus dem Zentrum für psychosomatische Medizin, die ich zum Teil aus meiner analytischen Weiterbildung persönlich kannte, gewissermaßen aus der Hüfte nach kurzen Gesprächen mit dem Patienten Erklärungen abgaben, die uns in der Inneren einfach sauer machten. Da habe ich mich schon oftmals gefragt, was geschieht hier eigentlich: Wir lernen sehr viel, um uns dann immer wieder im klaren darüber zu sein, was wir alles nicht wissen, exponieren uns dem Patienten, untersuchen ihn, tasten immer wieder neu ab, und dann kommt jemand und weiß alles so auf die Distanz. Vielleicht hat sich an dieser Kluft bislang gar nicht so viel geändert.

Während dieser Tagung ist mir z. B. eins aufgefallen: Herr Pontzen hat einen sehr differenzierten Vortrag gehalten, von dessen Positionen ich eine Reihe teile. Interessanterweise hat er zwischen Ärzten und Psychosomatikern differenziert, und dies, glaube ich, ist der Punkt: Nach meiner Auffassung kann es *Psychosomatik nicht geben, ohne daß der psychologisch orientierte Arzt sich auch als Arzt identifiziert,* was sich in der Untersuchung bzw. dem Anfassen des Patienten konkretisiert. Die Frage ist nur, wie man dies im klinischen Feld gemeinsam realisieren kann. Nach meinem Verständnis liegt ein Teil der Problematik zwischen „sprechender Medizin" und „somatischer Medizin" darin, daß man über etwas kommuniziert, was nicht kommunizierbar ist, nämlich über eine informative Lücke. Dies bedeutet, wir müßten uns bemühen, das

Nichtwissen gemeinsam zu beheben. Hinsichtlich der Frage, wie wir dahin gelangen können, deuten sich gewisse Ansätze an: Gestern sprach Herr Petzold davon, daß er bei seinen Assistenten bekämpfen wolle oder bekämpfe, wenn sie das Psychische aussparen. Die Frage ist jetzt allerdings, wie professionell fundiert und wie verbindlich sich dieses gestalten soll. Leider läßt sich dies in seiner heutigen Abwesenheit jetzt hier nicht diskutieren, sondern nur als Frage aufwerfen: Soll sich dieses so gestalten, daß dafür gesorgt wird, daß die in diesem Fall dermatologischen Mitarbeiter eine bestimmte Zeit in eine psychosomatische oder psychotherapeutische Einheit gegen, und, umgekehrt, kommt aus der psychosomatischen Einheit jemand auf eine halbe oder ganze Stelle in der Dermatologie? Hieran, so glaube ich, läßt sich ablesen, wie verbindlich das wechselseitige Interesse und Engagement sind. Ich glaube, daß nur dort, wo beidseitig hinreichende Verbindlichkeiten eingegangen werden, Ansätze entwickelt werden können, aus dem eben skizzierten Dilemma, was denn eigentlich psychosomatische Medizin sei, ein Stück weit herauszukommen.

Herr Eilts, Berlin: Ich glaube, gehäuft sehen wir auch in den vergangenen 1 1/2 Tagen die Darstellung der Spezialisierung und des Getrenntseins der Somatiker einerseits und der Psychosomatiker, nach meiner Einschätzung der überwiegend analytisch vorgebildeten und ausgerichteten Psychosomatiker, andererseits. Und wir haben uns hier unter dem Stichwort Kooperation um Annäherung bemüht und geguckt, wie könnte Annäherung aussehen, und wo ist sie verwirklicht. Was ich in der bisherigen Diskussion wahrnahm, war, überspitzt gesagt, *die Neigung zur Nivellierung der m. E. zweifellos vorhandenen Unterschiede.* Ich meine, die Unterschiede sollten gewahrt bleiben, die Spezialisierung, sachlich begründet, ist da und kann nicht geleugnet werden. Ich muß die internistische Anschauung und konkrete Tätigkeit dem Internisten überlassen. Wenn ich beides meine tun zu können, zu sollen, also, um im Konkreten zu bleiben: ihn anfassen, den Patienten, dann werfe ich all das, was ich als Analytiker gelernt habe, über Bord. Stichwort: Übertragung – Gegenübertragung. Die richtig verstandene Abstinenz meine ich, gerade wenn es um dies wichtige, von Herrn Pontzen auch benannte Triangulierungsproblem geht, doch unbedingt im Auge behalten zu müssen. Das geht zweifellos verloren, bei einer gut gemeinten, aber wie ich finde fehleingeschätzten Hausarztmentalität und versperrt den Blick auf Forschungs- und wissenschaftlich zu begleitende Prozesse zwischen Patient und Arzt.

Herr Meerwein, Zürich: Ich wollte kurz etwas sagen, was ich schon gestern in der Arbeitsgruppe sagte: Es fällt mir immer wieder auf, wie wenig in Diskussionen dieser Art, wie wir sie hier führen, von der Angst die Rede ist. Wir können heute nicht mehr fragen: Ist Colitis ulcerosa eine psychosomatische Krankheit oder nicht. Diese Fragestellung ist überholt. Ich glaube, wir müssen wieder zu den grundätzlichen Fragestellungen der psychosomatischen Medizin zurückkehren. Was ist die Funktion der Angst und der Abwehr der Angst im Ablauf einer Krankheit, was spielt die Angst im Verlaufe der Therapie für eine Rolle, und wie gehen wir mit der Angst des Patienten oder der Angst des Arztes um? Ich glaube, zu dieser Frage müssen wir zurückfinden, dann sind solche Diskussionen eigentlich beinahe überflüssig. Und ich glaube, dann wird auch die Frage der Kooperation von Somatikern und Psychosomatikern transparenter.

Herr Theml, Karlsruhe: „Veritas in medio, sagte der Teufel, als er zwischen zwei Huren ging", und ich glaube, der Alltag ist ein wenig teuflich in dieser Hinsicht. Und ich halte das für keine echte Kontroverse hier. Sondern es ist doch ganz unbestritten, das einer Partnerschaft zwischen 2 spezialisierten Disziplinen ein Austausch stattfinden wird. Und das um so mehr, als mir scheint, daß wir ja bitte nur aus bewußten didaktischen Gründen hier einen Artefakt geschaffen haben, was Herr Petzold eingeklagt hat, indem er sagte, ich bin doch nicht nur Somatiker. Das heißt also, wir haben hier ein wenig pointiert: Das eine sind die *„Psychos"* und das andere sind die *Somatiker.* Aber wir können, wenn ich an die Genetik anknüpfen darf, doch sagen, *jeder von uns trägt beide Gene,* wir sind ja doch immer diploid, und es dominiert nur jeweils das eine oder andere Gen, um im Bild zu bleiben. Die Frage ist, ob wir nicht das schwächere *Gen bei dem anderen stärken* können. In einem Prozeß der Zusammenarbeit von Psychosomatikern und Internisten anhand von Patientenproblemen wird die psychosomatische Kompetenz, also das schwache Gen des Somatikers, notgedrungen zunehmen. Und ich möchte auch nicht ausschließen, daß die somatische Kompetenz des Psychopartners zunimmt. Da weiß ich zwar nicht, was er dann damit anfängt, ob er dann wirklich heimlich auf den Bauch faßt, man sollte ihn jedenfalls ermutigen, das auch öffentlich zu tun.

Herr Wirsching, Gießen: Wir brauchen beides, eine psychosomatische Grundversorgung, die von den behandelnden Ärzten geleistet werden kann und muß und ein eigenständiges (nennen Sie es spezialisiertes) Fach „Psychosomatik *und* Psychotherapie". Letzteres garantiert die Fortentwicklung der Konzepte und Methoden, welche wiederum der Grundversorgung zugute kommen. Ich meine auch, die Kooperation kann nur gewinnen, wenn 2 Partner mit gesicherter Identität selbstbewußt interagieren, anstatt sich wechselseitig (möglicherweise aus Unsicherheit) zu entwerten. Die eigenständige Psychosomatik/Psychotherapie kommt meines Erachtens auch denen zugute, die sonst Gefahr laufen, zu Einzelgängern (oder „Hauspsychologen") in verschiedenen Kliniken zu werden. In Gießen nehmen z. B. die Psychologen der Pädiatrie an unseren wöchentlichen Teambesprechungen teil, und ich glaube, wir profitieren alle davon.

Herr Feurle, Neuwied: Ich möchte Herrn Meerwein entgegnen, daß es meines Erachtens nicht nur legitim, sondern sogar notwendig ist, ein Konzept oder eine Theorie über die Ursache und die Einordnung einer Krankheit aufzustellen. Wir müssen doch klar analysieren, was uns die wissenschaftliche Forschung bislang an Erkenntnissen gebracht hat, bzw. wo es mangelt.

Wie so oft müssen wir trotz Unwissenheit handeln und Patienten mit M. Crohn und Colitis ulcerosa auch psychosomatisch behandeln, aber dies sollten wir nicht auf einer Basis der Voreingenommenheit tun.

Herr Meerwein, Zürich: Ich denke, wir wissen beispielsweise bei der Colitis ulcerosa – das sage ich jetzt als Analytiker –, daß als wesentliches Moment der Manifestation der Krankheit ein wachsender, durch bestimmte Lebensumstände aktualisierter Konflikt zwischen Ich-Ideal und möglichen Ich-Leistungen des Patienten vorliegt, bzw. auftritt. Wenn dieser Konflikt manifest wird – ich glaube das wissen wir –, dann ist die Gefahr einer Manifestation einer Colitis ulcerosa gegeben, nicht notwendig gegeben, aber dann wächst die Gefahr bei bestimmten somatischen Voraussetzungen, die ebenfalls vorliegen müssen.

Herr Feurle, Neuwied: Würden Sie denn das auch aufrechterhalten in dem Bewußtsein, daß Sie nur einen verschwindend kleinen, hochselektionierten Prozentsatz von Colitispatienten untersucht haben?

Herr Meerwein, Zürich: Ich kann nur sagen, bei denjenigen, die ich untersucht habe, war das in der Regel so. Da war nicht die Frage, ist der Patient psychisch gesund oder psychisch nicht gesund; sondern da stellte sich die Frage, in welcher Weise eine aus diesen Konfliktgründen, die ich genannt habe, mißlungene Überadaptation des Patienten an die Forschungen der Umgebung manifest geworden ist. Ich habe keine Statistik. Ich kann nur sagen, wenn ich darauf höre, dann höre ich es *fast* immer, ich will nicht sagen *immer.*

Herr Kayser, Stuttgart: Als kliniktätiger Gynäkologe halte ich es für wünschenswert, wenn bei allen Ärzten ein besseres Verständnis für psychosomatische Zusammenhänge geschaffen wird. Dies ist eine Frage der Ausbildung, die zweifellos lückenhaft ist und hier müßte man ansetzen.

Darüberhinaus benötigen wir sicher den Fachmann mit seinem analytischen Wissen, und gerade in der Gynäkologie gibt es häufig Situationen, bei denen eine personelle Trennung zwischen den Bereichen Gynäkologie und Psychosomatik unbedingt notwendig ist.

Herr Stauber hat mit Recht festgestellt, daß in zunehmendem Maße Patienten einer sehr aggressiven Fertilitätstherapie zugeführt werden, bei denen eine somatische oder organische Störung fehlt. Die Ursache dafür liegt aber nicht nur und sicher nicht in erster Linie in der Unzulänglichkeit der Gynäkologen, sondern darin, daß sehr viele Frauen heute in einem relativ vorgerückten Alter zur Sterilitätsbehandlung kommen, die sich selber und den behandelnden Arzt unter einen Zeitdruck stellen. In vielen Fällen fehlt damit einfach die Zeit *für* eine analytische Aufarbeitung der Probleme. Der Druck, der von den Frauen und den nicht weniger problembelasteten Männern ausgeht, ist einfach zu groß.

Herr Lang, Heidelberg: Ich möchte zunächst noch eine kurze Fußnote zur Bemerkung von Herrn Eilts machen, der Bemerkung, die ein etwas zwiespältiges Echo fand. Ich möchte eigentlich darin unterstützen, aber auch zu bedenken geben, daß in der heute gängigen Verklärung des früheren Hausarztes wohl auch ein gutes Stück Nostalgie steckt. Unterschichtpatienten werden vielleicht dieser Romantisierung weniger nachhängen. Sie haben manchen Hausarzt nicht nur als Autorität, der man sich anvertraut, erlebt, sondern auch als autoritär, beispielsweise wenn es darum ging, ob man krankgeschrieben wurde oder nicht. Daran ist, meine ich, bei aller Eloge des alten Hausarztes, der natürlich auch seine Vorzüge hatte, auch zu erinnern. Insofern scheint mir die „heutige" Arzt-Patient-Beziehung symmetrischer als die der „guten alten Zeit". Doch das nur nebenbei.

Die Frage, die mich noch immer beschäftigt und die auch schon gestern aufgetaucht war und auch jetzt wieder angesprochen wurde, betrifft den psychosomatischen Liaisondienst, und zwar: Wer ist für eine Kooperation geeigneter – Arzt oder

Psychologe? Sie erinnern sich, daß Prof. Petzold der Meinung war, mit einem Arzt ginge es besser. Auf der anderen Seite haben wir die Erfahrung gemacht, daß bei Psychologen im Liaisondienst das Moment möglicher Rivalität eher entfällt. Psychologe und Internist z. B. haben einen anderen Werdegang, eine andere Ausbildung, und in dieser Kombination bleibt der Arzt letztlich immer derjenige, der, auch juristisch gesehen, die Verantwortung hat. Hier glaube ich, tritt das kompetitive Moment, welches die Zusammenarbeit erschweren kann, eher in den Hintergrund. Die Dialektik der Kooperation, um die es bei diesem Kongreß geht, ist aber hier nicht zu Ende. Ich darf an eine Bemerkung von Herrn Pontzen anknüpfen. Für ihn war es besonders wichtig, daß seine Abteilung in Nürnberg von psychiatrischen Aufgaben entlastet ist. Wir konnten nun die Erfahrung machen – und Analoges haben mir auch die Kollegen vom ZI in Mannheim berichtet –, daß es für den psychosomatischen Liaisondienst von Vorteil ist, wenn dieser von einem Arzt versehen wird, der psychiatrische Kompetenzen hat. Er kann z. B. auf einer onkologischen Station Empfehlungen zur psychopharmakologischen Behandlung geben. Das schafft oft eine erste Basis, die mit dem Onkologen ins Gespräch kommen läßt. Zwanglos lassen sich dann von hier aus die psychosomatische relevanten Aspekte anschneiden. Einen Teil also der psychiatrischen Aufgaben zu übernehmen, kann mithelfen, eine Situation zu schaffen, wo sich eine „Beziehung von Kollege zu Kollege" herstellt. An dieser Stelle wäre ein Arzt eher gefragt als ein Psychologe.

Frau Blin, Homburg/Saar: Als Pädagogin in der medizinisch-genetischen Beratungsstelle in Homburg/Saar möchte ich noch auf eine wichtige Bedingung von Kooperation hinweisen: Hier ist mir zu viel die Rede von einem *Bedarf* an Kooperation aus der Sicht der Patienten. Ich meine, daß die entscheidende Voraussetzung für Kooperation das *Bedürfnis* der Mitarbeiter unterschiedlicher Fachrichtungen ist, überhaupt zusammenarbeiten *zu wollen.*

Herr Pontzen, Nürnberg: Zur Bemerkung von Herrn Lang möchte ich anführen, daß psychiatrische Kenntnisse für die Mitarbeiter im psychosomatischen Liaisondienst sicherlich sehr sinnvoll sind. Meine Bermerkung, daß ich es für einen großen Vorteil halte, wenn der Psychosomatiker von psychiatrischen Anfragen weitgehend entlastet ist, bezieht sich vor allen Dingen auf die psychiatrischen Anfragen, die Patienten mit Suchterkrankungen, psychotischen Erkrankungen und psychiatrischen Alterserkrankungen betreffen. Wenn diese Patienten im Krankenhaus konsiliarisch von einem psychiatrischen Kollegen gesehen werden, ist das für die psychosomatischen Mitarbeiter eine große Entlastung. Psychiatrische, v. a. auch psychopharmakotherapeutische Kenntnisse und Erfahrungen sind aber sicherlich sinnvoll, um auch einmal auf einer onkologischen oder anderen internistischen Station mit dem entsprechenden Kollegen eine psychopharmakotherapeutische Medikation zu besprechen.

Zur Kontroverse von Herrn Meerwein und Herrn Feurle möchte ich anmerken, daß wir, wie von Rad neulich in einem Vortrag betonte, davon wegkommen sollten zu fragen, welche Krankheit hat der Patient, sondern zu fragen, welcher Patient hat die Krankheit. Wichtiger als die Frage, ob eine Colitis, ein M. Crohn oder ein Asthma immer als eine psychosomatische Erkrankung anzusehen ist, ist die Frage: Warum ist dieser Patient zum jetzigen Zeitpunkt erkrankt?

Zur Konkurrenzsituation, die immer wieder angesprochen wurde, möchte ich einige Sätze anfügen: Konkurrenz auf einem ödipalen Niveau kann ja viel Spielerisches und wohl auch einiges Interessantes haben. Sie kann durchaus auch vorliegen zwischen Ärzten und Psychosomatikern. Eine Konkurrenzsituation auf einem narzißtischen Niveau hat dagegen häufig etwas sehr Bedrohliches. Dies war mein Eindruck aus der gestrigen Situation zwischen dem leitenden Arzt der Hautklinik und Frau Becker, die im Liaisondienst tätig war. Ihre Arbeit wurde „vernichtet", wobei es mir nicht um Schuldzuweisungen geht. Auf der ödipalen Ebene ist es uns leichter möglich, auch unserer eigenen aggressiven Impulse bewußter zu werden, bei denen wir eher dazu neigen, sie auf die Somatiker zu projizieren – und das sind dann die Bösen, die zudem über die Macht verfügen. Wenn wir unsere eigenen aggressiven Impulse auch berücksichtigen können und Konkurrenz einmal unter einem prospektiven, positiveren Aspekt sehen auf einer Ebene, auf der Auseinandersetzungen auch möglich sind, auf der es nicht immer um Leben und Tod geht, dann denke ich, kämen wir miteinander auch weiter.

Herr Hübschmann, Heidelberg: Im Hinblick auf die Kooperation des Psychikers mit dem Somatiker möchte ich an das anknüpfen, was Herr Meerwein sagte. Auch ich bin der Meinung, daß es da um Ängste geht. Ich habe einmal einen jungen Mann mit einer Colitis ulcerosa behandelt, psychisch. Er ist schnell gesund geworden. Ich berichtete darüber auf einem Fortbildungskurs für Ärzte. Der Gastroenterologe von der hiesigen Uniklinik erklärte, man dürfe mit Psychotherapie nicht zu früh anfangen.

Ein anderer Fall. Eine Frau mittleren Alters kam zu mir wegen Herzbeschwerden nach einem Herzinfarkt zur Psychotherapie, weil die bisher verordneten körperlichen Mittel nicht halfen. Der Infarkt lag schon über ein halbes Jahr zurück, und ich fragte die Patientin, warum sie erst jetzt zu mir käme. Ihre Antwort: Der Kardiologe, der sie bis dahin behandelt hatte, habe ihr erklärt, an Psychosomatik seinen schon viele gestorben.

Ähnliche Warnungen von Somatikern habe ich oft gehört, ich kann sagen, vom ersten Tage an, an dem ich es mit Psychotherapie bei organisch Kranken versuchte.

Die Gründe? Es heißt, lebenswichtige diagnostische und therapeutische Maßnahmen somatischer Art könnten übersehen werden. Die eigentlichen Gründe liegen, so meine ich, tiefer.

Sie haben etwas mit einem Glauben zu tun. Es handelt sich um verlagerte theologische Kämpfe. Man will sich den Glauben an die Natur nicht erschüttern lassen, und man bekommt es mit der Angst, wenn man zugeben soll, daß es noch andere Kräfte gibt.

Herr Meerwein, Sie haben gestern in unserer Arbeitsgruppe einiges davon angedeutet. Welche Ängste bewegen Ihrer Meinung nach die Somatiker?

Die herzkranke Frau ist übrigens, 10 Jahre nach ihrem Infarkt und 7 Jahre seit Beendigung der Psychotherapie herzgesund.

Herr Stauber, München: Ich würde gerne dem gynäkologischen Kollegen aus dem Auditorium antworten. Sie stellten den *Patientenwunsch bei der Behandlung unfruchtbarer Paare* in den Mittelpunkt. Sicher wird man grundsätzlich patientenorientiert vorgehen – die moderne Reproduktionsmedizin kann jedoch hierdurch Gefahr laufen, unkontrollierter zu werden. Manche Frauen zeigen einen *überwertigen Kinderwunsch* und möchten ihr Kind um jeden Preis. Da gibt es dann den Wunsch nach Eispende, Embryonenspende, Leihmutterschaft usw. Wenn man den Patientenwunsch über alles stellen würde, müßte man diesen Wünschen nachkommen, was in vielen Ebenen Schwierigkeiten bereitet. Auch das Wohl des Kindes könnten wir damit außer acht lassen. Interessant ist natürlich, daß Patientinnen mit solch einem massiven Kinderwunsch auch oft einen Arzt finden, der – vielleicht auch aus kommerziellem Interesse – entgegenkommen möchte. Es käme dann zu einer grenzenlosen Reproduktionsmedizin, und davor wollte ich besonders warnen.

Herr Klapp, Berlin: In gewisser Weise war das Provokante, was ich hier eingebracht habe, für mich inzwischen schon etwas fruchtbar. Zunächst aber zu der persönlichen Frage von Herrn Wirsching: Ich habe deutlich machen wollen, daß die von Herrn Feurle angesprochene Quelle von Ärger in der Kooperation nichts Vereinzeltes darstellt und habe hierzu punktuell eigene Erfahrungen eingebracht, die nicht die Kooperation mit Dir, Michael, betreffen. Im übrigen sehe ich zwischen den von Dir eben bezogenen Positionen und dem von mir Gesagten gar nicht so große Divergenzen. Du sagst doch das Gleiche wie ich, daß sich die Verbindlichkeit von psychosozialem Interesse in den einzelnen Kliniken daran festmache, daß dort auch Stellen gestiftet werden und man dann etwas machen könne. Allerdings stellt sich dann die Frage, was brauchen diejenigen, die an solchen klinischen Orten tätig sind? Sicher benötigen sie einen Rahmen oder strukturierten Raum, in dem sie einigermaßen geschützt sich austauschen können über ihre Verunsicherungen durch das, was alles im klinischen Feld auftaucht und in dem sie eine qualifizierte Weiterbildung erfahren.

Im Zusammenhang mit der Frage, was denn psychosomatische Medizin sei, habe ich die Position vertreten, daß der *psychologisch-medizinisch Orientierte* sich *verstärkt der biologischen Ebene zuwenden* müsse wie umgekehrt der *biologisch Orientierte* sich auf *die psychosozialen Dimensionen einlassen* möge, dies in wechselseitiger verbindlicher Hilfestellung, um so kommunikativ weiterzukommen. Dies wurde so aufgefaßt, als wolle ich nivellieren. Um es klarzustellen, für mich ist Psychotherapie, Psychoanalyse etwas anderes als somatische Therapie. Hat man einen Patienten, für den die Indikation für eine Psychotherapie vorliegt, so gibt es natürlich keinen Sinn, irgendwelche Konfusionen zu stiften. Vielmehr gilt es, nach Kooperationsformen zu sehen, in deren Rahmen der eine den Patienten auf psychotherapeutischer bzw. psychoanalytischer, der andere ihn auf somatischer Ebene betreut. Dies funktioniert jedoch in der Regel nur dann gut, wenn Psychotherapeut und z. B. Internist in einem Vertrauensverhältnis zueinander stehen, wofür m. E. ein *Mindestmaß an Gemeinsamkeiten* in *Krankheits- und Behandlungsverständnis* Voraussetzung ist. Liegt dieses Vertrauensverhältnis nicht vor, so gehen diese Therapien bestenfalls früher oder später schwierig, wenn nicht gar schief.

In diesem Zusammenhang wurde auf die Notwendigkeit der besseren *Ausbildung von Studenten und Ärzten* verwiesen, in deren Rahmen mehr psychosoziale Kompetenz vermittelt werden müsse. Hier möchte ich fragen: Wie bilden wir denn unsere Studenten heute aus? Wenn wir „psychosomatisch" kompetente Ärzte haben wollen – ich spreche hier nicht von Psychotherapeuten, die etwas anderes vertreten haben – so gilt es, den Studenten wie auch den Mitarbeitern zu zeigen, wie psychologische, psychosoziale und somatische Daten miteinander zu integrieren sind. Wir kennen doch alle die Patienten (nicht nur der Unterschicht), die mit der Einladung, über sich, ihre

Beschwerden und Probleme zu reden, wenig anzufangen wissen, vielmehr beginnen, sich zumindest partiell auszuziehen, um auf der Körperebene etwas zu zeigen. Was macht man in dieser Situation? Sagt man „nein, das interessiert uns nicht, das machen sie mal da und da ab", oder aber wendet man sich dem zu? Ich meine, nur dann, wenn man sich dem zuwendet, sich dies ansieht, gegebenenfalls abtastet, die Zeichen der „Körpersprache" aufnimmt, hat man auf mittlere Sicht Chancen für eine mehrdimensionale Betreuung der Patienten. Dann erst setzen spezialistische Diagnostik bzw. Therapiestrategien ein.

Gerade im Unterricht läßt sich das wiederholt angesprochene Dilemma des biopsychosozialen Zugangs zum Patienten verdeutlichen. In der Studentenausbildung gibt es ja das Problem, daß in der Vorklinik eine ganze Menge medizinischer Psychologie, medizinischer Soziologie, die sogenannte psychosoziale Schiene, gelehrt wird, dann nach dem Physikum über einige Strecken die psychosoziale Schiene erst einmal unterbrochen ist. Ich war über viele Jahre für den Untersuchungskurs im nichtoperativen Stoffgebiet verantwortlich. Wir haben versucht, dort die Gelegenheit zu nutzen, psychosoziale Elemente wieder frühzeitig, d. h. im 1. klinischen Semester, einzubringen, wofür ich medizinische Psychologen und Kollegen aus der klinischen Psychosomatik gewinnen konnte. Vorgesehen war, die Studenten an internistischen Patienten in der Klinik in Anamnese - und Gesprächsführung zu unterrichten. Dann erfuhr ich jedoch von einzelnen Gruppen, daß sie von der Hälfte des Semesters an in einem Seminarraum außerhalb der Klinik abgedriftet waren, wo Videos betrachtet wurden. Die *Chance der Unmittelbarkeit,* der Situationsanalyse, der Selbstwahrnehmung im klinischen Feld war vergeben. Hier sehe ich Probleme: Wie kriegt man es wieder hin, auch im Rahmen der Ausbildung ein Angebot auf mehreren Ebenen zu realisieren? Damit verknüpft sind Fragen danach, wie qualifiziert sind wir, wie tolerieren wir die Spannung infolge wahrgenommener Kompetenzdefizite und woraufhin qualifizieren wir Mitarbeiter?

Herr von Rad, München: Ich habe das Gefühl, daß wir ein bißchen - wie soll ich das ausdrücken - auch überbewerten, worüber wir uns jetzt die ganze Zeit streiten. Kurz und sehr provokativ zugespitzt: Erst haben die Psychosomatiker sehr vieles, um nicht zu sagen alles, besser gewußt. Damit sind sie nicht gut gefahren. Dann sind wir fast zerflossen vor Selbstkritik in dem Sinne, daß wir alles ganz neu lernen müssen, z. B. unsere Nachbarn wieder neu zu sehen und daß wir dankbar sind, wenn sie uns überhaupt begrüßen und falls dies der Fall ist, daß wir dann den Kontakt sorgfältig pflegen müssen. Und dann kommt zum Beispiel Herr Feurle als einer der anerkanntesten Spezialisten für M. Crohn in Deutschland und sagt uns: Wir wissen praktisch nichts über den M. Crohn und können wissenschaftlich zu psychosomatischen Faktoren bei der Genese, Auslösung und dem Krankheitsverlauf nichts sagen. Bums, knicken wir Psychosomatiker ein und sagen: Um Gottes willen! Wenn Herr Feurle nichts weiß über M. Crohn, wie sollen wir armen psychosomatischen Menschen dazu etwas sagen, wo doch alles veraltet ist und wir ganz neu anfangen müssen. Ich habe das Gefühl, das sind die Schlachten von gestern. Es ist Normalität angesagt. Ich möchte gern versuchen, diesen Streit mit 2 Begriffen etwas klarer darzulegen. *Ich glaube nämlich nicht, daß wir nichts wissen.* Ich glaube, wir haben unterschiedliche Kenntnisse in *Faktenwissen* und in *Begegnungswissen,* und ich meine, das ist etwas sehr Selbstverständliches. Noch einmal provokativ gesagt: Herr Feurle, wir können auch alle sagen:

Wir wissen nichts über die Liebe. Trotzdem gehen wir mit ihr um und haben bestimmte Erfahrungen. Wenn wir uns endlich einmal einigen könnten auf die Unterschiedlichkeit von Fakten und Begegnungswissen, dann haben wir uns auch sehr viel wieder gegenseitig mitzuteilen. Und dann haben wir auch sehr viel zu lernen.

Bei dem zweiten Thema dieser Grundsatzdebatte über die Psychosomatik (integriert gegenüber spezialisiert) da möchte ich gern den Kollgegen Eilts ausdrücklich unterstützen. Ich denke, wir haben eine ganz schwierige Zeit hinter uns, wo wir immer wieder gesagt haben, einerseits müssen wir Spezialisten werden, in ganz bestimmter Weise und immer weiter spezialisiert, bis hin zu dem Ideal z. B. der reinen Psychoanalyse. Auf der anderen Seite hat dann eine andere Strömung einen Anspruch deutlich artikuliert, der dahin geht, daß Psychosomatik nur integriert sinnvoll geleistet werden kann. Dies hat gelegentlich zu Mißverständnissen und Spannungen geführt, die – wieder zugespitzt – in folgender Dreiklassengesellschaft ihre Wurzeln hat: Erstens gibt es, wenn auch selten genug, gute Ärzte; dann gibt es auch noch gute Psychotherapeuten, die sind schon seltener als gute Ärzte; und dann gibt es schließlich noch ganz wenige, die sind sowohl gute Ärzte und gute Psychotherapeuten. An dieser Stelle – da brauche ich gar kein reiner Somatiker zu sein – werde ich auch ärgerlich. Ich für meine Person kann das nicht. Ich kann nicht ein Spezialist in auch nur Zweien dieser Gebiete sein. Und ich glaube auch, daß hier eine begriffliche Klärung wichtig ist. Ich denke, *Psychosomatik als heilkundliches Prinzip ist natürlich integrativ. Aber Psychosomatik in der institutionalisierten Form,* ob wir es wollen oder nicht, *ist auch ein Spezialfach geworden.* Es mag uns schmerzen und vielleicht ist es auch z. T. gegen unseren erklärten Willen so gekommen: Aber wir sollten uns doch endlich einmal zu dieser *Normalität des Spezialfaches* heute auch bekennen.

Herr Bräutigam, Heidelberg: Die letzten Voten waren beinahe Schlußworte. Wir nähern uns jetzt auch tatsächlich dem Ende unserer Diskussionszeit. Deshalb möchte ich allen hier am Tisch noch einmal Gelegenheit geben, von ihrer Seite aus ein abschließendes Votum zu formulieren.

Herr Meerwein, Zürich: Nein, ich möchte kein abschließendes Wort sprechen. Herr Hübschmann hat mich noch angesprochen, ich soll noch zur Frage der *Angst des Arztes* etwas sagen, was gestern in unserer Arbeitsgruppe angetönt worden ist. Ich habe bei dieser Gelegenheit daran erinnert, daß die Zusammenarbeit zwischen Onkologen und Psychologen oder Psychosomatikern bei uns in der Schweiz eigentlich auf Initiative der schweizerischen Arbeitsgruppe für klinische Krebsforschung zustande kam, also einer Arbeitsgruppe, die v. a. also aus Onkologen zusammengesetzt ist. Und wie wir dann gefragt haben: *was wollt ihr eigentlich von uns wissen.* Worauf wollt ihr Antworten haben? Wozu wollt ihr uns gebrauchen? Da war die übereinstimmende Antwort: *Wir wollen wissen, was wir tun mit unseren Patienten,* wenn wir mit Stahl, Strahl und Gift auf unsere Kranken losgehen. Wir haben das dann noch etwas interpretiert und uns vorgestellt: Ihr wollt von *Schuldgefühlen* oder von *Angstgefühlen* frei werden, in bezug auf das, was ihr mit den Kranken macht. Und das kam tatsächlich in der Arbeitsgruppe noch zur Sprache, und ich wollte das noch nachtragen.

Frau Becker, Heidelberg: Ich kann es kurz machen, da Herr von Rad dankenswerterweise schon das meiste, was mir noch wichtig war, gesagt hat. Wir brauchen nicht erst wiederholbare wissenschaftliche Studien, und wenn wir dann Zusammenhänge nachgewiesen haben, dann können wir Kooperation machen, sondern die *Kooperation zwischen der Psychosomatik* und den einzelnen *somatischen Kliniken ist selber* eine ganz relevante *Forschung.* Also auch, wenn das jetzt noch nicht bei Ihren Crohn-Patienten nachgewiesen ist, gibt es hier eine Kooperation im Umgang mit den Patienten, bei der auch etwas herauskommt, da es jetzt schon nützlich für die Patienten umzusetzen ist. Und dieses Begegnungswissen, wie Sie es genannt haben, zu fördern oder in die Praxis umzusetzen, lohnt sich ungemein. Es kommt etwas anderes heraus als bei diesen wiederholbaren validen, reliablen Studien überhaupt rauskommen könnte.

Frau Franke, Braunschweig: Mir hat das auch sehr gut gefallen, die Trennung in Faktenwissen und Begegnungswissen. Ich habe ein bißchen den Eindruck, daß zum Thema AIDS das Faktenwissen explosionsartig, gewachsen ist. Es gibt hier unendlich viele Veröffentlichungen. Das Begegnungswissen kann eigentlich nur organisch wachsen, ganz langsam und im Austausch.

Und abschließend noch ein Satz: Ich denke, gegen AIDS sind bis heute die besten Waffen, wie Jäger aus München sagt, *Information und Weiterbildung sowie interdisziplinäre Arbeit.*

Herr Wolff, Freiburg: Durch die Diskussion wurde deutlich, daß es doch Unterschiede zwischen den Problemen der Psychosomatik und der somatischen Medizin und denen der Psychosomatik und der genetischen Beratung gibt. Diese Unterschiede dürften zum großen Teil dadurch bedingt sein, daß wir es in der *genetischen Beratung* hauptsächlich mit *gesunden Personen* zu tun haben, die sich über Krankheitsrisiken für sich selbst oder für ihre Kinder Gedanken machen. Nichtsdestoweniger gibt es in diesem Bereich nicht nur einen Bedarf, sondern von seiten der medizinischen Genetiker und genetischen Berater ein großes Bedürfnis nach einer Kooperation mit der Psychosomatik, sofern sie sich als eine integrativ denkende und arbeitende Medizin versteht. Ich möchte schließen mit der Ermunterung sowohl an die Genetiker als auch an die Psychosomatiker, jeweils an ihren Orten aufeinander zuzugehen und miteinander zu überlegen, wie man an den jeweiligen Instituten kooperieren kann und zu versuchen, praktikable Kooperationsformen zu entwickeln. Wir befinden uns damit ganz am Anfang, weil die genetische Beratung als praktisch angewandte medizinische Genetik noch ein relativ junges Fach ist und nicht auf eine so lange Geschichte wie z. B. die innere Medizin mit ihrer Auseinandersetzung mit der Psychosomatik zurückblicken kann.

Herr Stauber, München: Zum Schluß darf ich noch einen Vorschlag machen, um vielleicht die Kluft zwischen dem ausschließlichen Somatiker und dem Psychosomatiker zu verkleinern. Hier in der Diskussion wurde wiederholt die Angst des Somatikers angesprochen, dem Psychosomatiker Kompetenzen abzugeben. Sicherlich, das gibt es, aber es ist nicht die Regel. Aus diesem Grund würde ich auch den Weg gehen, den vorwiegend *organisch tätigen Arzt* für psychosomatische Zusammenhänge zu *sensibilisieren,* z. B. durch Fortbildungstagungen, durch Balint-Gruppen usw. Mir ist aber immer wieder aufgefallen, daß sich diese Arbeit lohnt schon auch deswegen, da sie mehr und mehr die Indikationen für eine psychosomatische Betreuung erkennen. Der Vorteil liegt darin, daß sie die richtigen Patienten zum richtigen Zeitpunkt schicken. Chronische Fälle, die z. B. nach mehreren Voroperationen entstanden sind, lassen sich hierdurch am ehesten vermeiden. Ich habe auch immer wieder die Erfahrung gemacht, daß die für psychosomatische Zusammenhänge sensibilisierten Kollegen kooperativ sind und ihre eigenen Grenzen besser sehen.

Herr Theml, Karlsruhe: Unter dem großen Titel „Kooperationsformen“ muß ich doch sagen, zurückblickend hat mich besonders beeindruckt, die Form, die Herr Martz und Herr Meerwein da gefunden haben, indem sie seit dem 10. Lebensjahr kooperieren. Das könnte allerdings wohl nur insofern modellhaft sein, als man halt einfach Freund werden muß irgendwo. Und wenn man das nicht seit der Schule zusammen oder seit dem Sandkasten geworden ist, dann geht das am leichtesten wohl über ein gemeinsames Drittes, also das Trianguläre, was da angesprochen wurde. *Freunde* sozusagen *am gleichen Objekt,* in der gleichen Aufgabe zu werden. Das ist wohl das, was mit Angstabbau zwischen den Disziplinen und zwischen Arzt, Patient und Krankheit gemeint ist. Und dazu hat die Tagung viel getan.

Herr Feurle, Neuwied: Ich möchte in meinem Schlußwort auf den Diskussionsbeitrag von Herrn von Rad eingehen.

Es ist ein grundsätzliches wissenschaftliches Problem, ob man in der Psychosomatik das *Problem der Selektion* einfach ignorieren kann. Die Unterscheidung zwischen Faktenwissen und Begegnungswissen finde ich sehr atraktiv, aber wem begegnen Sie denn?

Überspitzt gesagt, doch nur den Patienten, die wir Ihnen überweisen. Wir selektionieren aus der uns aufsuchenden Patientengruppe, die ebenfalls bereits eine Selektion darstellt.

Es ist unvermeidlich, daß Sie auf diese Art und Weise keinen repräsentativen Querschnitt der betroffenen Population zu Gesicht bekommen.

Eine Klärung der gestellten Fragen kann nur in *gemeinsamen wissenschaftlichen Studien* erreicht werden.

Tatsächlich ist ein solches Projekt, unterstützt durch die Deutsche Forschungsgemeinschaft, bereits in Gang mit dem Ziel, zumindest die psychischen Folgen der Krankheit herauszukristallisieren. *Mittlerweile setzen wir die gemeinsame Behandlung* der Patienten mit Colitis ulcerosa und M. Crohn *fort,* wobei ich hoffe, daß wir diese Kooperation nach Abschluß der prospektiven Studie noch effektiver gestalten werden können.

Herr von Rad, München: Aber *das Selektionsproblem,* Herr Feurle, ist uns doch *gemeinsam* – das trennt uns nicht! Sowohl wir wie auch Sie leiden unter dem eingeengtem Blickwinkel unserer jeweils spezifischen Selektion!

Herr Bräutigam, Heidelberg: Wir sind jetzt am Ende der Diskussion angekommen. Sie war so vielseitig und auch so widerspruchsvoll, daß ich gar nicht versuchen will, sie zusammenzufassen. Offenbar hängt das Widersprüchliche mit dem Gegenstand unserer Diskussion zusammen: Körperlicher Krankheit und ihren Gesetzmäßigkeiten und seelischem Kranksein des einzelnen Patienten.

Einen Punkt möchte ich aber doch aus meiner Sicht herausgreifen und noch einmal unterstreichen: Die letzten Aussagen von Herrn Feurle und Herrn von Rad haben an die Einschränkung erinnert, der wir durch die Vorauswahl der Patienten, die zu uns kommen und bei uns bleiben, unterworfen sind. Noch größer wären aber *Einschränkungen,* denen wir uns selbst unterwerfen, *wenn wir uns total unter eine fachspezifische Perspektive stellen* würden: hier internistischer Gastroenterologe, der alles über die körperlichen Vorgänge und nichts über die seelischen wissen will und keine Zeit hat, mit den Patienten zu sprechen – da psychoanalytisch orientierter Psychosomatiker, der alles über bewußte und unbewußte Vorgänge bei seinen Patienten und nichts über körperliche Gesetzmäßigkeiten wissen will, den Körper des Patienten nicht mehr anfassen darf, spezifische Berührungsängste entwickelt. Es war für mich sehr befriedigend, von den somatischen Kollegen, den Onkologen, Dermatologen, Genetikern etc., zu hören, daß sie ein gut Teil ihrer Zeit im Gespräch mit dem Patienten verbringen und den Psychosomatiker als Hilfe brauchen, um sich selbst in diesem Gespräch besser zu verstehen und zu verhalten. Und es war für mich ebenso befriedigend, daß es im Konsiliarbereich und in den Liaisondiensten Psychosomatiker gibt, die körperliche Krankheit differenziert zur Kenntnis nehmen, die leiblich im Krankenzimmer präsent sind – und dabei doch meinen, die psychoanalytische Perspektive bewahren zu können.

Verzeichnis der Diskussionsteilnehmer

BECKER, Sophinette, Dipl.-Psych.
Psychosomatische Klinik,
Thibaustr. 2, 6900 Heidelberg 1

BECKER VON ROSE, Petra, Dr. med.
Mühltalstr. 18, 6900 Heidelberg 1

BLIN, Jutta, Dipl.-Päd.
Institut für Humangenetik,
Universitätskliniken Bau 68,
6650 Homburg (Saar)

BOSSE, Klaus, Prof. Dr. Dr.
Universitäts-Hautklinik,
Von-Siebold-Str. 3, 3400 Göttingen

BRÄUTIGAM, Walter, Prof. Dr.
Psychosomatische Klinik,
Thibautstr. 2, 6900 Heidelberg 1

EILTS, H.-J., Dr. med.
Universitätsklinik Rudolf Virchow,
Abteilung für Psychotherapie
und Medizinische Psychologie,
Spandauer Damm 130, 1000 Berlin 19

FEURLE, G. E., Prof. Dr.
I. Medizinische Abteilung,
Stadtkrankenhaus Neuwied,
Marktstr. 74, 5450 Neuwied 1

FRANKE, Gabriele, Dipl.-Psych.
Arbeitsgruppe AIDS,
Spielmannstr. 12a, 3300 Braunschweig

HÜBSCHMANN, Heinrich, Dr.
Arzt für Innere und Erinnerungsmedizin,
Biethstr. 48, 6900 Heidelberg 1

HÜLLEMANN, K.-D., Prof. Dr.
Klinik St. Irmingard,
Osternacher Str. 103,
8210 Prien am Chiemsee

KAYSER, Alexander, Dr. med.
Robert-Bosch-Krankenhaus,
Gynäkologische Abteilung,
Auerbachstr. 110, 7000 Stuttgart 50

KLAPP, Burghard, Prof. Dr.
Klinikum der Universität Gießen,
Klinikstr. 36, 6300 Gießen

LANG, Hermann, Prof. Dr. Dr.
Abteilung für Medizinische Psychologie,
Landfriedstr. 12, 6900 Heidelberg 1

MARTZ, G., Prof. Dr.
Universitätsspital Zürich,
Abteilung für Onkologie,
Rämistr. 100, CH-8091 Zürich

MEERWEIN, Fritz, Prof. Dr.
Universitätsspital Zürich,
Abteilung für Onkologie,
Rämistr. 100, CH-8091 Zürich

OLIVET, Hans-Peter, Dr. med.
Psychosomatische Fachklinik,
Kurbrunnenstr. 12, 6702 Bad Dürkheim

PETZOLDT, Detlev, Prof. Dr.
Universitäts-Hautklinik,
Voßstr. 2, 6900 Heidelberg 1

PONTZEN, W., Prof. Dr.
Klinikum, Neurologisch-Psychiatrische Klinik,
Flurstr. 17, 8500 Nürnberg 91

RAD, Michael von, Prof. Dr.
Psychosomatische Klinik,
Englschalkinger Str. 77,
8000 München 81

SCHAADT, M., Prof. Dr.
Medizinische Universitätsklinik,
Joseph-Stelzmann-Str. 9, 5000 Köln 41

SCHWARZ, Reinhold, Dr. med.
Chirurgische Klinik
- Nachsorgeeinrichtung,
Im Neuenheimer Feld 155,
6900 Heidelberg 1

SCHWEITZER, Jochen, Dipl.-Psych. Dr. phil.
Psychosomatische Klinik,
Thibautstr. 2, 6900 Heidelberg 1

STAUBER, M., Prof. Dr.
Frauenklinik,
Maistr. 11, 8000 München 2

THEML, Harald, Prof. Dr.
St. Vincentius-Krankenhäuser,
II. Medizinische Abteilung,
Südendstr. 32, 7500 Karlsruhe 1

VERRES, Rolf, Prof. Dr.
Abteilung für Medizinische Psychologie,
Martinistr. 52, 2000 Hamburg 20

WIRSCHING, Michael, Prof. Dr.
Klinik für Psychosomatik
und Psychotherapie,
Friedrichstr. 33, 6300 Gießen

WOLFF, Gerhard, Dr. med.
Institut für Humangenetik
und Anthropologie,
Albertstr. 11, 7800 Freiburg i. Br.

Rückblick

W. BRÄUTIGAM

Es war das Ziel der Tagung, die am 12. und 13. Februar 1988 im Theoretikum der Universität Heidelberg stattfand, Erfahrungsaustausch und Gespräch zu sein. Diese Niederschrift versucht das, was damals ablief, festzuhalten. Im Rückblick müssen wir feststellen, daß manche Ecken und Kanten, persönliches Engagement und Affekte, Widersprüche und Konflikte hier nur in abgeschwächter Form auftauchen. Sie sollten vom Leser mit Phantasie und Einfühlung hinzugedacht werden.

Die Tagung wurde vom Herausgeber und einem Arbeitskreis der Psychosomatischen Klinik Heidelberg geplant und getragen, dem die folgenden Personen angehörten: Prof. Dr. Hans Becker, Dr. Thomas Herzog, Prof. Dr. Dr. Hermann Lang, Dr. phil., Dipl.-Psych. Jochen Schweitzer, Priv.-Doz. Dr. Wolfgang Senf. Dies Buch ist so auch ihr Werk. Und es ist v. a. das Werk der Vortragenden und ebenso der Teilnehmer an den Diskussionen im Plenum und in den Arbeitsgruppen. Ihnen, den Berichterstattern aus den Arbeitsgruppen und allen, die bei der Herstellung dieses Buches halfen, sei an dieser Stelle gedankt. Herr Dr. Graf-Baumann vom Springer-Verlag hat über manche Klippen bei der schnellen Fertigung dieses Buches hinweggeholfen.

Sachverzeichnis